高等职业教育
理念创新与发展

◎ 王志伟 著

NORTHEAST NORMAL UNIVERSITY PRESS
WWW.NENUP.COM

东北师范大学出版社

图书在版编目（CIP）数据

高等职业教育理念创新与发展 / 王志伟著 . -- 长春：东北师范大学出版社，2017.5
ISBN 978-7-5681-3144-5

Ⅰ. ①高… Ⅱ. ①王… Ⅲ. ①高等职业教育–研究 Ⅳ. ① G718.5

中国版本图书馆 CIP 数据核字（2017）第 135064 号

□策划编辑：王春彦

□责任编辑：卢永康　时星燕　□封面设计：优盛文化

□责任校对：赵忠玲　　　　　□责任印制：张允豪

东北师范大学出版社出版发行
长春市净月经济开发区金宝街 118 号（邮政编码：130117）
销售热线：0431-84568036
传真：0431-84568036
网址：http://www.nenup.com
电子函件：sdcbs@mail.jl.cn
河北优盛文化传播有限公司装帧排版
北京一鑫印务有限责任公司
2021 年 1 月第 1 版第 2 次印刷
幅画尺寸：170mm×240mm　印张：14.75　字数：260 千

定价：52.00 元

前 言

　　高等职业教育是国民教育体系中高等教育的一种类型和层次，是与高等本科教育不同类型不同层次的高等教育。与本科教育强调学科性不同，职业教育是按照职业分类，根据一定职业岗位（群）实际业务活动范围的要求，培养第一线实用型（技术应用型或职业型）人才。这种教育更强调职业的针对性和职业技能的培养，是以社会人才市场需求为导向的就业教育。十多年来，党中央、国务院把职业教育作为我国社会经济发展的重要基础和教育工作的战略重点，出台了一系列政策措施，使我国高等职业教育实现了跨越式的发展。

　　随着《国务院关于加快发展现代职业教育的决定》《现代职业教育体系建设规划（2014—2020年）》《职业院校管理水平提升行动计划（2015—2018年）》《高等职业教育创新发展行动计划（2015—2018年）》《教育部关于深入推进职业教育集团化办学的意见》等系列文件出台，加快发展高等职业教育已成为国家新的、重大的战略决策，这为高等职业教育健康可持续发展指明目标任务，同时意味着高等职业院校面临重要的战略机遇和挑战。发达国家职业教育发展历程显示，完善与产业结构调整转型升级需要有与之相适应的现代高等职业教育体系，是发展实体经济、维护社会稳定、促进社会公平、推进社会科技创新的迫切需要和战略选择，对于充分发挥人才优势和国家竞争优势具有重要的意义。因此，认识和把握新常态下我国高等职业教育发展形势，科学构建高职教育理念，推进校园文化建设，加快实现现代职业教育体系各项目标，成为今后发展的必然要求。

　　中国政府大力发展高职教育的战略决策，创造了21世纪初世界高等教育发展史上的奇迹，成为中国高等教育发展史上的一个重要里程碑。构建有中国特色的高等职业教育体系，已经引起了国外特别是发展中国家的强烈关注。如今，高职教育已占领中国高等教育的"半壁江山"。随着中国工业化进程的加快、产业结构的调整和技术设备的不断更新换代，企业对技术工人的要求越来越高，对熟练掌握高精尖设备操作技术、具有技术革新和创造力的高级技能人才的需求量越来越大。提升职业教育在整个教育体系中的地位、振兴职业教育逐渐成为社会的共识。尤其是在近两年国家政策大力扶持和企业用工极度短缺的形势下，职业教育的发展面临前所未有的历史机遇。未来中国企业对就业者的职业资格和学历层次的要求将越来越严格。作为培养的学生既有"学历文凭"又有"职业资格证书"的高等职业教育，恰恰能满足这一需求，其未来发展将拥有一个巨大空间。现在一些发达国家教育基金组织以及中国经济技术投资担保公司等大企业，所表现出投资高等职业教育市场的强烈意愿，就是有力的证明。市场需求将逐渐成为中国高等职业教育发展的根本动力。

《高等职业教育理念创新与发展》围绕高职高专培养技能型和应用型人才的教育教学目标，从高职教育教学全过程着眼，对高等职业教育理念的创新与发展进行深入的研究与探讨。理念的创新以及创新人才的培养是一个永恒的主题，也是我国高等教育的永恒追求。高职教育理念创新与发展是高职教育培养创新人才的基础和前提，是对整个高校人才培养体系创新的充实，对我国高等职业教育改革与实践具有一定的指导意义。

目　录

第一章 关于职业教育的概念

第一节 职业教育

职业教育是指受教育者获得某一种职业或生产劳动所需的职业知识、技能以及职业道德的过程。职工就业前培训、下岗职工再就业培训等职业培训，以及职业高中、中专和技校等职业学校教育都属于职业教育。培养优秀应用型人才以及具备一定文化水平和专业技能的劳动者是职业教育的目的，职业教育更侧重于实践技能以及实际工作能力的培养，而不同于普通教育和成人教育。职业教育是人类社会文明发展的产物，是社会发展进步的产物。职业教育与社会的发展进步相辅相成，而职业教育的职责是促进社会的进步发展。

《教育大辞典》对职业教育的定义是：职业教育是传授某种职业或生产劳动所需要的知识和技能的教育。职业教育 18 世纪末产生于欧洲，最初采用学徒制形式，19 世纪，随着工业的发展，一些欧洲国家开始采用学校教育形式。1840 年鸦片战争后，中国兴起了学习西艺运动，开始在学校中实施职业教育。清末成立的福建船政学堂与江南制造局附设工艺学堂等，是中国最早的一批职业学校。第二次世界大战以后，由于新技术的发展，世界各国职业教育的实施形式有了很大变化，对职业教育的内涵也产生了不同的理解：第一种仅指培养技术工人的职业技能教育；第二种泛指为谋取或保持职业而准备，养成或增进从业者的知识、技能、态度的教育或训练，其对象不仅包括技能型的，还包括技术型的，与"职业技术教育"同义。

20 世纪 80 年代，《辞海》对"职业技术教育"是这样定义的："中国对职前、职后的各级各类职业和技术教育以及普通教育中的职业教育的总称。包括学习科学、技术学科理论和相关技能的技术教育以及着重技能训练和相关理论学习的职业教育。与其他类型的教育相比，职业教育偏重理论的应用和实践技能、实际工作能力的培养，大都处于高级中学阶段和高等专科阶段。此外，在农村也有处于初级阶段的农业中学和职业中学。按照终身教育的思想，职业技术教育系统内部以及学校和就业之间应在纵向上衔接、横向上沟通，允许从一个领域转向另一个领域。实施机构主要是各级职业技术学校和教育培训中心。"《辞海》和《教育大辞典》所讲的"职业技术教育"基本上同义，职业技术教育不仅限于"职业教育"的一部分，而且包括职业教育的技术教育，其含义与前述"综合意义上的职业教育"和联合国教科文组织建议使用的"技术和职业教育"基本相同。

第二节　高等职业教育

高等职业教育属于高等教育范畴，是培养高级技术员类人才的高等技术教育，课程和培养计划有其特殊性。它同普通高等教育比较而言更倾向于实际应用且更体现职业属性，它是针对某一特定职业或职业群体的实际需要而设计的。同时，高等职业教育也会针对某一特定学科领域，不像中职教育有时只针对某一具体的职业岗位。由于其课程不侧重所学学科的一般性、理论性、科学性原理，而是强调在个别职业中的实际用途，因此，我国高等职业教育应属于职业教育范畴。

顾明远主编的《教育大辞典》定义：高等职业技术教育属于第三级教育的职业教育和技术教育，包括就业前的职业技术教育和从业后的有关继续教育。

根据高等职业教育在教育体系中所处的地位，我们可以将它的含义概括为：高等职业教育是在中等教育基础上培养高技能人才的专业教育。中等教育的基础是实施高等教育的前提条件，离开了这一基础就不能称其为高等教育，高等职业教育是高等教育的组成部分之一，也必须符合这一条件。然而，由于高等职业教育的课程计划是"定向于某一特定职业"，是使受教育者"获得某一特定职业或职业群所需的实际技术和专门技能"的，职业和职业群是多种多样的，掌握不同职业和职业群所需的实际技术和专门技能的学习基础可以甚至必须是多类型的。

因此，实施高等职业教育的中等教育基础也包括多方面，进入高等职业院校学习的学生既可以是普通高中毕业的，也可以是中等职业学校毕业的，还包括那些虽无中等学校毕业文凭，但已具备适应学习要求的相应文化水平和实践经验的求学者，例如已达中级水平的技术工人。与此相应，取得接受高等职业教育资格的方式也应包括考试、考核、推荐、审查等多种形式。高等职业教育的根本任务是培养高级专业技术人才，培养高技能人才是高等职业教育的核心要求。这一要求既体现了职业教育的共同性（培养技能型人才），又反映了高等职业教育区别于初、中等职业教育的特殊性（培养高级技能型人才）；既体现了高等教育的共同性（培养高级专业人才），又反映了高等职业教育区别于普通高等教育的特殊性（培养技能型人才）。这种人才以获得直接就业所需的实际技术和专门技能为主要目的，因此，对他们的职业能力等级进行鉴定，并授予相应的职业资格证书，就成为高等职业教育机构对学生学习质量评定把关的主要方式。

第三节　高等职业教育理念

所谓"教育理念"，是教育主体在教育实践及教育思维活动中形成的对"教育应然"的理性认识和主观要求。高等职业教育理念可做如下界定：它是指对高等职业教育的理性认识、理想追求及其所持的教育思想，是一种观念，更是一种境界。基于这一界定，本文拟从两个方面就高等职业教育的理念解析。

一、对高等职业教育的理性认识和理想追求

对高等职业教育的理性认识和理想追求，其实是对高等职业教育体系定位的认识，即厘清高等职业教育与普通高等教育、中等职业教育等教育体系的关系问题。只有明确了高等职业教育的体系，才能对高等职业教育的"实然""应然"状态有一个清晰的了解，有了理性的认识，才能在办学实践中真正发挥高等职业教育在社会发展中的作用。

（一）现行高等职业教育体系的"实然"状态

1. 高等职业教育与普通高等教育、中等职业教育之间的关系尚未理顺

第一，高等职业教育是职业教育中最高层次的教育，它与普通高等教育一起构成了我国现行的高等教育体系，但是，两者也存在着很大的差别。高等职业教育与普通高等教育的培养目标不同。前者具有职业技术性的特点，它的主要任务是培养生产、管理、服务等社会各行业第一线的高级应用型专门人才，将科学技术转化为生产力。其包括能把科研与开发设计成果应用于生产中去的以工艺技术为主的专门人才，能把决策者的意图具体贯彻到实际工作中去的一线管理人才，具有特定专门业务知识技能以及某些特殊的智能型操作人才。而后者的培养目标则具有学术性和研究性，其主要任务是培养科学创新人才，发展科学技术。

第二，高等职业教育与中等职业教育都具有职业教育的属性，但是两者分别属于高等教育、中等教育两种不同层次的教育。高等职业教育的专业适应面比中等职业教育的专业适应面大些，不是对应特定的职业，而是从属于一定的行业（或较大的职业群），培养目标适应于行业发展需要。

总之，由于高等职业教育的培养目标既不同于普通高等教育，也不同于中等职业教育，因此，应该理顺其与普高、中职的关系，不能混淆，也不能相互替代。

2. 现行高等职业教育层次定位单一，无法满足社会发展的需要

我国九年制义务教育之后的普通教育系统，包括普通高中→大学专科→大学本科→硕士研究生→博士研究生教育，而职业教育系统却只有职业高中、职业技校或中专→高职（大专）。随着世界高科技的发展，生产从劳动密集型向高科技知识密集型转化，社会对劳动力层次的要求也越来越高。从国外职业教育发展的现状和趋势可以看出，越来越多的国家认识到发展职业教育，尤其是发展高层次的职业教育对推动经济和社会发展的重要作用，例如，英国、德国、加拿大等。在德国，高等职业教育甚至被誉为德国"经济奇迹"的"秘密武器"。我国当前的产业结构是劳动密集型与高科技知识密集型并存，随着我国产业结构的不断调整及社会经济水平的发展，生产将不断向高科技知识密集型转化。如果把高职教育的最高层次仅定位在大专，甚至把它当作是安排高考"落榜生"的渠道，或者把它当作现行高校规模难以满足社会对高等教育需要时的应急措施，这显然不符合知识经济时代的发展趋势，也无法满足我国社会经济发展对人才的需求。

3. 招生体制不合理，造成人们思想上对高等职业教育的认识误区

目前，普通高等学校生源主要来自高考，而高等职业学校的生源来自两种渠道：一部分来自高考，但却是那些普通高校的"落榜生"，其录取分数线不仅大大低于普通高校本科分数线，而且还低于普通高校专科分数线，这不但给人们造成高职低人一等的误解，而且也是造成高职生源质量远远低于普通高校、高职毕业生往往缺少继续深造的后劲儿的实际原因；另一部分来自"三类生"（技校生、职高生、中专生），就目前来说，"三类生"，尤其是前两类往往是那些上不了普通高中的学生，这部分学生的文化基础知识不如"普高生"扎实，专业适应能力较差，这就为今后进入高职学习，尤其是进入高职本科以上层次学习带来了一定的困难。

（二）高等职业教育体系的"应然"状态

1. "高"和"职"是高等职业教育的本质特征

"高"，决定了它必须以一定的现代科学技术、文化和管理知识及其学科为基础，着重进行高智力含量的职业技术教育，要求毕业生能够熟练掌握高智力含量

的应用技术和职业技能，并具有一定的对未来职业技术变化的适应性，这是它区别于中等职业技术教育的重要特征。"职"，决定了它主要强调应用技术和职业技能的实用性和针对性，知识及其学科基础注重综合性，围绕生产、建设、管理和服务第一线职业岗位或岗位群的实际需要，以必需、够用为度，这是它区别于普通高等教育的重要特征。

高等职业教育的这两个本质特征，其实是对高等职业教育的一个明确定位，既与普通高等教育做了区分，也将其与中等职业教育的差别体现出来。

2.完善健全高等职业教育多层次的体系，培养多层次的人才

为了适应社会和经济发展对更高素质应用型人才的需要，应改变现行高职教育体系只有大专层次的落后状况，建立高等职业教育大专→本科→硕士研究生→博士研究生的完整体系，以适应社会和经济对不同层次人才的需要。同时，建立高职教育本科以上体系，可以纠正人们认为高职低人一等的观念，有利于缓解高中毕业生的升学压力，为考生架起进入高等学校（主要是高等职业学校）的另一座桥梁。

3.改变高等职业教育的招生办法和政策

当前，由于我国现行高考制度有不尽合理之处，高等职业学校在生源选择上基本没有自主权，在人们思想认识上，仅把高职当作"高考落榜生"的"收容所"，因此，改革现行的高考制度是确保高等职业学校生源的关键。如果采取两种不同的招生制度，每名学生都应该有资格参加普通高等教育和高等职业教育的招生考试，高职招生除了应测试考生必要的文化知识以外，还应该测试考生的专业技能，而普通高校招生考试则侧重于文化知识。这样，一方面，给考生提供了二次"高考"的机会，减轻了高考的压力；另一方面，有利于提高高职的生源质量，为提高高职教育层次创造了条件，也为真正体现服从学生个性发展起到导向作用，从根本上解决应试教育带来的各种问题，真正体现"以人为本"，而不是"以分数为本"，为素质教育解困。

尽管任何事物的"应然"状态都难以真正实现，但这种状态是人们行动的指南。高等职业教育的"应然"状态在当前也同样难以一一实现，但对于当前高等职业教育的发展仍有着非常重要的导向作用。

二、影响高等职业教育发展的教育思想

综合比较各国职业教育的发展概况，我们可以看出，职业教育的发展与国家社会经济的发展有着密不可分的关联，然而，起决定作用的最终还是各国政府在

职业教育方面实施的政策和措施，这些政策和措施是基于一定的教育思想而制定的。本文对影响高等职业教育发展的教育思想做一梳理，希望能对政府制定政策起到借鉴作用。

（一）市场需求论

1999 年，国务院批转的教育部《面向 21 世纪教育振兴行动计划》中指出："高等职业教育必须面对地区经济建设和社会发展，适应就业市场的需要，培养生产、服务、管理第一线需要的实用人才，真正办出特色。"可见，高等职业院校要立足区域，着眼当前，面向世界，研究市场，学校要围绕市场办，专业围绕市场设，质量检验靠市场，培养受社会欢迎的实用型、应用型、复合型人才。高职院校的"市场定位"要求学校从地方经济发展和社会对科技人才的需求出发，确定教育对象、教育内容和教育运作体制。高等职业教育专业设置的调整要紧紧抓住市场脉搏，对市场有敏锐的感受力，在充分了解经济发展趋势的基础上，对未来劳动力市场的需求及职业教育的发展方向做出科学预测，采取积极主动的办学应变措施，创造条件开设新专业。另外，由于市场的千变万化，必须建立灵活的反应机制，增强专业设置的灵活性，及时调整专业方向，使专业设置积极适应社会和市场的需要。

由此可见，高职院校的生存与发展离不开市场的导向作用，这种导向作用将有效地发挥高等教育的作用，促进教育资源的有效配置和合理利用。

（二）能力本位论

能力本位论的核心是 CBE（Competency Based Education）理论，其宗旨是使受教育者在学校学习期间就具备某个职业所必需的实际工作能力，而且把是否具备这种能力作为评价学生和教师，乃至学校办学质量的标准。CBE 强调以学生为中心，着重培养学生的自我学习能力和自我评价能力；强调教学的灵活多样性和管理的严格科学性，真正体现重能力培养。从 CBE 的实施过程（见图 1-1），我们可以看出关于能力本位论在人才培养方面发挥的作用。一方面，它能够为社会培养出更多动手能力较强的实用人才；另一方面，它在某种程度上也是一种个性化教育，每名学生可以根据自己的爱好、兴趣和需要选择不同的专业。

能力本位论指导下的教学模式对教学管理系统也提出了一定的要求，除了满足不同学生的需要外，学校在专业设置、师资配备、基础设施等方面也要跟上学生的实际需要。

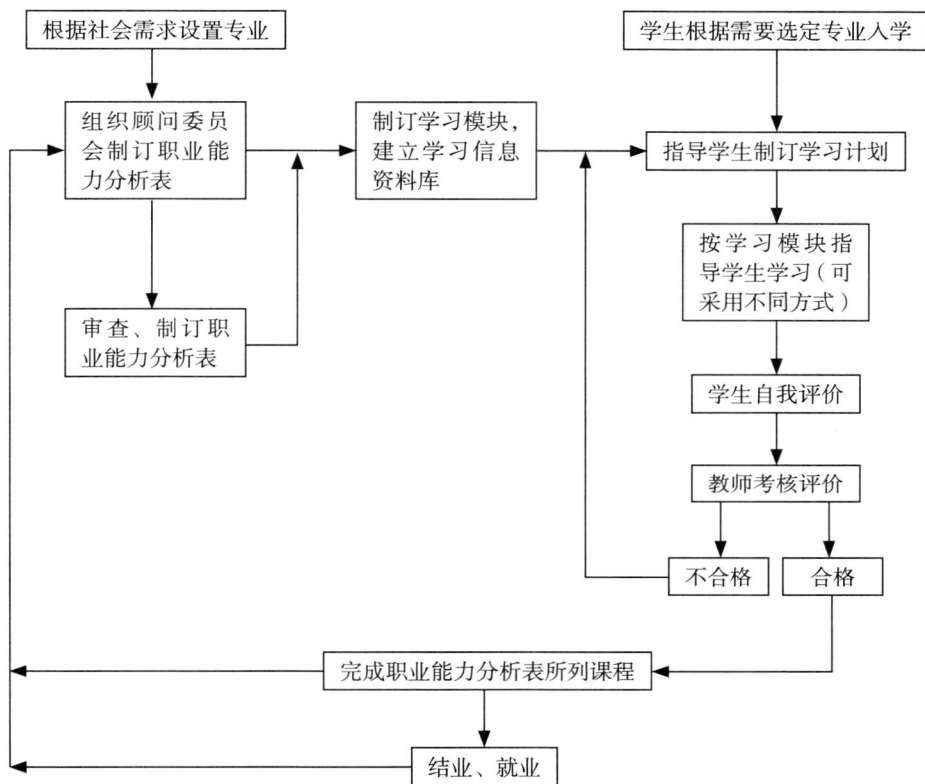

图 1-1 CBE 的实施过程

（三）创业教育的思想

　　1998 年 10 月，首次世界高等教育大会通过的《21 世纪的高等教育：展望和行动宣言》提出："树立以学生为中心的观点，培养学生的创业技能，使毕业生不再仅仅是求职者，而首先成为工作岗位的创造者。"这一思想已成为高等职业教育的一项重要内容。创业教育是一种旨在提高受教育者自我谋职或就业能力的教育，是高职院校职业指导的重要内容。创业教育的实质就是培养学生树立创业意识，形成创业初步能力。高职院校肩负着培养数以千万计的社会主义事业建设者和接班人的光荣使命。因此，对学生开展创业教育是高职院校改革和发展的必然选择。高职院校应该加强对学生实施创业教育，培养他们的创业意识、创业精神和创业能力，增强他们的社会适应性，使他们毕业后无论是应聘就业，还是自谋职业、自主创业，都有信心和勇气，有能力干出一番事业。创业精神、创业意识和创业能力是学生基本素质的综合反映，也是学校教育质量的一种体现。创业教育的思想对当前高等职业教育的发展提出了前所未有的挑战，也为国家和社会培养了一批优秀的人才。其实，创业教育的实质还是对高等职业教育课程体系、师资力量配备的一个高度检验，没有合理的课程体系，没有良好的师资队伍，学生创业能力的培养将无从谈起。

（四）终身教育的思想

建立学习化社会和终身教育体制是 21 世纪教育的一个重要发展趋势，许多发达国家为了增强劳动力的可持续发展能力，都在纷纷制定实施终身职业技术教育的政策。德国、美国、日本、英国等国家都已制定了实施终身职业技术教育的政策和法规。联合国教科文组织第 18 届大会通过的《关于职业技术教育的建议》，要求各国政府把职业教育贯穿人的一生之中。

1999 年 4 月，在韩国首尔召开的"第二届国际技术与职业教育大会"的主题为"终身学习与培训——通向未来的桥梁"，大会强调职业技术教育是终身教育体系的一个内在组成部分，会议号召各国政府要以终身教育思想指导职业技术教育。

随着科技、经济的发展，职业变动和职业技能的更新加速，从业人员在一生中会多次变动职业和更新职业技能，这就要求高职教育具有较大的灵活性和适应性。因此，高职院校在办学中应尽可能综合化，拓宽专业服务面，培养复合型人才，以适应经济技术结构变动对高级技艺人才的需求。同时，应建立与中职相通，与普通高等教育相连的"立交桥"，为具有不同禀赋的社会成员提供多种成才的途径，为经济建设和社会进步提供多种多样的人才群落。

（五）产学结合的理念

高职产学结合是学院小课堂与社会环境直接结合的形式，是企业参与教育教学、学生参与社会实践的过程。产学结合的职业教育使德国从废墟中崛起，使日本从低谷中起飞，使美国成为经济发达国家，也使世界其他国家更清醒地认识到产学结合的必要性。国内外产学合作的典型模式基本相同，按年份来分，有"2+2式""3+1 式""3+2 式"等；按是否全日制学习或工作来分，有全职交替式（即全日制在校课堂学习的学期和全职工作的学期交替进行，工作学期与在校学习学期的时间长度大致相等）、平行模式（即采用半工半读的形式）、组合交替式或组合平行式（即两种模式的组合）。产学结合的组织形式呈多样化状态，从空间上分，有院外基地、院内基地和高职办学集团中的产学结合，有按专业或者分年级、分班组开展的产学结合；从时间上分，有先"学"后"产"、边"学"边"产""产"后又"学"。

产学结合是职业教育更好地适应劳动力市场的要求，也是体现高等职业教育"以服务为宗旨，以就业为导向"精神的途径之一。今后，随着高等职业教育体系层次的不断提升，除了产学结合之外，研究也将跻身其中，发挥产学研结合的效益。

综上所述，关于影响高等职业教育的教育思想我们在此并没有穷尽，随着各国教育事业的发展，以及各国教育改革步伐的推进，还会不断涌现新的教育思潮，一种新的教育理论的产生必然会对当前的教育发展或多或少产生一定的影响。我们只有认识并理解了这些教育思想对发展我国高等职业教育的作用，才能做到根据实际情况调整和发展各地高等职业教育事业，才能真正达到我们国家大力发展高等职业教育的目的。

本书关于高等职业教育理念的解析仅从概念入手，至于其合理性和准确性还有待进一步研究和论证。本人希望此书能引起更多学者的关注和研究，从而对高等职业教育的理念问题进一步澄清和确立，让所有高等职业教育的管理者和工作者都树立明确的教育理念。有了理念的引导，高等职业教育才能慢慢步入特色之轨，真正发挥高等职业教育在社会发展中的作用和地位。

第二章　高等职业教育理念创新与发展概论

第一节　高等职业教育理念创新
与发展研究背景和问题的提出

一、研究背景

培养高级应用型技术人才需要高等职业教育，高等职业教育是高等教育体系和职业教育体系的重要组成部分。推动社会经济发展和繁荣高等职业教育的市场需要我们大力发展高等职业教育。近些年来，我国的高等职业教育为创新社会建设培养了大量应用型高素质技术型人才，大力促进了经济全面发展，是实现我国大众化高等教育的重要力量。但从总体上看，我国高等职业教育的发展仍处于不成熟时期。在较快发展的同时，高等职业教育也暴露出了许多严重阻碍我国高等职业教育健康发展的问题。

高等职业教育是在社会发展中实际需求推动下，把高等教育和职业教育的优势结合在一起形成的新型教育模式。高等职业教育的发展不仅能提升现代职业教育的水平，还能起到对社会经济发展的推动作用。从发展进程的纵轴来看，21世纪以来我国高等职业教育水平得到了迅猛的发展，为我国经济建设提供了大量的应用型技术人才。但是从国际高等教育的横轴来看，我国的高等职业教育仍然落后于国际先进水平，在我国的教育体系内也是薄弱的一环，使我国高等职业教育的健康、可持续发展受到一定限制，也影响了我国高等教育发展的全局。美国的高等职业教育在质量、层次、规模和效益等方面都处于世界先进行列，是当今世界上经济和高等教育相对发达的国家之一。

二、问题的提出

高等职业教育理念创新与发展是近年来我国高等教育研究界讨论的热点问题，关于我国高等职业教育理念创新与发展必要性、紧迫性的论述也非常多。《高等职业教育理念创新与发展》主要是基于对高等教育的重要性、对高等教育自身和经济社会的发展状况，以及进一步加快高等教育和经济社会发展需要的考虑。

2014 年，习近平在全国职业教育工作会议上就加快职业教育发展做出重要指示。他强调："职业教育是国民教育体系和人力资源开发的重要组成部分，是广大青年打开通往成功成才大门的重要途径，必须高度重视、加快发展。"习近平还指出："要着力提高人才培养质量，努力培养数以亿计的高素质劳动者和技术技能人才；要深化体制机制改革，创新各层次各类型职业教育模式，努力建设中国特色职业教育体系；要加大对农村地区、民族地区、贫困地区职业教育支持力度，努力让每个人都有人生出彩的机会。"习近平要求各级党委和政府要把加快发展现代职业教育摆在更加突出的位置，更好地支持和帮助职业教育发展。无论是对课堂教学质量的评价，还是对教材质量的评价，都离不开国家职业教育大会强调的职业教育发展制度，那就是校企合作。全国职教大会明确要求，坚持把校企合作作为办学制度，把促进就业作为办学导向，坚持把立德树人作为办学根本。《中华人民共和国国民经济和社会发展第十三个五年规划纲要》中"推进教育现代化"章节有四个二级指标：公共基础教育强调均衡，职业教育强调产、教融合，高等教育强调创新人才培养，终身教育强调学习型社会。这是国家"十三五"规划纲要对职业教育提出的制度性要求。

有党和国家高层的指示和重视，我们就不难理解为什么要把我国建设成为高等职业教育强国，为什么要重视高等职业教育理念创新与发展。事实上，这是学术界关注和研究高等职业教育理念创新的直接动因，也是支撑和推动我国建设高等职业教育理念创新的重要力量。

我们深深感到高等技术人才的重要性以及高职教育肩负的重大责任，高等职业教育应成为教育领域乃至整个社会研究的新重点和难点。在我国，高等职业教育是一种新发展起来的教育，但是其在教育体系中占有重要的一席之地至今不过几年，因此其发展还很不成熟。从上述这些反常现象出发，本人认为目前我们亟待反思和解决如下问题：（1）什么是高等职业教育，高职培养的是怎样的人才。（2）我国高职发展现状是什么，与国外有什么区别，有什么可值得借鉴的地方。（3）目前阻碍我国高职顺利发展的问题是什么，如何解决。弄清楚这些问题，不仅对高职本身的发展具有理论意义，更重要的是可以为高等职业教育实践提供直接有益的方案和依据。

第二节　高等职业教育理念创新与发展研究的意义

《国家中长期教育改革和发展规划纲要（2010—2020 年）》（以下简称《纲要》）共分四大部分二十二章，其中第二部分"发展任务"的第六章专题论述如何发展职业教育，并把职业教育放在非常突出、非常重要的位置。温家宝亲自担任了该《纲要》制定领导小组的组长，先后发表两篇关于教育的重要文章，多次主持召开座谈会讨论教育改革和发展问题。刘延东担任该《纲要》制定领导小组的副组长和工作小组的组长，直接负责各项研制工作。座谈会的规格如此之高反映了政府的重视程度。

1996 年颁布的《中华人民共和国职业教育法》（以下简称《职业教育法》）是我国职业教育改革发展史上的重要里程碑。《职业教育法》颁布实施以来，我国的经济社会有了较大的发展，职业教育发展的外部环境发生了深刻的变化，职业教育出现了不少新情况、新问题、新矛盾。职业教育法规建设同样存在与时俱进的问题。教育部职业技术教育中心研究所孙琳等撰文指出：《职业教育法》颁布实施以来，由于国家的经济、教育等方面都发生了很大的变化，《职业教育法》中许多条款存在与当前职业教育发展不相适应的情况，需要修改、完善，以适应当前职业教育发展的新形势与新要求。

在充分肯定高等职业教育取得的成就和经验的同时，我们也要清醒地看到，我国虽已成为高等职业教育大国，但与世界高等职业教育强国还有很大差距。一是高等职业教育资源配置、结构布局和学科专业设置还不适应国家现代化建设和经济社会发展的现实需要；二是教育教学观念、人才培养方式、教学内容和教学方法较落后，不利于学生创新精神的培养和实践能力的提高，教学质量还有待大力提高；三是拔尖创新人才培养成效不明显；四是缺少大师级教师和领军人才，教师的业务素质、师德水平和创新能力需要进一步提高；五是在世界上居于前列的学科较少，高校科学研究和学科发展缺乏核心竞争力，科技创新能力有待进一步提高；六是高等职业教育投入与高等职业教育发展需求还有较大差距；七是高职院校管理存在不少薄弱环节，自我发展、自我约束的机制亟待建立和完善。这些问题的核心，是高等职业教育的人才培养能力、科技创新能力还不够强，质量还不够高。

教育优先发展，已经成为我国重要的战略决策。从党的十四大率先提出开始，每一次党代会都非常鲜明地指出职业教育在推进我国现代化建设进程中所具有的重要地位和作用，明确提出要将职业教育摆在优先发展的战略地位。

"办好学前教育，均衡发展九年义务教育，基本普及高中阶段教育，加快发展现代职业教育，推动高等教育内涵式发展，积极发展继续教育，完善终身教育体系。"这是十八大报告站在我国教育改革发展的新起点上，对坚持各级各类教育全面协调发展做出的明确部署。其中，报告中做了关于加快发展现在职业教育的指示。

教育是民族振兴和社会进步的基石，十八大报告把教育放在了极其重要的战略位置。其中，职业教育面向民众、服务社会，是助民、惠民、富民的重要基石，因此，十八大在关于发展职业教育的提法也在以前的基础上进行了一些修改，从十七大报告中的"大力发展职业教育"，到十八大报告中的"加快发展现代职业教育"，"现代"二字的加入，赋予了职业教育改革发展新的目标和内涵。这是全面建成小康社会赋予职业教育的新使命，是中国特色新型工业化、信息化、城镇化、农业现代化建设赋予职业教育的新任务，体现了党中央对职业教育改革发展的新要求。

因此，在这样的形势下，对职业教育机构来说，既是机遇又是挑战，现代职业教育机构应该在认真贯彻落实党的精神的基础上，通过推行切实可行的措施，增强学校的实力，培养更多优秀的人才。职业教育机构应该转变教育理念，不光要注重对学生技能的培养，还要注重对学生现代职业道德、职业素质的综合培养。同时，学科设置、人才培养目标要同市场"零距离"对接，真正把人才培养和社会需要结合起来。

我们要从夺取全面建设小康社会新胜利的大局和实现中华民族伟大复兴的高度出发，认识高等职业教育理念创新与发展的重大战略意义。

高等职业教育理念创新与发展对我们来说是一个艰巨的任务，而要完成这样一个任务就必须要有一定的前瞻性思考。这个前瞻性的思考过程，就是逐步探索与形成指导我国高等职业教育理念的过程。当然，这并非一个不言自明的道理，因此有必要在理论上、在实践上对此进行必要的阐述。

一、教育理念的作用

本人认为，从理论上阐述教育理念创新的必要性，就是要回答教育理念（思想、观念、信念等）与教育实践行为之间究竟有什么样的关系。在教育界非常流行三句话，即"教育观念改革是先导，教育体制改革是关键，教学内容与课程改革是核心"。这三句话应该说已经很好地回答了教育理念创新在改革与发展教育事业问题上的重要地位与作用，但要仔细地琢磨起来，教育理念还具有多方面的作用。

（一）教育理念具有先导性

我们意识到的对象不一定会成为我们追求的对象，我们追求的对象不一定会成为我们付诸实践的对象。但是，我们没有意识到的对象，肯定不会成为我们自觉追求的对象。我们没有自觉追求的对象，肯定不会成为我们努力去实践的对象。从概念、意识、观念、思想、理念的本源来说，实践是第一性的，实践在先，概念、意识、观念、思想、理念在后。但是，概念、意识、观念、思想、理念一旦形成，不仅可以反作用于实践，而且可以成为孕育新概念、新意识、新观念、新思想、新理念的重要源泉。实践不会自动地产生新概念、新意识、新观念、新思想、新理念，在经历了漫长的人类发展历史之后，实践对产生新概念、新意识、新观念、新思想、新理念的作用也在弱化。然而，实践越来越需要新概念、新意识、新观念、新思想、新理念的指导和引导，基于人的心智能力并结合各种各样的思维素材，创造性地、预见性地提出各种新概念、新意识、新观念、新思想、新理念，其作用与意义却在不断地强化。

我国学者萧功秦在他撰写的《思想史的魅力》一文中也谈道："人是按他对生活的理解来确定自己的下一步行动的。自由主义思想家伯林极其看重思想观念的力量，他引证德国诗人海涅的话——一位教授在他宁静的书房中孕育出来的哲学观念，可能毁灭一个文明。"也正是因为概念或理念等越来越具有先导性的作用，当今时代，会"玩"的人往往热衷于提出新概念或新理念。一旦时机成熟或获得社会认可，抢先提出的概念或理念就会转变成为巨大的收益。对此，我们深有体会。实事求是地说，"高等职业教育理念"本身就是一种新教育理念。我们提出这么一个新概念或新理念，最后不一定被政府所接受和付诸实践。但是，提出来是我们这些研究和关心高等职业教育之人的责任，是否接受和付诸行动则是政府的责任。提不提是一回事，提过之后会有什么结果则是另一回事。然而，我们若不提这样一个概念，则断无被接受和付诸实践之可能。可以说，提出"建设高等职业教育强国"乃是一种教育理念创新，而这个创新无疑是我国自觉地进行高等职业教育理念创新的前提和先导。当然，在教育理念创新方面还有大量的工作要展开。

（二）教育理念具有导向性

马克思曾经说过："蜜蜂建筑蜂房的本领使许多建筑师感到惭愧。但是，最蹩脚的建筑师比最灵巧的蜜蜂高明的地方，在于一开始已经在自己的头脑中把建筑完成了。"这也就是说，人类的活动与人之为人的特性相关，做什么以及如何去做虽然受到特定情景的限制，但是人类预先设定的目的和既有的知识、观念基础发挥着非常重要的导向作用，影响着人的判断与选择。具体到教学活动而言，"教师的观念就像一个过滤器，当教师从事教学活动时，他们会将收集到的信息与自身的教育观念联系起来思考、解释信息的含义。已有研究证明，教师的教育观念对教师的许多认知过程，包括知觉、记忆、理解、演绎推理、问题表征和问题解决等有重要影响，教师的教育观念对教师在课堂上的信息感知和加工起到了指导性的作用，在教师界定行为、组织知识和信息的过程中扮演着关键性的角色"。萧功秦在《思想史的魅力》一文中专门讨论了"人们在多高程度上是受自己的利益支配，在多高程度上受其理念支配"。他指出，在此问题上，思想家有三种不同的意见。一种观点认为，利益是至关重要的驱动力。阶级的利益决定了阶级的思想与理想，人们的理想中包括了他们的私利。第二种观点认为，人类的行动既受物质利益的驱使，也受政治与宗教信仰的影响，人们完全可以不考虑自身的物质利益，而任由理想、信念的驱动。第三种观点以马克斯·韦伯为代表，他说："直接支配人们行动的并不是理念，而是他们所认定的利益（即使是理念信仰，也是由于他们认为这种理念信仰体现了自己的或阶级的利益），但是，理想所形成的世界形象会使人们以为，那就是自己的利益，并会以追求自己的利益那样去采取实现这种理想的行动。"在论述思想、信念、观念作用的时候，韦伯提出了最著名的"铁路轨道上的扳道工"理论。他把思想、信念、观念等无形的力量比拟为"扳道工"，这位扳道工可以使一列被利益驱动的火车驶向理想、信念所确定的方向。由此说来，我们也认为理念的导向作用是不可忽视的。而且，无论从认知与行为的关系来看，还是从理念与利益的相互影响与转化来说，理念在促成重要的判断和选择方面具有重要的导向作用。

（三）教育理念具有激励性

教育理念与教育思想、教育观念等同属于认识范畴，与教育理论作为一种系统化的客观知识体系相比，它们均与特定主体的态度与价值取向相关联。按照萧功秦的说法，"思想一旦形成，并被人们所信奉，就会变成支配人们行为，甚至改变世界的巨大精神力量"。按照帕贾斯的观点，"一旦观念形成，个体就有围绕观念的各个方面建立起一种因果解释的定向，不管这些解释是正确的还是虚构的，最后就成了自我实现的预言"。而相对于教育思想和教育观念，严格说来，教育理念与主体的信念、偏好和追求更为密切。教育理念一旦形成，就会唤醒人的自我意识。一方面有助于人们去识别有助于达成自身教育理念的信息、资源与机会；另一方面通过唤醒人的良知与潜能，提升人们对符合自身教育理念之教育实践行为的积极性。古希腊哲学家苏格拉底的父亲是一位著名的石雕师傅，在苏格拉底很小的时候，有一次他的父亲正在雕刻一头小狮子，小苏格拉底观察了好一阵子，问父亲："怎样才能成为一名好的雕刻师？"他父亲说："看！以这头石狮子来说吧，我并不是在雕刻这头狮子，我只是在唤醒它。狮子本来就沉睡在石块中，我只是将它从石头监牢里解放出来而已。"于是，理念的激励与唤醒力量使苏格拉底长大也成为一名雕刻师，他雕刻的是那个时代人们的心灵。我们相信，一个真正有教育理念的人，定会受到教育理念的激励，从而在教育事业上更有作为。

（四）教育理念具有防卫性

电影大师布努艾尔1968年拍摄的《银河》中有这样一个镜头：一个高级牧师坐在一个酒馆里布道，酒馆里一个卧室中一名男子和一名女子分别躺在两张床上。该镜头暗示这一男一女被教义和理性压迫得毫无性感，目的在于揭示宗教传统势力进入了人类的头脑中，已经改变了或者说抑制住了人类的本能冲动和真实需求。布努艾尔是在为自然地生存呐喊，抗议过度的教养与说教压抑了人类的生存。但是，我们从中也看到这样一个事实，即理念上认为是不应该的东西，行动上就会有所节制。个体、群体以及人类已经认可和内化了的理念，事实上具有一种防卫功能。这种防卫功能不仅体现在对"非法"行为上具有抑制作用，还体现在对"非法"的言论、观念等具有排斥倾向。这种观点也不是什么新东西，中国几千年的教育史，就如朱熹所言，"圣贤千言万语，只是教人明天理、灭人欲"。而"明天理、灭人欲"的基本逻辑，就是把"天理"转化为人的基本理念，有了"天理至上"的理念，人欲就可以受到抑制，甚至得以消除。

二、从认识论的角度来谈教育理念

理念属哲学范畴。从柏拉图到黑格尔，以及我国对"理"的认识，多属于本体论的范畴，所要解决的是存在与思维的关系问题。而"理念"属于认识论的范畴，在对教育理念的把握上，应关注以下问题。

（一）理念从本源上是实践的，具有实践导向功能

教育实践提供了理念形成的素材，规定了理念的价值取向。但教育实践不会自发地形成教育理念，教育理念是教育主体在反思教育实践过程中，参照历史的教育素材，富有想象力地进行主观创造的结果，是一种"理性认识"。教育理念一经形成，可以规定和指导进一步的教育实践。

（二）要从知、情、意三个方面去把握理念

第一，理念关注事物的本来面目及发展的终极目标，是一种超前性认识。第

二，理念渗透着主体的情感，是附着主体情感的理性认识。第三，理念反映了某种追求，需要通过意志的努力把认识转化为主体的自觉追求。从这些内在规定性出发，"理念"是以社会实践为基础，渗透着主体情感，反映着主体追求，从事物的内在属性和所处的客观条件出发，综合其发展的终极目的和外在条件的变化倾向所得出的一种特殊的理性认识。

（三）教育理念是分层次、成体系的，认识主体不同，教育理念不同

高等职业教育理念主要可分为国家教育理念、大学教育理念、个体教育理念等不同类别的理念。其中，国家教育理念是关于一个国家如何发展职业教育和如何办好各级各类职业教育的理性认识，是国家政治意志和立场在高等职业教育政策与制度中的反映。大学教育理念是以高等职业学校为主体，在长期办学实践中所形成的有关如何治学与治校的观念体系，反映了办学者的教育理想与信念。任何国家高等职业教育的发展，从来都不是一种理念在支配，而是由紧密关联的理念体系共同作用的结果。高等教育理念体系主要包括高等职业教育的"基本理念""发展理念""育人理念""管理理念"和"服务理念"相互作用的五个主要方面；大学教育理念体系主要包括大学核心理念和子理念。

（四）教育理念的研究过程中要突出人本性、思想性、实践性、原创性

教育理念要突出"人本"性，这是研究的基点，不管是教学、科研，还是服务社会，最终都要落脚到"人"上；突出理念的思想性，不管哪国哪校的教育理念，一定要被人们广泛认同并采纳；突出理念的实践性、有效性，只有在实践中得以贯彻，且行之有效的理念才有借鉴意义；突出理念的原创性，尽管教育理念有很多共性，但是在分析不同对象时，在个案研究中要清晰勾勒出每所大学如何结合自身特性而形成独具特色的教育理念。理念的生命力，更在于它是一种信仰，在研究过程中需要结合具体国家、具体学校的文化传统与发展历程，揭示出教育理念是怎样成为一种信念的。

三、从个体和组织的层面来讨论教育理念

我们一般是在个体的层面讨论教育观念或理念对个体教育实践行为的影响，而组织层面的教育理念对组织教育实践行为的影响更为深刻和显著。个体的教育理念往往是没有经过深思熟虑的，常常是以隐性的和间接的方式影响个体的态度、判断及行为取向。而且，个体的教育实践行为往往受到多种因素的影响，如教师自身的性格特点、利益关联及特定的教育情怀等等，这也有可能导致教育观念作用的进一步弱化。组织的教育理念往往是深思熟虑的，是反复斟酌、比较、筛选、

检验的结果。而且，组织的教育理念对组织的教育实践行为影响的途径也不一样。组织的教育理念可以通过影响组织中个体的教育理念，进而影响组织的教育实践行为。这一途径对组织教育实践行为影响的方式、可能性与效果同个体教育理念对个体教育实践行为的影响类似。前提是组织的教育理念能否有效转化为组织中个体的教育理念，能否使组织中的个体有机会去践行源自组织的教育理念。组织的教育理念还可以通过影响组织决策、组织建构、制度设计等，进而影响组织的教育实践行为。这一途径对组织行为的影响是直接、制度化的，也是举足轻重的。学校的教育理念、国家的教育理念均属于组织教育理念的类型。我们相信，一些好的教育观念、教育思想或教育理论若能上升为学校层面和国家层面的教育理念，相关的学校与国家一定会因为有了某些教育理念而发生有意义的改变。

世纪之交，党和国家深入实施人才强国战略，提出建设创新型国家、建设社会主义和谐社会和建设人力资源强国等一系列新的战略目标，做出了一系列推进高等职业教育改革、加快高等职业教育发展的重大决策和部署，把充满生机活力的中国高等职业教育推向 21 世纪，谱写了我国教育发展史上浓墨重彩的篇章。

第三节　高等职业教育理念创新与发展研究的思路和方法

一、研究的思路

本研究坚持以科学发展观为指导，以促进高等职业教育理念创新与多元化市场经济发展相适应为根本目标，运用社会学、经济学、管理学、多元智能理论、教育基本规律等多学科的相关理论和方法，分析探讨高等职业教育理念创新与发展问题。

首先，要了解我国高等职业教育的发展历程，弄清高等职业教育发展进程，掌握高等职业教育理念创新与发展的现状，发现存在的问题并分析其产生的原因和阻碍作用。其次，职业教育横跨教育与职业两个领域，与产业、职业、就业等多种因素关系密切，因此，要解决高等职业教育理念创新与发展的问题，必将先从教育与社会的关系入手，分析高等职业教育与经济、政治、文化、科技的关系，特别是弄清社会主义市场经济发展规律，寻找经济发展规律与高等职业教育理念创新与发展的客观联系，以大职业教育观和更开阔的视野来把握高等职业教育及其发展趋势，探讨适应市场经济发展的高等职业教育理念。再次，我国高等职业教育理念创新与发展要借鉴发达国家的成功经验，从理论上和实践上提出适合中国国情的教学理念。本人研究的具体思路如下：

（一）了解掌握我国高等职业教育理念发展的现状，找准并分析存在的问题

随着经济社会的快速发展，我国高等职业教育有了飞跃发展。经济发展方式的转变和科学技术的日新月异，使得高技能人才总量供给不足和结构性短缺的问题可能会长期存在。如何解决高技能人才需求和培养之间的矛盾？我们应从高等职业教育理念创新入手，首先了解掌握我国高等职业教育发展的现实情况，发现高等职业教育中存在的突出问题，从理念上寻找深层次的原因，分析理念创新与发展的障碍，最后做出正确"诊断"。

（二）学习发达国家的成功经验，借鉴发达国家不同国情下的高等职业教育发展

他山之石，可以攻玉。高等职业教育的发展是伴随着工业化的发展而产生的，世界上发达工业化国家的成功经验值得借鉴。目前，我国总体发展水平尚处于工业化的中期，国家已把发展高等职业教育作为经济发展的重要战略，这是非常正确的重要举措。美国、日本、德国、澳大利亚是20世纪后半叶到21世纪初世界上经济总量居前的经济大国，学习这些国家发展高等职业教育的成功经验，吸取其教训，对我国实施高等职业教育发展战略具有十分重要的意义。

（三）探索适应我国国情的高等职业教育理念，提出适合我国国情的高等职业教育理念创新与发展的具体的实现形式

不同的国家有着不同的高等职业教育理念，不同的教学理念必须与其国家的经济体制、政治体制、文化体制、科技体制等相适应。中国的市场经济体制、政治体制、文化体制、科技体制等具有鲜明的中国特色，与之相适应，中国的高等职业教育理念应该带有自身的特点，不能生搬硬套别国的模式。我们对此进行研究的意义在于，探索适合中国国情的高等职业教育理念，研究我国高等职业教育体制改革的特点，创新性地提出高等职业教育理念创新与发展的具体实现形式，并对我国高等职业教育创新与发展改革的方向和对策进行进一步的研究。

（四）未来的高等职业教育理念创新发展的思考与展望

高等职业教育作为我国推进高等教育大众化的重要方面得到了前所未有的发展。在构建现代职业教育体系的背景下，如何遵循以人为本理念，正确把握高职教育规律，构建完备的现代职业教育课程体系，是我们需要认真解决的问题，也是高职教育理念创新的重中之重。本书重点对未来高等职业教育理念发展体系建

设问题、关于加强未来高等职业教育师资队伍的建设问题，以及对关于未来高等职业教育教学方式方法革新的问题进行了深入的、切合实际的思考与展望，为将来高等职业教育理念的创新与发展指明了方向。

二、研究的方法

（一）历史研究法

通过对我国高等职业教育发展的纵向历程分析，特别是回顾我国改革开放以来高等职业教育的发展历程，从借鉴历史的角度，对教学理念与经济体制、政治体制、科技体制等互相适应和发展进行研究。

（二）比较研究法

借鉴发达国家的成功经验，特别是美国、日本、德国、澳大利亚等国的经验，通过横向分析比较，结合我国的实际国情，进行高等职业教育理念的研究。

（三）文献研究法

查阅尽可能多的相关文献资料，吸收多学科（包括各种相关学科，如教育学、经济学、社会学、管理学、多元智能理论等）的研究成果，对高等职业教育理念进行分析和探讨。

总之，本书将采用多学科的观点和方法，研究高等职业教育理念创新与发展问题，尝试从社会学、经济学、管理学等多学科角度来研究教育问题，并从教育学角度审视经济问题，跳出教育的圈子来研究教育，探索高等职业教育理念创新新方法，努力推动高等职业教育的持续协调发展。

第三章 高等职业教育理念创新与发展的内涵、路径及基本要求分析

教育理念及教育理念创新之基本理论问题包括四个方面：第一是如何理解教育理念的内涵；第二是回答教育理念究竟有什么作用；第三是明确创新教育理念有哪些可能的路径；第四是指出在中国建设高等职业教育强国这一特定的研究语境和背景下，教育理念创新需要注意哪些特殊问题。第二个问题在第二章中已经做了回答，本章重点解决其他三个方面的问题。

第一节 高等职业教育理念创新与发展的内涵解析

探讨教育理念的内涵，是一个非常棘手的问题。教育理念内涵的研究有很多，但有广泛影响的研究观点却很少。鉴于教育理念概念在研究中的基础性地位，并结合本研究的需要，本人尝试提出自己的见解。

一、对理念的理解

教育理念是理念的下位概念，要理解教育理念，应先从词源上了解理念概念形成的特殊性和正确定位理念在马克思主义哲学体系中的范畴，首先解决对理念的正确认识问题是探讨教育理念概念的前提条件。

理念概念是从英语单词 idea 翻译过来的，而英文中这个单词则由希腊文转写而来（亦有人说是音译过来）。即使在希腊文中，理念的内涵也是发展变化的。在柏拉图把理念作为一种本体论存在而理解为"类的彻底感知"以前，原本意义为"看"或"看见"的理念概念，已经经历了从"看"或"看见"转化为"可见的方面"，进而转化为"可见的形状""类型""种类"等众多语义变换过程。而后人

在解读理念内涵时，多是从柏拉图的"理念论"开始。在柏拉图那里，理念代表理智对象，与感知对象相对立；理念代表真实的事物，与感知中变化的对象相对立；理念代表永恒的事物，与可能消失的变化世界相对立。自柏拉图之后，对理念的理解已经成为一个基本的哲学问题，各个历史时期的哲学家对理念的内涵均有所论述，但基本上都未能跳出本体论的范畴。如黑格尔也认为："理念是自在自为的真理，是概念和客观性的绝对统一。"

理念一词从希腊文转写到英文，再从英文译成中文，固然对我们把握它增加了一些难度。其实造成我们理解上的混乱更重要的原因是，当一些学者在研究与借鉴古圣先贤对理念的界定时，忽略了他们的哲学前提，这就导致了理念所属范畴的紊乱或错位。从柏拉图到黑格尔，以及中国对"理"的认识，基本上多属于本体论的范畴，要解决的是存在与思维的关系问题。而且在思维与存在的关系上，或者错误地把思维看成第一性，或者把思维的概念形式作为客观事物的本身，这既与我们信奉的马克思主义哲学常识相背离，也与我们研究和使用理念的目的不相符。我们认为，针对理念的探讨宜放在认识论领域。从这一点出发，才能驱散理念研究不知所云的迷雾。

从认识论的角度看，理念属于认识的范畴，它来源于实践，并受实践的检验。实践提供了理念形成的素材，也规定了理念的价值取向。理念不是头脑中自生的，更不是先验存在的，也不是什么绝对的意志，可以不受客观条件的限制。当然，理念也不是在实践中自发形成的，不是对客观世界机械反映的结果。理念的形成有其思想上的渊源，同时受到主体自身因素的制约，体现为主体的主观认识和愿望。总之，理念从本源上是实践的，但理念一经形成就可以作为一种间接的实践形式，为产生新的理念创造条件，人在这一过程中是能动的。在同样的情况下，个人最终具备什么样的理念主要还是取决于自身认识。在我国，理念的重要性日益受到关注的根本原因是，在新的历史条件下，党和国家领导人能够解放思想，实事求是，正确理解和运用马克思主义。理念不再是实践在人们头脑中留下的投影，它可以超越存在，规定和指导进一步的实践。可以这样说，美好的世界是由实践来创造的，但美好的世界需要用"心"来描绘，发挥"心"的创造性，改变社会发展自发的进程，这是一种进步，这种进步也是理念的胜利。这同时意味着，理论研究不能只从"原在"上去理解现实，理论研究应该合乎逻辑地去设想社会的"另类存在"，展示未来合理社会的可能性。理念的研究就承担着这样一种责任，然而前提是需要理念在马克思主义哲学体系中获得新的生命，从柏拉图等人的哲学著作中，从中国"理"的历史流变中，去寻找理念的哲学定位和抬高理念的地位或许是一种误导。

把理念归结到理性认识的范畴，并强调理念对实践的能动作用只是问题的第一步，这对我们真正了解理念是不够的，仍有必要进一步分析理念的特性。我们认为，理念作为一种特殊的理性认识，具有三个方面的特点。

第一，理念关注事物的本来面目及其发展的终极目的。理念是从事物的内在属性和客观条件出发，综合其发展的终极目的和外在条件变化的倾向所得出的超前性认识。理念不等于实践经验的总结，理念总是以指导未来的实践为其使命，其对未来实践纲领的设定始终贯穿着逻辑与历史的统一原则，历史来自对理念载体发展历程的考察，逻辑则是基于理念载体的本质规定。

第二，理念有情感参与其中。没有情感参与的理性认识注重客观分析和事实描述，这种理性认识成果的表现形式是一系列陈述命题所构成的理论体系，其判断标准是真与假。理念渗透着主体的情感，是附着主体情感的理性认识，一方面使理念与错觉、虚无缥缈的幻想区分开来，另一方面则使理念与单纯的事实判断有所不同。当我们评价某一理念时，我们不仅要看它有没有根据，还要看它的目的与动机何在。当我们说某人具有什么理念时，这种理念肯定饱含着他本人的积极情感。

第三，理念反映着某种追求。理念除了认知和情感两种要素之外，还需要意志的努力，把认识转化为主体的自觉追求，把情感调节到一种稳定而持久的状态。

只有把这三个方面都讲全了，我们才能真正认识什么是理念。综上所述，所谓理念，是以社会实践为基础，渗透着主体情感，反映着主体追求，从事物的内在属性和所处的客观条件出发，综合其发展的终极目的和外在条件变化的倾向所得出的一种特殊的理性认识。

二、对教育理念的理解

界定了理念的概念之后，应该说，教育理念的理解和界定问题就已经基本解决了。但是，为了准确地说明教育理念的内涵，有必要介绍一些有代表性的观点，找出大家共同关注的教育理念概念中的基本要素，以此来反思我们对理念的一般性解释，然后用这个一般性解释来约束和规范我们对教育理念的看法。这样做，一方面可以防止对理念的内涵设定过于主观武断，另一方面也能有效地避免理念研究和教育理念研究出现"两张皮"现象。

关于教育理念的代表性观点如下：

蔡克勇认为："教育理念是人们在教育实践过程中形成的对教育发展的指向性

的理性认识。它是一个很宽泛的概念，可包括三个层面，即什么是教育，教育有什么作用，怎样发挥教育的作用。"

陈桂生认为，教育理念不是对教育实然状态的描述，而是关于"教育的应然状态"的判断，是渗透着人们对教育价值取向或价值倾向的"好教育"观念。

韩延明认为："教育理念是教育思想家乃至整个民族长期蕴蓄和形成的教育价值取向的反映、体现和追求，是关于教育发展的一种理想性、精神性、持续性和相对稳定性的范型，具有导向性、前瞻性的特征。"

眭依凡认为，教育理念有五个基本特点。① 教育理念是教育主体对教育及其现象进行思维的概念或观念的形成物，是理性认识的成果。② 教育理念包含了教育主体关于"教育"的价值取向，属于"好教育"的观念。③ 教育理念不是现实，但源于对教育现实的思考，是教育主体对教育现实的自觉反映。④ 教育理念是个外延比较宽泛，并能反映教育思维诸概念共性的普遍概念或上位概念，如教育思想、教育观念、教育看法、教育认识、教育理性、教育信念、教育信条等都在理念之中。此外，教育理念还以上述诸概念的外在形式表现出来，以示其既有抽象性又有直观性，如教育宗旨、教育使命、教育目的、教育理想、教育目标、教育要求、教育原则等。⑤ 教育理念之于教育实践，具有引导定向的意义。在此基础上，眭依凡认为："教育理念是教育主体在教学实践及教育思维活动中形成的对'教育应然'的理性认识和主观要求。"

李萍等发表在《上海高教研究》1998 年第 5 期的《教育的迷茫在哪里——教育理念的反省》一文，对教育理念的见解较为受人关注，引用率较高。该文认为："教育理念是关于教育发展的一种理想的、永恒的、精神的范型。教育理念反映教育的本质特点，从根本上回答为什么要办教育。"

从以上关于教育理念的各种表述中可以看出，人们对教育理念的理解涉及的问题主要如下：

1. 是谁的教育理念？

2. 教育理念属于什么范畴？

3. 教育理念是否包含教育价值取向？

4. 教育理念与教育的本质有关系吗？

5. 教育理念是怎样形成的？

6. 教育理念必须为教育发展指明方向吗？

关于第一个问题，看上去似乎是多余的，但确实是很难回答的一个问题，即教育理念是其本身固有的，还是属于研究教育的人或者属于开展教育活动的组织？本人认为，学校、社区、民族或者国家与社会的教育理念是人所赋予的，是占主导地位的教育理念制度化的结果。制度化的教育理念虽然来自个体的教育理念，但两者已经有了严格的区别。教育活动自身也不会自然地形成教育理念，但在长期的教育发展过程中，人们已形成一些对教育及教育发展相对稳定的看法，这些看法在历史的不断选择中就可能"异化"为不以人的意志为转移的"教育理念"。从严格意义上讲，理念只是属于人的。教育理念属于人并不意味着人人都有教育理念，人人可以有教育观念，因为教育理念的形成是自觉的、有条件的。基于这种认识，我们在解释教育理念时应注意其不同的主体属性。

关于第二个问题，即教育理念最终定位在什么范畴之内，学者的意见更不一致。从上面所列举的若干解释中可以看出，有的人把它归结为"范型"，有的人认为是"理性认识"，有的人主张是"理性认识＋主观要求"，有的人把它放在"教育观念"中。强调教育理念是一种"范型"，与对上述第一个问题的认识有关，侧重从组织和教育自身来研究教育理念。其实，个体的教育理念转化为组织的理念或积淀为教育的理念就是一个范型化的过程。主张教育理念是"理性认识＋主观要求"，显然反映了作者既重视教育的"实然状态"，又肯定教育理念要表达教育的"应然状态"。把教育理念放在"教育观念"的范畴内，似乎过于迁就了人的主观性的一面。我们倾向于蔡克勇对教育理念的定位，即教育理念归根结底就是理性认识。如果认为"理性认识"过于宽泛，可以对其加以限定，无须来搞出一些并列的概念。

关于第三、第四个问题，即教育理念与教育价值、教育本质之间的关系问题，均受到了直接或间接的肯定，在这一点上没有什么分歧。问题是教育价值能否与教育本质同时出现在教育理念概念的解释之中。我们认为，两者是可以为教育理念所协调的。关于教育本质的研究看上去是一个客观性问题，事实上，诸多研究的结果反映的已不再是问题本身，而是与研究者本人的教育价值取向密切相关的。正因为如此，高举教育理念大旗的人往往是"教育作为学术机构"或"教育作为培养人的活动"的捍卫者，在教育价值取向上倾向于教育促进人的发展和繁荣学术。换句话说，我们怎么理解教育往往就会主张按照这种理解来办教育，我们怎么办教育往往就会按照这种办教育的方式来理解教育。教育本质与教育价值是两个东西，但两者常常联系在一起。当然，教育理念与教育本质之间有没有必然的联系，我们认为这还是值得探讨的。但是，能否在教育理念研究中顾及教育的本质，至少是衡量教育理念研究深度的一个重要标尺。

关于第五个问题，即教育理念是怎样形成的，每个人的看法与其怎样理解教育理念是有关系的。韩延明认为，教育理念由历史积淀而成；蔡克勇认为，教育理念是在教育实践过程中形成的；眭依凡认为，教育理念是在教学实践和教育思维活动中形成的；陈桂生和李萍等没有明确触及这个问题，但仍然可以看出他们强调教育理念形成过程中主观建构的重要作用。本人认为，教育理念总的来说是教育实践的产物，来源于教育实践并服务于教育实践。但教育实践不会自发地形成教育理念，教育理念是教育主体在反思教育实践过程中参照历史的教育素材，富有想象力地进行主观创造的结果。

最后一个问题实际上是要回答研究教育理念的意义。无论指出教育发展的"应然状态"，还是要求教育理念解决教育怎样发挥作用的问题，无论指出教育理念具有导向性与前瞻性的特征，还是要求教育理念从根本上回答为什么要办教育，都表达了教育理念要有很强的实践意识。这种实践意识从教育理念本身来说，反映着教育主体对教育发展的某种追求。

对上述问题做了简单的评价之后，我们的结论是，从教育学（理论形态）的角度讲，对这些问题做出正确的回答，就根本上可以把握教育理念的内涵。而用这些问题来检验上述对"理念"的认识，应该说两者是一致的。基于此，并参照对"理念"的解释，本人认为，所谓教育理念是指以社会与教育实践为基础，渗透着主体的教育价值取向，反映着主体对教育"应然状态"的追求，从教育本质和教育发展的外在条件出发，综合教育促进人的发展之终极目的和社会条件变化的倾向所得出的一种特殊的理性认识。

在教育理念的内涵探析上，还应把握以下四个方面：

第一，要弄清楚我们研究的理念是什么。理念是一个外来词汇。要准确地理解"理念"一词的含义，就有必要弄清楚它在英语中指的是什么。根据牛津词典的注解，理念分别对应 plan、thought、impression、opinion、belief、fancy、notion、purpose 等意思，翻译为汉语，可以相应地梳理为这样三类：一是指印象、设想；二是指观点、思想；三是指信念。显然，基于研究的目的，我们所谈的理念应该属于后面两种意思，并且这两种意思还不在同一个层面上。涉及"观点、思想"的理念指的是经过思考和推理后得出的结论；而作为信念的理念，更多的是包含于特定的价值判断，对某事物持有的一种预设的信仰。尽管在意思上有这样的差别，但是，涉及观点、思想的理念之中必定隐藏了理念主体特有的价值取向。因此，在进行强国教育理念研究的过程中，有必要厘清它们之间的区别与关系。

第二，要明确教育理念的载体是什么。虽然教育理念、办学理念、大学的理念以及大学的理想等这类概念经常在我们的头脑中纠结，但是，这些理念所面对的客体是不一样的。既然研究教育理念，就要从教育上寻求破题的着力点。教育有广义和狭义之分，狭义的教育，归根到底，是人才培养的活动。因此，就狭义的范畴而言，教育理念应该围绕人才培养来做文章。但从广义而言，教育的含义不但包括人才培养活动，而且包括与人才培养相关的各种活动及相关因素。因此，就广义的范畴而言，教育理念是关于人才培养及相关活动的思想观念。

第三，在理念的归纳上，要让"理念"像理念。理念体现在教育方针、教育制度、办学措施等方面，但不能简单地认为，这些东西就是教育理念。在以往关于教育理念的研究上，就有把教育举措、教育制度当作理念的现象。我们可以借鉴这些研究成果，但是不能让这些研究阻碍我们对理念的深入探讨。

第四，在教育理念的研究过程中要突出几个基本点。突出理念的"人本"性，这是研究的基点，不管教学、科研，还是服务社会，最终都要落脚到"人"上；突出理念的思想性，不管哪国哪校的教育理念，一定要是被人们广泛认同，并被采纳了的观念；突出理念的实践性、有效性，所研究的理念应该是被贯彻执行，且行之有效的，只有这样的理念才有借鉴意义；突出理念的原创性，尽管大学的教育理念有很多共性，但是在分析不同对象时，在个案研究中要清晰勾勒出它们是如何结合自身特性，而形成独具特色的教育理念的；突出理念的生命力，理念更多的是一种信仰，在研究理念过程中需要结合具体国家、具体学校的文化传统与发展历程，揭示出教育理念是怎样成为一种信念的。

第二节 高等职业教育理念创新与发展的路径分析

对教育理念的理解中已经包含着我们对教育理念创新路径的基本见解，鉴于对教育理念创新路径的探讨本身也是一个重要的理论问题，且对后续研究具有重要的指导价值，特此将其作为一个部分并加以专门论述。

本人认为，教育理念创新是一个非常复杂的过程，可以有多种多样的路径。教育理念创新甚至与顿悟、灵感、直觉等一些非理性思维活动相关，根本就无法作为一个理性问题加以探究。但是，即使是复杂的创新过程，或是最多样化的创新渠道，我们总还是可以捕捉到一些常见的、稳定的、具有共性特征的教育理念创新路径。据我们的观察与分析，教育理念主要有基于本质、基于价值、基于经验和基于未来四种创新路径。

一、基于本质的教育理念创新路径

所谓基于本质的教育理念创新路径，就是从"什么是大学""什么是教育""什么是学术"等这样一些概念的阐释出发而提出的教育理念。虽然本质主义在学术界已经受到严厉的批评，但此路径仍然是教育研究界最常用的教育理念建构方式。

例如，《什么是教育》一书的作者雅斯贝尔斯，其建构教育理念的路径就是典型的本质主义路径。在雅斯贝尔斯看来，人类的未来取决于本质教育能否成功，真正的教育应先获得自身的本质，当教育的本质出现问题之时，教育就会异化为一些形式化的东西，危机便接踵而至。而所谓教育的本质，按照雅斯贝尔斯的观点，就是对终极价值和绝对真理的虔敬，而精神则是那唯一的可虔敬之物。他告诫我们："教育，不能没有虔诚之心，否则最多只是一种劝学的态度，对终极价值和绝对真理的虔敬是一切教育的本质，缺少对'绝对'的热情，人就不能生存，或者人就活得不像一个人，一切就变得没有意义。"

正因为雅斯贝尔斯如此理解教育，在他的教育理念体系中，科技教育便惨遭厄运。他说："教育过程首先是一个精神成长过程，然后才成为科学获知过程的一部分。科学中根本不存在作为立身之本和对终极价值叩问的东西，因此也就没有绝对价值可言。因为技能的训练，专业知识的提高还不能算是对人的陶冶，连科学思维方式的训练也谈不上，更何况理性的培养。"雅斯贝尔斯对社会给予科学家以特别的优待，以及科学技术与社会经济之间日益紧密的联系显然有些不满。与各个国家不惜投入巨额经费发展科学技术教育，以提高国际竞争力的现实潮流相反，雅斯贝尔斯主张，只有回归本真教育，才能从根本上遏制滥用科技所造成的灭顶之灾。他强调："科技讲求的是生产力和强大的武器，而精神要求的则是人的转变。前者只能制造装备，把人变成工具，并且导致毁灭。后者使人悔改，变成真正的人，并且借助精神的转变，人们不但不会被生产力和制造武器的技术打败，反而能掌握它们。"

正因为雅斯贝尔斯如此理解教育，在他的教育理念体系中，"自由"便有了极其重要的地位。在雅斯贝尔斯看来，要达到"精神成人"的教育目的，自由乃是第一要素。他指出："只有导向教育的自我强迫，才会对教育产生效果，而其他所有外在强迫都不具有教育作用，相反，对学生精神害处极大，最终会将学生引向对有用性世俗的追求。"雅斯贝尔斯所倡导的自由，一是要避免学习与学术误入"有用性"的歧途，二是要培育自主学习与探索的学校氛围。雅斯贝尔斯强调："大学应始终贯彻这一思想观念，即大学生应是独立自主的、把握自己命运的人，他们已经成熟，不需要教师的引导。固定的学习计划解除了个人在寻找自己的精神发展之路上所要经历的危险，但是缺少这种在精神自由中的冒险，也就失去了独立思想的可能性本源，而仅仅剩下发达的专业而已。"事实上，在高等教育研究领域与教育理念有关的主要成果，大多受到了本质主义思维方式的影响，纽曼的《大学的理想》如此，弗莱克斯纳的《现代大学论：美英德大学研究》也不例外。国内近些年来出版的一些相关著作也多是从界定"大学"的概念或逻辑开始的。应该说，纽曼的《大学的理想》是大学理念研究的奠基之作，这本著作的由来是这样的：1852 年，亨利·纽曼先生应邀出任由教皇训令创办的都柏林天主教大学校长一职，为宣传这所新办的大学，他先后做了一系列关于大学的性质、作用与范围等大学教育基本理论问题的演讲，《大学的理想》一书主要由这些演讲构成。在这些演讲中，纽曼指出："我对大学的看法如下：它是一个传授普遍知识的地方。这意味着，一方面，大学的目的是理智的而非道德的，另一方面，它以传播和推广知识而非增扩知识为目的，这就是大学的实质所在，并且独立于教会。"换句话说，纽曼的系列演讲都是在为这个"看法"做注解，是这个"看法"的展开或补充。读过《大学的理想》一书的人对此肯定不会陌生，而纽曼对我们影响最大的地方也主要是他的这个看法。弗莱克斯纳的《现代大学论：美英德大学研究》一书同样是高等教育研究的经典著作，按照中译本"译者前言"的说法："作者关于现代大学理念的观点，是作者研究美英德大学的特点与问题的指导思想和理论基础。作者对美英德大学的分析，正是在现代大学理念的基础上展开的。"其实，用不着通读《现代大学论：美英德大学研究》一书，看看该书的目录（全书共四章：第一章为"现代大学的理念"，第二章为"美国的大学"，第三章为"英国的大学"，第四章为"德国的大学"），或许我们就可以猜测到，弗莱克斯纳同样是先假设存在"真正的大学"，然后用这个"真正的大学"来评判美国的、英国的、德国的大学。

关于国内学者是如何采用同样的路径来建构教育理念的，在此不再赘述。需要申明的是，本质主义的教育理念创新路径虽然有一定的局限性，但仍不失为一种很有意义的路径。教育有没有本质？教育的本质是什么？关于这样一些问题的真假判断其实是次要的，关键的问题在于我们对教育的理解究竟是为了什么，在很多情况下，人们对教育有什么样的诉求，依此来认识教育。既然如此，关于教育命题的合理性检验，就不能脱离命题为之服务的既定目标而孤立地进行。也正是这样一种需要，促成了本质主义与理想主义在教育问题上结成了联盟。用教育的本质为教育的理想保驾护航，似乎已是许多教育学家研究问题的通例。而理想主义更是研究教育和兴办教育不可或缺的东西，就像艾伦·弗鲁姆所说的那样：

"理想主义应该在教育中占第一位，正如柏拉图在开始论述乌托邦时教诲我们的，乌托邦思想是我们必须玩的一把火。"本质主义的认识路线与知识观塑造了现代大学的基本架构，没有相对稳定的大学边界和大学理念，大学也不可能从中世纪延续至今。

二、基于价值的教育理念创新路径

教育的价值是教育理论研究的核心问题，是实践形态的教育得以安身立命的基础。虽然，教育理念不等于教育的价值，但从教育所需要关注、体现和追求的价值出发，或者从办好教育所需要处理好的价值关系出发，进而提出或建构教育理念，是一种常用的、较为有效的教育理念创新路径。

教育所需要关注、体现和追求的价值也就是一般意义上所说的教育价值，是教育作为一种客体契合教育主体需要的属性或程度。教育现象或教育活动作为一种客观存在，无论教育主体对教育客体是否有确切的需求与追求，教育客体对教育主体总会有这样或那样的教育价值。但是，教育究竟体现为何种价值，为哪种价值服务，主要是教育主体主观选择和努力的结果。客观地讲，教育既具有促进人的发展和促进社会发展的价值，也会对内在价值与外在价值、本体价值与工具价值均有所贡献。然而，我们也看到，不同的时代、国家、学校或学者，所追求的教育价值在许多情况下却大相径庭。即使是刻意追求教育的内在价值、本体价值，抑或是促进人的发展价值的教育主体，有的强调知识的积累，有的强调技能的增进；有的强调智慧的培养，有的强调美德的养成；有的强调全面发展，有的强调培养独特个性；有的强调提高普通文化素养，有的强调训练职业能力；有的强调掌握基础理论，有的强调获得操作技能。即使是刻意追求教育的外在价值、工具价值，抑或是促进社会发展价值的教育主体，有的注重政治效益，有的注重经济效益；有的注重功利效益，有的注重文化效益；有的着眼当前利益，有的着眼长远利益；有的谋求维护现存的社会秩序，有的谋求建立新的社会秩序。我们认为，教育价值的选择过程就是教育理念的形成与建构过程。事实上，同教育价值的分化与选择一样，教育理念从大的方面也可以分为个人本位与社会本位的教育理念、政治论与认识论的教育理念，从具体的层面可以分为自由教育与职业教育理念、通识教育与专业教育理念、全面发展与个性化教育理念等。对于我国建设高等职业教育强国而言，在我们提出或构建指导性的教育理念体系之时，不仅要关注通识教育理念、个性化教育理念等方面的研究成果，更要从教育价值的高度认真分析我国当前教育价值取向的偏差，认真研究教育价值的有关理论，从而更好、更有效地完成教育理念创新任务。

就办好教育所需要处理好的价值关系而言，据我们所知，伯顿·克拉克、克拉克·克尔等世界知名的高等教育研究专家均有所论述。伯顿·克拉克指出，现代高等教育系统离不开正义、能力、自由、忠诚这四种基本的价值。正义是指实现社会正义，让每个人、每个单位与部门都受到公正的待遇；能力是指提高高等教育系统的效率，提升高等教育系统的职能，培养更优秀的人才；自由是指高校的自治权、个体的选择权；忠诚是指与国家利益紧密相关的价值标准，包括对批评的限制和服务于民族大业的要求等。伯顿·克拉克通过考察世界各国高等教育的发展状况指出："一旦某些价值观念通过职位与权力得到了具体体现，而另一些准则和目的却受到了压抑或否定，整个（高等教育）系统就会因为缺少正常的妥协而陷入一团糟的境地。"同时，他提出了缓和、协调各种价值冲突六条设想，对建立一个理想的高等教育系统具有重要的参考价值。克拉克·克尔的《高等教育不能回避历史——21世纪的问题》一书也基本上遵循的是这四种价值的逻辑。在忠诚与自由之间，克拉克·克尔既强调大学首先是国家的机构，又指出高等教育的国际化不可避免，认为大学既应该奉行纯粹的学术生活模式，也必须服从民族国家的合理指导。在自由与平等之间，克拉克·克尔说："全面的自由导致混乱，从而导致个人自由得以保护的条件的终结；而且条件的全面平等要求一种集权的制度，在这种制度下，使条件平等的权利的分配是最不平等的。两种思想的极端形式都是自我毁灭性的。"在平等与优秀之间，克拉克·克尔主张，高等学校应该更加积极地寻找（不只是接受）天资高和肯努力的人，也应设法解决处于不利地位的人接受高等教育的问题。他坚持认为大众化高等教育或普及高等教育并不必然是精英高等教育的敌人，还提出了一个看似奇怪的反常声明，即"拯救一个高等教育的高度选择型部分最好的方法是扩大较次选择型部分和非选择型部分，并提高它们的地位"。受伯顿·克拉克、克拉克·克尔四种价值观点的影响和启发，陈廷柱则把自由、忠诚、卓越、平等四种价值与大学的理想（理念）研究结合在一起，明确地提出："站在某种立场之上，自由、忠诚、卓越、平等四种价值中的任何一种价值均可以成为大学的理想追求，而问题是四种价值并不是孤立的，它们之间既相生又相克，不适度地追求某一种价值，不但有损于其他价值，而且会最终殃及自身。应该说，四种价值是可以融为一体的，大学的理想就在于如何整合这些具有冲突倾向的价值追求，价值共赢是理想大学的基本特征。"他还以1900年前后德国的大学以及当今美国的大学为例，论证了整合四种价值、实现价值共赢对促成大学理想的重要作用。

从以上所给出的研究观点来看，办好教育需要处理好各种价值的关系，而如何处理各种价值关系，既是一个教育价值取向问题，也代表着不同倾向的教育理念。国内外还有很多学者围绕学术自由与社会责任、教育公平与效率、人文教育与科学教育、应用领先与学术导向等价值关系，提出了非常多的改革与发展教育的看法、设想及建议，这都是我们创新教育理念以服务于高等职业教育强国建设的重要资源。

三、基于经验的教育理念创新路径

所谓基于经验的教育理念创新路径，就是以国家、地区、学校、时代或教育类型等为分析单位，通过概括、提炼分析单位的办学经验和教训，或者基于分析单位明确提出的教育理念，围绕特定的研究目的而提出或重新建构教育理念的一种思路。事实上，这种思路在研究某个国家、某个地区、某个时代、某个学校或某个类型的学校的教育理念时较为常见。在高等教育领域，就国家而言，研究德国、美国的高等教育理念的较多；就地区而言，研究北美、欧洲大陆以及中国港澳台地区高等教育理念的较多；就时代而言，研究中世纪、21世纪高等教育理念的较多；就学校而言，研究世界一流大学教育理念的较多。就类型而言，研究职业高等教育理念、美国社区学院教育理念的较多。本书主要采用的是基于经验的教育理念创新路径，重点研究美国、德国、英国等国家的职业教育理念，同时研究我国近现代以来高等职业教育理念的变迁历程，并在此基础上构建指引我国建设高等职业教育强国的教育理念体系。之所以采用这种教育理念创新路径，主要是考虑到从我国建设高等职业教育强国的需要来说，这种路径比"本质"和"价值"等的教育理念创新路径更具有实践性、针对性、操作性。

之所以说基于经验的教育理念创新路径更具有实践性，是因为"经验"已经落实到行动中，是经过实践检验的。无论从发达国家、发达地区、发达大学办学实践中概括与提炼出来的教育理念，还是从欠发达国家、欠发达地区、欠发达大学的办学实践中证明是行之有效的教育理念，实践是这种类型的教育理念被关注和被提取的前提条件，也是这种类型的教育理念的基本特征。而在非专业人士看来，实践经验肯定比纯粹理论的来源更可靠，更具说服力，更具参考价值。我们把这些在别的国家、别的地区、别的学校已经在办学实践中发挥过重要作用的教育理念梳理出来，并提交出去，肯定比从"本质""价值"推演出来的教育理念更易于让决策者接受，更易于让大众理解，更易于让学校领导践行。

之所以说基于经验的教育理念创新路径更具有针对性，是因为我们可以有针对性地选取分析单位。我国能否建设成为高等职业教育强国以及如何才能建设成为高等职业教育强国，大家关心的是，与高等职业教育发达国家相比，我们的差距体现在什么地方？高等职业教育发达国家是怎么达到现在这个水平的？于是，我们就可以把历史上出现过的、当今位居世界前列的高等职业教育发达国家以及发达国家的一流高等职业院校遴选出来，认真研究这些遴选出来的国家和高校是在什么样的教育理念指引下走向成功的，或科学总结这些遴选出来的国家和高校在走向成功的过程中体现出了什么样的教育理念，而后以此为基础来构建指导我国建设高等职业教育强国的理念体系。这是一种"由弱到强"的路径，无论从概括、提炼教育理念的过程来说，还是从指导高等职业教育强国建设的实践来看，基于他国、他校经验的教育理念创新路径，具有较好的针对性。

之所以说基于经验的教育理念创新路径更具有操作性，是因为我国建设高等职业教育强国的过程主要以赶超高等职业教育发达国家为主。建设高等职业教育强国对我们来说是一项崭新的事业，但从世界范围来看，已有许多国家的高等职业教育远远走在了我们的前面。尽管建设高等职业教育强国与我国坚持走中国特色社会主义道路密切相关，但是，我国建设高等职业教育强国也不是自娱自乐的事情，必须在许多可比的方面接近或达到世界领先国家的标准。由此说来，高等职业教育发达国家的教育理念就有充分的理由需要我们给予高度的重视。

当然，基于经验的教育理念创新路径也是有一定局限性的。因为经验与特定的背景、条件密不可分，剥离了特定背景与条件的经验很有可能出现水土不服的现象。陈廷柱等在访谈世界著名的高等教育研究专家菲利普·阿特巴赫教授时，阿特巴赫就谈道："中国可以借鉴西方的一些教育理念，但不能简单地照搬欧美等国的标准、体制与体系。邓小平曾说过建设中国特色社会主义，我想这种主张同样适用于中国的高等职业教育强国建设。"在中国建设高等职业教育强国的问题上，不能生搬硬套西方高校的那一套做法，更不能以为照搬西方的就够了。中国需要尊重自己的高等职业教育文化，需要适应自己的高等职业教育环境，需要有自己的高等职业教育特色。为此，在采用基于经验的教育理念创新路径时，有三个方面的问题要注意。第一，既要做好从发达国家、发达地区、发达学校办学经验与发展历程中提取教育理念的研究工作，也要认真分析支撑这些教育理念或者是这些教育理念能够发挥作用的特定背景与条件，结合我国建设高等职业教育强国的背景与条件，进行教育理念的再创新。第二，经验可以分为特殊经验与共性经验。在分析各个发达国家与一流高等职业院校教育理念的基础上，要尽可能总结和提炼出具有共性的教育理念。相对来说，具有共性的教育理念更具有普适性，更贴近做强高等职业教育的一般性要求。第三，基于经验不等于唯经验论。从发达国家、发达地区、发达学校提取教育理念的过程中，必须包含着我们对"教育"和"大学"的理解，渗透着我们的教育价值追求。在对发达国家、发达地区、发达学校的教育理念进行二次加工的过程中，要能够坚持以我为主，尊重经验，而不复制经验。

四、基于未来的教育理念创新路径

所谓基于未来的教育理念创新路径，即从预测未来的发展变化出发，基于教育要适应和引领未来发展变化的要求而提出相应的教育理念。未来尽管是不确定的，但未来的一些发展趋势还是可以在一定程度上进行预测的，这就为我们从基于未来的角度创新教育理念提供了可能性。更为关键的是，正如联合国教育科学及文化组织（简称联合国教科文组织）在《学会生存——教育世界的今天和明天》研究报告中所指出的那样，教育在当代已经出现了一些新的特征。在过去，教育的发展一般是在经济增长之后发生的；现在，教育在全世界的发展正倾向先于经济的发展。在过去，教育的功能只是再现当代的社会和现有的社会关系；现在，教育在历史上第一次为一个尚未存在的社会培养新人。在过去，社会进展是缓慢的，容易自动地吸收教育成果，至少是可以设法适应教育的成果；现在，有些社会正在开始拒绝制度化教育所产生的成果。由于教育与社会的关系已经发生了根本性的变化，教育先行的观点已经成为人类社会的基本共识。在此，基于未来的角度而创造性地提出具有前瞻性的教育理念就显得尤为重要。

事实上，基于未来的教育理念创新路径已被众多的学者和机构采用过。我们经常看到，有学者基于教育国际化的发展趋势来探讨高等教育理念，有学者基于教育信息化、网络化的发展趋势来探讨高等教育理念，有学者基于教育终身化来探讨高等教育理念，并由此提出了许多非常有见地的高等教育理念。陈廷柱的博士学位论文就是基于学习型社会这一关于未来的基本观点，来探讨高等教育理念的未来走向。他认为，面向学习型社会建构高等教育改革与发展的先导性理念是一种合理而必需的选择，以人为本是学习型社会高等教育理念的核心，学习型社会的高等教育应致力于促进人性的自我完善，应促进学习者终身学习需要的满足，应促进教育民主的实现。当然，我们认为，从基于未来的角度对教育理念创新贡献最大的莫过于《学会生存——教育世界的今天和明天》这部经典之作，其所提出来的"教育先行""尊重人的发展""学会学习"等教育理念已经成为当今世界各个国家改革与发展教育的基本议题。

这个路径对本研究来说尤为重要。首先，建设高等职业教育强国是面向未来的事业。要完成这个事业，至少需要 30 ～ 40 年的时间。换句话说，到 21 世纪中叶，我国若能跻身世界高等职业教育强国的行列，已经非常令人欣慰了。严格说来，建设高等职业教育强国是永无止境的事业，需要我们长期不懈地为之谋划与奋斗。其次，我们要清楚，提出建设高等职业教育强国的口号是为我国走新型工业化道路、建设人力资源强国与创新型国家服务的。新型工业化道路怎么走？人力资源强国与创新型国家怎么建设？都是我们要密切关注的问题，是我们面向未来创新教育理念的基础。只有把我国走新型工业化道路，建设人力资源强国和创新型国家的目标定位、时间部署、相关举措及其对高等职业教育的具体要求了然于胸后，我们才可以有针对性地提出建设高等职业教育强国所需要的教育理念。

第三节　高等职业教育理念创新与发展的基本要求

教育理念创新必须基于一定的语境与背景，撇开语境谈教育理念创新就会远离要研究的主题与主旨，忽视背景谈教育理念创新就会失去依据与意义。我们认为，教育理念创新需要做到"三个需要"，即需要站在国家的立场，需要坚持科学发展观的指导，需要从我国的实际情况出发。

一、教育理念创新需要站在国家的立场

学术界对教育理念的研究相当多，若从研究内容上加以分类，大致可以分为五种情况：一是关于某方面（如学术自由、通识教育等）的教育理念研究，二是关于某人（如洪堡、蔡元培等）的教育理念研究，三是关于某校（如哈佛大学、剑桥大学等）的教育理念研究，四是关于某类高校（研究型大学、社区学院等）的教育理念研究，五是关于某个国家（如美国、德国等）或某个时期（如中世纪、19 世纪上半期等）的教育理念研究。我们虽然没有在归类的基础上去进一步分析它们之间的区别，但是可以肯定地说：有的研究侧重于怎样培养人，而有的研究侧重于如何办好学校；有的研究侧重于捍卫高校的学术的价值，而有的研究侧重于强调高校的社会责任；有的研究侧重于坚守教育的传统，而有的研究侧重于主张教育创新。总的来看，教育理念研究多具有浪漫化的色彩，以远离政府干预、科学技术和功利主义价值为基本诉求。

教育理念总是与"理想"以及某些肯定性的价值判断联系在一起的，被认为

是有助于引导教育或学校向好的方面发展的某种认识、主张或信条等。然而，由于教育理念的研究立场不同，其研究视野与立论倾向就会表现出较大的差异。基于我国建设高等职业教育强国的研究语境，我们首先要明白的便是教育理念创新必须站在国家的立场，这个立场有着多种内涵。

第一，我们所提出的教育理念是要用来指导我国建设高等职业教育强国这一具体教育实践的，对实践的关照远比盲目地追求学术上的标新立异更有价值。为此，我们对教育理念的挖掘与提炼必须以事实为依据，而不能沉溺于教育理念的学术著作之中，更不能随心所欲地杜撰出一些教育理念来。

第二，我们在研究教育理念之时，要以整个国家为边界，各种层次、类型与形式的高等职业教育均应进入我们的研究视野。但我们也意识到，对于建设高等职业教育强国来说，是否具有一个层次、类型与形式多样化的高等职业教育体系，以及全面提高各个层次、类型与形式的高等职业教育的办学质量同样重要。为此，全国性与地方性的高等职业学校、公立与私立的高等职业学校、学历与非学历的高等职业教育、全日制与非全日制的高等职业教育、传统与现代远程的高等职业教育以及落后地区与发达地区的高等职业教育等，都应该成为我们研究的对象。

第三，要能够平衡各种立场。实事求是地看，较为盛行的某些教育理念在某种意义上多反映的是人的某种愿望和需求。人本主义与学术主义立场的教育理念等得到了反复论述，而国家主义立场的教育理念则少被关注。建设高等职业教育强国的研究语境要求我们不能回避研究国家立场问题，切实避免各种浪漫化的研究倾向。当然，国家的立场是大立场，我们应设法找到协调各种立场的途径与方法，使我们提出的理念能够符合各种立场的利益。

第四，要能够兼顾教育的各个方面。简单地说，教育是培养人的活动，教育理念就应该是关于培养什么样的人以及如何培养人的某种认识、主张或信仰。但是，联系到我国建设高等职业教育强国的这一研究语境，仅仅局限于培养人这一方面是远远不够的，高等职业院校的科学研究与社会服务、高等职业院校的内部治理与外部关系等，凡是涉及高等职业教育持续健康发展方方面面的内容均可以研究，也需要研究。

在高职教育界内部，人们都非常关注大学或者大学校长的办学理念，的确这对于一所大学的发展影响极大。但是，最影响我国成为高等职业教育强国的恐怕不是大学的办学理念，而是国家层面的高等职业教育理念。国家层面的高等职业教育理念是整个国家高等职业教育发展的指挥棒，对国家高等职业教育的发展乃至国家发展都具有极其重要的意义。国家层面的高等职业教育理念应该回答的主要问题包括：其一，国家把高等职业教育摆在何种位置；其二，建立什么样的高等职业教育生态；其三，让高职院校在社会进步中扮演何种角色；其四，国家管理高等职业教育的基本思路。毫无疑问，这些问题不仅直接影响国家高等职业教育的发展，而且影响国家崛起的速度。"与时俱进，唯变所适"是从国家层面思考未来高等教育理念的根本原则。"与时俱进，唯变所适"主要包括三个方面的内涵。第一，在继承中改革，在改革中继承。即要汲取新中国成立 60 余年、改革开放 30 余年的成功经验和好的做法，并根据当前的情况和未来发展的需要，继续坚定不移地推进高等职业教育改革。第二，要敢于自我批判。即未来的高等职业教育要主动地在自我批判中成长并增强自己的生命力，要自信地面对各种各样对高等职业教育的批判性言论，批判将会使我国的高等职业教育更加成功和强大。第三，要建立新的时空观念。即应着眼于未来，尽可能在世界语境中探讨我国的高等职业教育发展。"强国"本来就是世界范围和属于未来的概念，没有新的时空观念，就不可能提出适合我国建设高等职业教育强国需要的教育理念。

二、教育理念创新需要坚持科学发展观的指导

可以肯定的是，我国建设高等职业教育强国需要科学发展观的指导，而我们探索并提出相应的教育理念，其目的也是为我国建设高等职业教育强国提供观念指导。很显然，在我们进行教育理念创新时，不可能回避与科学发展观的关系问题。

本人认为，科学发展观与教育理念虽然同属于观念层面的问题，但一种被实践证明是行之有效的观念可以成为创新另一种观念的重要指南。具体来说，"发展第一""以人为本""统筹兼顾""全面协调可持续"等均是我国进一步改革与发展高等职业教育应坚持的基本理念。

关于"发展第一"的理念。我国高等职业教育在经历了大规模的合并重组、扩招和新校区建设之后，目前在社会各界普遍存在着一种疑虑，即高等职业教育是不是发展过快了。特别是在我国高校毕业生就业形势越来越严峻的情况下，要不要坚持"发展第一"的理念将面临巨大的挑战。对此，我们要认识到继续坚持"发展第一"对于建设高等职业教育强国的重要性。我国的高等职业教育还比较落后，高等职业教育在经济社会发展中的战略地位还没有受到足够的重视。只有坚持不断地发展我国的高等职业教育，加大对高等职业教育的投入，建设高等职业教育强国才不至于成为一纸空谈。而且，建设高等职业教育强国的首要任务虽然是提高我国高等职业教育质量和办学水平，但是在投入有了基本保障的前提下，适度地推

进高等职业教育的大众化进程仍然是我们建设高等职业教育强国的重要内容。

关于"以人为本"的理念。对于以人为本的问题，我国已经呼吁很多年了，但落实的情况并不理想。当我国提出建设高等职业教育强国这一使命时，"以人为本"就不能只停留在口号上。首先，"以人为本"是高等职业教育强国的重要标志。"以人为本"的内涵非常丰富，判断标准却比较模糊。但"以人为本"绝不是抽象的，可以通过学校的校园环境、建筑风格、配套设施、课程安排与制度建设等各个方面体现出来。举例来说，美国高校的绝大多数建筑物均有专用的残疾人通道，其图书馆提供的服务也非常人性化。还有不少这样的例子，我国高校在许多方面还差得很远。其次，"以人为本"是建设高等职业教育强国的必然选择。建设高等职业教育强国依赖很多因素，而一流的师资是最重要的因素。我国高职院校能否拥有一流师资同样依赖很多因素，而"以人为本"是最重要的因素。这些年，我国高职教师的待遇提高了，但教师也被逼得太紧了，五花八门的人才工程或考核办法使许多有心做学问的人变得浮躁起来。特别是在引进海外高层次人才方面，没有"以人为本"的氛围，优秀人才不愿意回来，回来了也不一定能够发挥出其应有的作用。

关于"统筹兼顾"与"全面协调可持续"的理念。我国高等职业教育在赶超欧美发达国家的过程中患上了急性病，习惯于采取一种"贴金式"的发展方式，严重违背了"统筹兼顾"与"全面协调可持续"理念的基本要求。为此，我们一定要认识到，建设高等职业教育强国是要从整体上提高和改善我国高等职业教育的发展状况。既要使部分高等职业学校在办学实力与水平等方面缩小与世界一流学校水平之间的差距，也要切实改变弱势高职院校的生存条件；既要重点扶持一批顶尖人才，也要照顾绝大多数教师的利益与发展；既要强调科学研究，也丝毫不能放松教育教学与社会服务工作。类似地，我国高等职业教育需要"统筹兼顾"，以实现"全面协调可持续"发展的地方还有很多，故可以认为两者是我国建设高等职业教育强国必须要坚持的重要理念。

从科学发展观出发，我们可以提出若干指导我国进行高等职业教育强国建设的教育理念。但是，基于我国建设高等职业教育强国的研究语境和实际需要，教育理念创新的任务并非只是简单地演绎科学发展观的内容。也就是说，正确处理教育理念创新与科学发展观的关系，还要从正确认识和继承科学发展观的基本精神开始，直面中外高等职业教育发展进程中的基本经验与教训，客观分析我国建设高等职业教育强国的基础条件与目标状态，进而提炼和概括出指引我国高等职业教育强国建设的教育理念。正因为如此，拟对中国、美国、英国、日本、德国和澳大利亚的高等职业教育发展历程及理念变迁进行系统梳理，其目的便是拓宽我们进行教育理念创新的视野与路径。

三、教育理念创新需要从我国的实际情况出发

当今世界的高等职业教育强国主要是欧美发达国家，我国建设高等职业教育强国一方面应该以欧美发达国家为目标，另一方面应该以欧美发达国家为主要学习对象。同样的道理，探索与我国建设高等职业教育强国相适应的教育理念也应该借鉴欧美发达国家高等职业教育理念。尽管如此，我国建设高等职业教育强国以及与之相适应的教育理念创新仍要坚持从我国的实际情况出发。

由于人口规模、政治体制、教育与文化传统等方面的诸多差异，我国建设高等职业教育强国确实不能走照搬照抄的道路。不仅如此，本人认为，我国建设高等职业教育强国不完全是赶超欧美发达国家的过程。反思我国的发展历史，学习与赶超所带来的惨痛教训极为深刻，当我们再次面对"强国"使命时，一定要清醒。欧美一些国家之所以被称为高等职业教育强国，既与这些国家高等职业教育的办学条件与学术水平密切相关，也与这些国家高等职业教育的历史传统、文化背景、生产方式、人口基数、体系与体制等密切相关。总而言之，欧美国家高等职业教育中许多东西我们是学不来的。说到赶超，不是没有可能，但一定比我们想象中要艰难许多。教育的发展受到诸多因素的制约，还有其自身的发展规律，建设高等职业教育强国是否有捷径可循，是否可以有超常规的措施等，均存有争议。特别是从我国现有的高等职业教育基础来说，若把达到某个国家的教育水准作为我国迈入高等职业教育强国的标志很不现实，因为我们在追赶的过程中，别的国家也在发展。

我们也不主张比照欧美发达国家的教育水准制定高等职业教育强国的标准。按照常规的研究思路，建设高等职业教育强国首先需要为之确立一系列发展目标，尔后的任务就是研究如何达到这一系列目标。本人认为，设立我国高等职业教育强国建设的奋斗目标一定要从我国的实际情况出发，而且不能唯目标是从。过于强调目标的后果无非有两个：一是重新泛起浮夸之风，人为地制造出我国高等职业教育的繁荣景象；二是进一步往教师身上压担子，逼得教师为完成各种任务而背离教育与学术的基本使命。

鉴于此，本人认为，我国建设高等职业教育强国既需要学习和借鉴国外高等职业教育的发展经验，也需要通过设定一系列目标而有计划地向高等职业教育强国迈进，更为重要的是，应从自身的发展经验与教训中学习，将建设高等职业教

育强国的过程看作是一个不断克服我国高等职业教育中存在各种问题的过程。唯有如此，在建设高等职业教育强国的问题上，才不会脱离我国的实际情况。对于教育理念创新而言，就是要认真地研究我国高等职业教育的发展历史，客观地分析我国高等职业教育的现实状况。需要指出的是，从实际出发并不排斥从理论或从关于未来的预测出发，进而提出我们认为是合理而必需的教育理念。问题的关键在于，我们必须明白，对于教育实践而言，教育理念是第二性的，教育理念来源于教育实践并需要经受教育实践的检验。教育理念创新可以参照现有的研究成果，因为现有的研究成果凝聚着他人的教育实践经验和主观创造，是进一步深化教育理念研究和进行教育理念创新的重要基础。在此前提下，教育理念创新可以发挥研究者的主观能动性，因为人是万物中最活跃的因素，既是社会实践的产物，也是社会实践的创造者。教育理念创新的过程可以是发现和提炼教育实践经验的过程，可以是在现有研究成果的基础上进行再创新的过程，也可以是研究者主动地进行自我建构的过程。研究者根据自身的经验和专业知识，尝试提出一些新的教育理念，然后加以理论论证和实践检视，这无疑是加快教育理念创新进程的一种重要途径。特别是面对建设高等职业教育强国这类新任务时，研究者尤其需要在教育理念创新的问题上发挥自己的主观创造性。

第四章 国内外发达国家高等职业教育发展与变革的研究

他山之石，可以攻玉。本章选择以廉价、便捷的社区学院为特色的美国高等职业教育，以技术与继续教育（Technical And Further Education，简称 TAFE）体系享誉世界的澳大利亚高等职业教育，以高效务实傲视全球的德国高等职业教育，以课程为核心、证书体系为框架的英国高等职业教育，以教育结构合理、功能良好著称的日本高等职业教育，对这些国家高等职业教育发展与变革的基本脉络、特点和未来趋势进行比较。

虽然我们没有必要也不可能照搬其他国家及地区的高等职业教育模式，但发达国家和地区成功的高职办学经验是值得借鉴的，高等职业教育发展较快的国家和地区所走过的道路值得我们反思、总结，从中寻找规律。有一点毫无疑问，研究他国及地区的高等职业教育，可以为我国高等职业教育更健康、繁荣、顺利地发展提供经验。

第一节　英国高等职业教育的发展与变革

英国在政治上实行民族区域自治，苏格兰和北爱尔兰拥有广泛的地方自治权，并有独立的立法机构和教育制度。英国政府和议会的教育立法，主要适用于英格兰和威尔士，所以，本节所讨论的英国高职均系英格兰和威尔士的高职。

英国教育体系中没有明确的"高等职业教育"的名称，其高职是以课程为核心，而非学校。英国建立了包括国家职业资格证书、普通国家职业资格证书和普通教育证书在内的非常完整的证书体系，各种证书之间还建立了互换关系。以灵活的课程为本，又融入证书培训的高职为英国培养了大量的高级技术人才，满足了劳动力市场的需求。

一、英国高等职业教育发展与变革的基本脉络

"二战"后，作为英国继续教育的一部分，高等职业教育的发展与变革可分为如下几个阶段：一是"二战"后—20世纪60年代初，英国试图通过振兴教育，特别是职业教育来带动经济和科技的发展，在职业教育方面，特别注重高级技术教育的实施，目的是通过培养这类人才来复兴其产业经济；二是20世纪60年代—70年代，青年辍学和失业问题日益严重，教育的重心转移到如何让更多的青年接受继续教育，包括高职教育，使他们更好地为未来生活做准备；三是20世纪70年代—80年代中期，由于石油危机的冲击，英国经济受到牵连，一度恶化，失业人数骤增，为了解决就业问题，英国的继续教育开始关注教育与就业的相关性，让更多的人有机会获得职前以及再就业的培训；四是20世纪80年代中期—90年代，为了规范"证出多门"的劳动力市场，英国先后推出了国家职业资格证书和普通国家职业资格证书，并授权相关机构实施培训，建立起了规范、统一、普职互通的职业教育体系。

（一）"二战"后—20世纪60年代初

"二战"前，英国已经建立了实施高等技术教育的理工科大学，其中有本科和研究生层次的技术学科；还有提供部分时间制教育的技术学院，为初级技术学校的毕业生提供继续教育，培养中、高级技术人才；20世纪20年代建立了国家资格的技术人员证书制度。可以说，与其他发达国家相比，当时的英国高职拥有较好的基础。

1.发展与变革及其动因

第二次世界大战中，英国虽然是战胜国，但经济上遭受的损失是空前的，因此战后英国力求早日恢复经济，并把这种希望寄托于教育。在此期间，高职方面的发展与变革主要有：职业教育确立了其在继续教育中的地位，改革与扩展技术学院，继续教育中形成四类学院。

"二战"后，英国政府试图重建教育，颁布了对战后英国教育改革具有指导意义的基本法——《1944年教育法》。该法对各级各类教育进行了重新规划，并以法律的形式确定了职业教育在继续教育中的地位，提出继续教育以全日制或部分时间制的形式，向未能升入继续教育学院的学生提供各种体格上或职业上的训练，由此奠定了职业教育作为继续教育重要组成部分的格局，对后来的高职发展起到了不可忽视的作用。

经历了"二战"，身为老牌帝国主义的英国感觉到自身的科技水平和产业经

济都不如美、苏等后起之秀，于是开始反省其高等技术教育。1945 年英国发表《珀西报告》，指出英国忽视对高等技术人才的培养，导致了国家处境的艰难，建议把具有良好基础的技术学院改为高等工程技术学院，开设全日制技术课程，并可授予学位。此外，提出所有技术学院必须扩大职能，积极为本地区的产业经济服务，并主张设置地区性和全国性的职业教育协作机构——咨询委员会，加强产业界与教育界的联系与合作。这一主张到 1984 年得以实施，"全国工商业教育咨询委员会"和 10 个地区继续教育咨询委员会创立。此外报告提出工业部门应派技术专家兼任技术教育的部分时间制教师的建议。

《珀西报告》的发表立即引起了业内人士的广泛关注和探讨，在一番激烈的讨论和强烈的要求下，英国政府于 1956 年发表了又一份技术教育发展具有重大意义的报告——《技术教育白皮书》。其中提出了更为具体的改革方案：提议在技术学院中开设高级技术课程，条件完备的可发展为高级工程技术学院，以培养高级技术人才；扩展技术学院的规模，计划五年内高级课程的毕业生人数达到 4.5 万人；在课程方面，采取全日制与部分时间制相结合的方针，重点发展"三明治"高级技术课程，并辅以各继续教育机构的部分时间制高级技术课程；扩大技术学院在课程设置和考试方面的自主权。白皮书同时指出，发展技术教育的重点在于广泛性和多样性。

白皮书的实施，实际上把英国继续教育机构中承担职业教育的机构分为四类：地方学院（Local Colleges）培养熟练工人，同时开设技术员课程；区域学院（Area Colleges）培养技术员，同时开设高级技术课程；地区学院（Regional Colleges）培养高级技术人才，同时开设技术员课程；高级工程技术学院（Colleges of Advanced Technology）培养高级技术人才。到 1962 年，这四类学院依次发展为 350 所、165 所、25 所和 28 所。这些学院以地区为基础，结束了长期存在的技术学院各行其是的混乱局面。

2. 发展与变革的结果

这段时期英国对科技人才的培养极为重视，把国家产业经济的复兴和科学技术的发展完全寄托于技术教育，英国的职业教育也因此得到了全面的地位提升和规模发展，为后来的高职发展奠定了基础。

（二）20 世纪 60 年代—70 年代

在《1944 年教育法》《珀西报告》《技术教育白皮书》的推动下，英国建立了以四类学院为主的高职，基本确立了它在继续教育中的地位，并发展到了一定的规模。但高职的进一步发展，特别是其内涵上的丰富，还是在 20 世纪 60 年代以后。

1.发展与变革及其动因

进入20世纪60年代,英国对技术教育的重视余温未散,这一阶段的发展与变革主要有:建立多科技术学院,技术学院升格为大学,提出并实施产业训练体制的改革。

"二战"后,英国对继续教育中技术教育的加强,带来了中、高级技术人才培养的衔接问题。于是,1959年中央教育咨询委员会发表了《克鲁塞报告》,提出加强继续教育机构与中等学校之间的联系,建议中等学校的学生以"连续性间断"的方式到继续教育机构学习,并提议建立多科技术学院。1966年,英国政府宣布成立多科技术学院,主要是合并一些质量较好的技术学院、商学院和艺术学院,从而奠定了高等教育中双重制的基础,目的是让高等院校与地方工商业界密切合作。

1963年,由英国首相麦克米伦组织的委员会考察了多国的高等教育,发表了著名的《罗宾斯报告》,其目标是:拓宽技术教育内容,使职业教育制度适应工业界的需要,增加课程种类,减少浪费。报告提出要使人们掌握必需的特殊技术和才能,在竞争中求生存,从而再次确立了高等技术教育在英国高等教育中的地位。报告建议把11所高级技术学院中的10所升格为大学,另一所改为伦敦大学的附属学院;还提出增设高等教育机构,扩大高等教育入学机会,并主张设立"国家学历颁授委员会"(Council for National Academic Awards,简称CNAA),负责非大学机构的学位或文凭的颁授。英国政府依此报告,发展了双轨制的高等教育体系,使大学与高职形成分立的状态。这一举动事实上使得英国的高职成为与传统高等教育相当的一种学位教育。

之前,英国的产业训练由企业"自愿自助",随着1961年《卡尔报告》的发表,熟练工人严重缺乏的问题开始受到重视。1962年年底,政府颁发了《产业训练白皮书》,提出"加强和改善目前产业界、政府与教育当局之间在提供产业训练方面所结成的伙伴关系",并于1964年通过了《产业训练法案》,规定企业要加强对职工的技术训练,同时提出继续教育设施应包括产业训练设施,并建立了"产业训练委员会"。由于一些中小型企业从中获益不多,加上20世纪70年代经济下滑,1973年7月就业部颁发了《就业与训练法》,依照其规定,次年1月设立了由劳资双方代表、地方教育当局代表、教育界代表按一定比例组成的"人力服务委员会",把职工的职业技术训练与其他劳动力供求紧密联系起来,同时把企业的培训工作与个人的继续发展统一起来。

2.发展与变革的结果

这一时期,以发展技术教育为目标的核心精神依然没变,但继续教育和产业训练的改革更加深入，具体做法上显现出典型的从问题和实际情况出发，社会各界参与讨论，最后寻找解决方案的模式。高职的内容与劳动就业的联系从此更为紧密了。

（三）20世纪70年代—80年代中期

由于精英教育的传统思想仍然根深蒂固，因此，虽然高职体系初步形成，但英国对多科技术学院和大学的态度有很大不同。政府对技术教育仍然非常重视，把它当作解决失业问题的重要策略。

1.发展与变革及其动因

由于失业特别是青年失业问题突出，这一阶段高职方面主要有以下发展和变革：成立第三级学院，推出多项促进青年就业的训练计划，高等教育学院功能变异。

1970年，英国在继续教育领域创立了第三级学院，其规模很大，全日制学生达千人以上。学院除了个别几所专门新建的以外，绝大多数第三级学院是在继续教育学院的基础上发展而来的，主要针对16～19岁青少年，开设满足青少年不同层次和不同兴趣爱好的课程，不仅有全日制课程，还有部分时间制和夜间学习制课程。课程范围很广，包括学术性、职业性和技术性的，其中职业性和技术性课程与继续教育学院所提供的相仿。

1973年由于颁布《就业与训练法》，"人力服务委员会"推出了《训练机会计划》，主要面向已经离开全日制学校3年以上的青年，向他们提供有政府助学金的各种职业训练课程，为这类青年的就业和获得有更高资格要求的职业发展提供机会。这一计划在职业技术培训中心、继续教育学院及一些私人企业的训练机构中推行。1978年，"人力资源委员会"又向全国推出了另一个宏大的职业训练计划——《青年就业机会计划》，该计划主要提供两类职业准备课程：一类采取单元教学的形式，部分单元在继续教育学院教授，部分单元在企业施教；另一类是职业经验的训练课程，主要在工作现场实施教学与训练。

1974年，高等教育学院由于生源不足，改变了原来以培养师资为主的角色，改组为多科性的高等学校，除培养教师外，还培养工商业、公共服务业、农业的专业人才，以提供各类不同水平的专业性技术课程为主要方式。所谓"高等教育学院"其实是个通称，它包括这样一些名称不一的机构：高等教育学院、技术学院、工艺技术学院、艺术学院、本科专业学院和极少数教育学院。

2.发展与变革的结果

不难看出，从20世纪70年代以来，英国政府加强了对青年的教育和训练，特别注重工作现场的学习。这一系列措施实施后，确实在一定程度上缓解了失业难题。可以说在这一阶段，非正规的高等职业教育比正规的高等职业教育发展得更快。

（四）20世纪80年代中期—90年代

非正规高职不断出现，虽然对就业有所促进，但社会上由于各行业对员工的要求不同以及各项培训计划的实施，出现了多种职业资格，且良莠不齐，给学员和雇主造成了困惑。

1. 发展与变革及其动因

这一时期是英国高职大变革阶段：20世纪80年代末，城市技术学院兴起（实施中高职教育）；20世纪90年代，多科技术学院升格为大学；1988年和1992年相继推出国家职业资格和普通国家职业资格；管理权利的变更和机构的改革；实施青年培训项目。

为了提高青年的技术水平，英国从1986年开始筹建城市技术学院，1988年9月正式对外招生，至90年代共建立了十几所类似的学院。城市技术学院是由企业和国家共同投资，直属国家教育部，属于私立公助的学校，主要以技术为导向，招收11～18岁的学生，课程形式灵活，特别开设了拓展性课程。这类学院很好地解决了中高职的衔接问题。

20世纪90年代，英国实施高等教育改革，取消了原来的"二元"高等教育体制。1992年，英国国会审议通过《继续和高等教育法案》，赋予多科技术学院改制为大学及享有与大学同等地位和完整权利的法定基础。1993年9月，35所多科技术学院全部改名，有权授予学生学位，其中有些学院仍保持原来应用性的特色，但有些因追随传统大学而丧失了自己的特色。也就是说，英国原来专门实施高等职业教育机构的消失，结束了高等教育中的双重制。

随着劳动力市场结构的变化和经济技术的发展，就业人员必须具有相当的职业资格才能上岗，但当时社会上证书庞杂。为了规范就业市场，1986年10月，政府成立了国家职业资格委员会（NCVQ）；1988年，推出了国家职业资格（NVQ），分为5级水平，涉及11个能力领域，进行工作现场能力考核，受到企业界和社会的好评。

但是，随着国家职业资格的实施，人们发现它涉及的面太窄，所获得的技能很难迁移，而且与高等教育脱钩。为此，国家职业资格委员会于1992年又推出了普通国家职业资格（GNVQ），旨在开发职业领域内广泛需要的技能和理解力，修习者毕业后可以工作，也可以升入高等院校深造。GNVQ分为3级水平、12个职业单元和3个核心技能单元。GNVQ成为沟通普通教育与职业资格的桥梁。英国由此构成了普通教育证书、国家职业资格、普通国家职业资格相互对应，相互贯通的新教育和培训框架体系。

1988 年和 1992 年，英国政府先后颁布了《教育改革法案》和《继续和高等教育法案》，改变了以前"国家体系，地方管理"的政策，中央逐步收回了教育管理权力。这一变化主要源于 1979 年保守党政府的两个信条：一是市场意识，即教育标准太低，因此要求最好的企业参与部分学院的竞争；二是许多地方教育当局管理的学校受到政治和官僚意识的误导。以上两个法案有效地弱化了地方教育当局的权力，加强了中央权威，并在一定程度上加强了私立学院。继续教育学院的管理和拨款由多方承担，主要有以下机构：教育部（DFE）、就业部（ED）、继续教育基金委员会（FEFC）、地方咨询委员会（RAC）、地方教育当局（LEA）、培训和企业委员会（TEC）等。20 世纪 90 年代初，英国合并了教育部和就业部，成立教育与就业部。

1991 年英国政府发表《21 世纪的教育与培训》白皮书，提出应对 16 ～ 19 岁的青年提供高质量的职业教育。为此，英国政府积极推广和实施一种政府支持的培训项目，即"青年工作本位学习"（Work-based Learning for Young People），改变了以"学校为本"的学习模式，鼓励青年在实践中掌握技能。该项目包括现代学徒制（Modern Apprenticeship）、青年培训（Youth Training）和青年信贷（Youth Credit）等计划，其中高级现代学徒制是学徒制延伸到高等教育阶段。接受此类培训的学员越来越多，成为他们获得职业的一大选择。

2. 发展与变革的结果

英国建立了国家资格证书框架，并形成了该框架与学术教育之间一一对应的关系，从机制上保证了各类教育之间的对等和融通。至此，英国形成了以证书课程为特征的高职体系。同时，由于机构和管理权的改革，高职资格更加规范，与就业市场的联系更加紧密，从学校本位向工作本位倾斜。

二、英国高等职业教育发展与变革的特点

英国的教育分三个阶段：初等教育、中等教育、继续及高等教育阶段，职业教育包括高等职业教育在后两个阶段实施。高职主要以课程为主线，其实施机构较多，包括大学（含原多科技术学院），第三级学院，高等教育学院，第六级学院，城市技术学院和农业、艺术与设计学院及其他继续教育机构。在英格兰和威尔士，接受继续教育的学生年龄为 16 ～ 90 岁，其中 16 ～ 19 岁的学生占绝大多数，自 1993 年 4 月第六级学院成为继续教育机构以来，人数更是大大增加。

（一）上下衔接、普职贯通的体系

由于建立了证书体系，英国政府搭建了一个上下衔接、普职贯通的通畅的学习体系（如表4-1）。

表4-1　英国各类资格证书及与学位的关系

NVQ水平	技术标准	程度描述	GNVQ水平	学术证书
5级	专业	专业人员、中级管理		高等教育学士学位、文凭
4级	高级	高级技术员、中级管理		
3级	熟练	技术员、高级技工、领班	高级	2个GCEA或AS
2级	一般	初级技工	中级	4个A-C的GCSE
1级	初步	半熟练工	初级	D-G的GCSE

由表4-1可见，英国政府为学习者提供了一个通畅的多途径、多选择的教育体系。其中，无论原来是文法中学毕业的高中生、技术中学毕业的学生，还是已经工作了的员工，都可以进入高职进行学习，学习结束也可以升入大学或就业。这一体系的特点是完整、开放、融通，为英国高职的成功奠定了制度基础。

（二）规范的职业资格证书制度

英国职业教育最主要的特色就是证书体系，高职领域也是如此。证书主要是国家资格框架内的国家职业资格证书和普通国家职业资格证书，其好处是，证书主要由行业参与主导开发，因此行业相信并承认证书的有效性，整个认证过程相当规范，且高职的课程完全按照证书的要求开发和实施，确保了从学习到工作的顺利过渡。

（三）对关键能力的强调

英国的职业教育非常强调关键能力（也称"核心能力"），这是指一种普通的可运用于多种职业的迁移性能力。1979年，英国发表的报告《选择的基础》首先提出了这一概念。对关键能力的界定随时代的变化而变化（见表4-2）。

表 4-2 英国职业教育中 "关键能力" 的演变

年份	操作部门	出自文本	关键能力
1979	继续教育部	《选择的基础》	读写能力，数理能力，图表能力，问题解决，学习技巧，政治和经济读写能力，模仿技巧和自给自足，动手技巧，私人和道德规范，自然和技术环境
1983	继续教育部	《青年培训计划增补》	交流能力，数理能力，信息技术，问题解决，动手技巧
1985	商业与技术教育委员会及伦敦城市与行业协会	《职前教育证明》	交流能力，数理能力：信息技术，问题解决，个人职业生涯开发，产业、社会及环境研究，社会研究，科学技术，创造性发展，实践技能
1986	商业与技术教育委员会	《普通技能及核心计划》	交流能力，数理能力，信息技术，问题解决（跨学科），与他人合作，自我发展，自我组织，研究和学习，信息分析，科学技术，设计技能，实践技能
1989	英国工业联盟	《朝向技能的革命（2）》	交流能力，数理应用，信息应用，问题解决，价值与正直，理解工作，个人技巧，处理变化
1989	教育与科学部	《继续教育：一个新战略》	交流能力，数字应用，熟悉技术，熟悉系统，熟悉变化，个人技巧
1990	国家课程委员会	《16～19岁的核心能力：答国务大臣》	交流能力，数字应用，信息技术，问题解决，个人技巧，外语
1991	商业与技术教育委员会	《普通技能和总体方针》	交流能力，数理应用，信息技术应用，问题解决，与他人合作，自我提高和管理，设计和创造力
1992	国家职业资格委员会	《普通国家职业资格细则》	交流能力（强制性），数理能力（强制性），信息技术（强制性），问题解决（非强制性），个人技巧（非强制性），外语（非强制性）
1993	伦敦城市与行业协会	《普通国家职业资格细则》	交流能力，数字应用，信息技术：问题解决，个人技巧（学习和业绩的自我提高），个人技巧（与他人合作）
1996	学校课程与评价当局	《对16～19岁青年资格的回顾》	交流能力，数字应用，信息技术，问题解决，自我学习管理
1999	资格与课程当局	《关键能力介绍》	交流能力，数字应用，信息技术，问题解决，学习和业绩的自我提高，与他人合作

由表 4-2 可见，对关键能力的界定是由粗到细、由平行到有层次，英国对关键能力的重视是其他国家难以相比的。

三、英国高等职业教育发展与变革的趋势

（一）貌合神离的普职关系和高职（正规教育）地位的削弱

20 世纪 80 年代的经济衰退使企业希望削减培训经费，而且企业认为，普通教育对于专门技能的培训是没有价值的，尽管一定的知识是必要的，但这些知识应该从实践中而不是从课堂上获得。这种倾向得到了政府的支持，"双重制"训练制度被能力本位的 NVQ 所取代。80 年代以来，在普通学校实施的《技术与职业教育创新计划》（Technical and Vocational Education Innovation，简称 TVEI）就明显地体现了英国政府力图使普通学校课程职业化的倾向。1988 年，英国国家课程第一次把技术列为学生必修的核心课程之一。这些措施在一定程度上加强了普通教育与产业的联系，同时缩小了职业教育与普通教育的差距。1991 年，政府白皮书《21 世纪的教育与培训》强调建立现代学术和职业资格体系，对这两种资格应该一视同仁，并建立了"三轨制"（A-level，NVQ，GNVQ）的教育资格框架。在短短的 20 多年里，英国政府采取了许多措施，如单元化课程、核心技能以及管理机构的合并等，为加强职业教育与普通教育的联系创造了条件。英国政府虽然提出要"统一"职业教育和普通教育，但并没有就"统一"给出一个明确的界定，实际上是把教育制度的统一理解为资格的统一，这种理解上的局限性影响了改革的成效。

在处理职业教育与学术教育的关系时，英国既不愿意放弃学术教育的传统标准和地位，同时为了适应经济的需要，又试图提高职业教育的地位，这使英国在实际实施的政策中显得很矛盾。尽管英国的职业教育自 20 世纪 80 年代以来有了较大的发展，但是职业教育与学术教育之间的这种隔阂却减缓了职业教育前进的步伐。英国的传统观念如此根深蒂固，以至于英国在职业教育的其他问题上表现出相当大的决心，而一旦涉及学术教育，就显得犹犹豫豫，这在很大程度上限制了职业教育与普通教育的结合过程。

1992 年《继续和高等教育法案》颁布后，英国 35 所多科技术学院先后升格为科技大学。在升格以后，它们逐渐放弃了职业教育的特色，转而追求传统大学的特色，这使英国高等教育在丧失原有的双轨制的同时，也丧失了一部分优秀的高职资源。这实质上是对高职的一种削弱。

（二）高辍学率与高职重心的转移

英国所有继续教育学院的辍学率都很高。普通教育证书 A 级（General

Certificates of Education A-Level，简称 GCEA）平均有 13% 的学生辍学，职业课程有 18%。在某些学校和学院，未完成学业率高达 80%。每年学院浪费的资金高达 3.3 亿英镑。由于采取了"21 小时规则"，即一个人在失业时可接受 21 小时的培训支持，直到找到工作后离开，这样，不可避免地产生了资格证书参与的高辍学率。

于是政府从多方面采取措施，如"14 ～ 19：机遇与卓越"（14 ～ 19：Opportunity and Excellence），旨在改革 14 ～ 19 岁青年的课程，使他们无论是在学校还是在工作场所，都能继续学习；"高等教育的未来"（The Future of Higher Education），2003 年 1 月发布的高等教育白皮书中指出，要在高等教育和企业之间互相交换和开发知识与技能；"技能战略"（The Skills Strategy）于 2003 年 7 月提出，旨在引进更具关联性和灵活性的资格框架，为人们提供更精确的技能。

此外，英国还实施了"基础学位"（Foundational Degree），其动因之一是，英国学院董事会发布了一份有关劳工方面教育政策的报告，其中指出，许多高中毕业生更愿意选择上大学，而不愿意接受艰苦的、有挑战性的职业培训。如果政府非要硬性规定 50% 的高中毕业生上大学，那么将会加剧技术工人的短缺。报告同时提出，英国在培养语言能力、计算能力以及各种职业资格方面都落伍了。另一个动因是知识和技能委员会 2001 年的报告指出，英国持有 NVQ 二级和三级的劳动者比例远远落后于德国和法国，因此认为英国的职业培训是失败的，与欧洲大陆的水平相比是低下的。

基础学位实际上是由雇主根据所短缺的技能开发的，旨在为个人提供专业知识、与工作相关的技能及 21 世纪所需的更广阔的理解能力，是一种新型的中等水平的高等职业教育资格，其开发主要为人们学习更多的高级技能提供了一个途径和机会。其特点主要为：整合了学术和工作本位的学习；需要企业雇主、专业团体、学院和大学的共同参与；是一种独立的高等教育资格，同时也为更高水平的专业及学术资格的获得奠定了基础；学习时间为全日制两年，部分时间制为与之等同的课时；学习者可以一边工作，一边接受高等教育；与雇主关系密切，通过特定职业课程的授予、就业技能的开发、个体专业发展而为相关的职业做好准备。基础学位的课程模式是多样化的，包括全日制、部分时间制、模块制、远程学习、网络学习及各种组合的模式。上课的地点在企业的基地、高等和继续教育学院、大学等。在课程开始之前，需要对学员已有的相关学习和经验做出认定。

自 2001 年 9 月起，基础学位课程正式对外招生，当时有 1.2 万名学生参加学习，根据大学及学院入学服务处（University and College Admission Service，简称 UCAS）的统计数据，2002 年学生的参与率增加了 118%。目前已经和英格兰高等教育基金委员会（the Higher Education Funding Council for England，简称 HEFCE）达成协议，在 2004—2005 年将增加 1 万人，预计到 2006 年将增加到 5 万人。除基础学位外，政府又颁布了《2000 年学习与技能法案》，提议建立一个新的机构——学习与技能委员会（LSC），以代替之前的训练与企业委员会（Training and Enterprise Councils，简称 TEC）和继续教育委员会，专门负责对英格兰 16 岁以上青年的学习和培训进行总体规划和资助。从 1996 年起，TEC 开发了高级现代学徒制（AMA），后转由 LSC 负责，这一教育计划一般为两年制，至 2001 年，参加的人数为 11.9 万人，它也属于高职类型的教育。

从本质上说，这些培训计划几乎都是工作本位的高职学习，随着多科技术学院的升格，英国高职的重心从学校本位转变为工作本位。

（三）各类教育互相融合的趋势进一步加强

自 1992 年英国高等教育体系改革以来，再也没有了双重制。英国高等教育规模再度取得突飞猛进的发展，1995 年高等教育毛入学率达 49.5%，进入大众教育的后期阶段，开始向普及教育阶段迈进。从正规的意义而言，多科技术学院和大学已经没有分别，但从非正规的意义而言，二者仍有区别。有趋势表明，这种区别正在淡化，所有的大学均根据同一标准来评价，根据评价获得拨款，所以这些大学要保持与标准的一致性。从 1987 年开始，英国政府就试图增加大学对产业需求的回应，这意味着大学越来越向以前的多科技术学院靠拢，注重专业技能和知识的传授。学分转换和累积系统更增加了各高等教育机构的统一性。英国高等教育宏观发展的一项重要措施是《迪尔英报告》提出的，这份报告建议为英国的高等教育开发一种国家职业资格框架。这一框架将建立一种普遍的学分累积流通的途径，以便在高等教育中自由转换。这种普遍的学分累积和转换（在不同教育机构之间）框架可以说是为高等教育体系的统一推波助澜。

从新的教育与技能部各个部门的主要职能可以看出，在国内，英国政府非常注重学校教育、家庭教育和社会教育的融合；在国际上，非常强调与世界各国的交流与沟通，特别是与欧盟诸国的合作等。显然，英国政府是把教育作为一个社会问题，而不单单放在教育领域来看待，逐步关注教育的整体性和实效性。

20 世纪 90 年代以来，国家职业资格委员会的能力本位的方法也受到一定的挑战。在此背景下，所有商业与技术教育委员会（Business and Technology Education Council，简称 BTEC）和其他整合课程出现向 NVQ 型能力本位课程转型的倾向，进行工场评价，迅速增加全日制学生，同时还提供 GNVQ，GNVQ 最大的吸引力在于，使青年从职业教育或职业与普通教育相融合的课程转向高等教育成为可能。

从2000年9月开始，高级学术资格（A-Level）和与其等值的职业资格（NVQ3级、GNVQ高级）已经成为同一基本框架中的一部分，被称为"2000年课程"，它们共用一个参模结构和评价体系。GNVQ改名为"职业A级"（GCEA），而16岁考试被重新命名为学术GCSE（一般级教育证书）和职业GCSE。

此外，政府部门还提出职业教育与成人教育相结合，到2006年，每个劳动者每年接受培训的时间将不少于35小时。

（四）终身教育理念与产业大学、个人学习账户的建立

1998年2月，英国教育与就业部发表了《学习的时代——一个新不列颠的复兴时代》的绿皮书，把创建终身学习社会作为教育发展的新战略，并提出建立产业大学和"个人学习账户"的构想，为成人提供更多的学习机会。产业大学于2000年秋正式运作，这是一种开发和推行远距离学习的组织。"个人学习账户"是用于在职职工个人学习的专项资金账户，资金来源于三个渠道：政府、雇主和个人。其中个人分担的比例最小。从受益对象来看，以往主要是中青年人群，未来可能会拓展到老年人群。早期退休人员特别是40岁以上人员的教育将成为继续教育的一个部分，将为他们开设一些实用的课程，如室内装潢等。

2001年，英国最高教育行政部门改名为教育与技能部（DFES），终身教育和高等教育成为直属于教育与技能部的一个机构。可见，在终身学习理念的指引下，英国政府积极地加强了实施的力度，专门成立管理部门，并细致地规定了相关职责，提供比较全面的服务。

另外，英国政府还提出了职业教育发展的阶段性目标：2005—2006年，继续教育学院中90%以上的全职教师和60%以上的兼职教师要接受适当的课程培训，雇佣至少1万名新教师和2万名教学人员，90%的22岁青年要参加全日制的教育项目，以便进入高等教育或高技能的就业领域；2003—2006年，100万名工人将获得二级水平或与之相当的资格，提高高等教育的参与比例，18～30岁人群中，应有50%接受高等教育；2001—2007年，提高15万名员工的基本技能。

这一系列举动改变了英国一贯采取的精英教育的做法，使教育成为大众百姓共同享有的权利。英国的高等职业教育是其精英教育传统与经验主义哲学相互抗衡和妥协的产物，其典型的"三明治"课程和"双重制"的诞生与取消无疑见证了这一点。英国高职的最大特色就是在高等职业教育与高等教育之间谋求等值，并与其他各级各类教育衔接与融通。英国高职骨子里对精英教育的崇拜与现实中对技术人才的需求总是不时地发生冲突，前者是其致命的弱点，后者则是其不断改革的动力。

第二节　日本高等职业教育的发展与变革

日本是太平洋上的一个岛国，由北海道、本州、九州、四国四大岛及附近的许多小岛组成。日本的职业教育历史悠久，但高职的蓬勃发展主要是"二战"以后的事。在经济上，"二战"战败国日本直到 20 世纪 60 年代才实现经济起飞，随后又经历了泡沫经济的低迷时期和恢复发展时期。正是在这样一种经济文化背景下，日本的高职形成了其不同于其他国家的特征。日本在传统文化上属于东亚国家，又吸取了西方特别是美国的许多文化元素，对亚洲各国而言是一个"既近又远的国家"，是一个"非亚非欧"的文化孤独者。

一、日本高等职业教育发展与变革的基本脉络

日本高职发展与变革的基本脉络同其整体教育改革息息相关。日本开始近代化的努力之后，主要进行了三次重大的教育改革。

第一次教育改革是明治维新以后，日本的教育结束了长期对中国文化的摄取，转入对西洋文化的摄取时代，形成了普通教育和职业教育双轨制的教育体系。第二次教育改革是"二战"后到 20 世纪 60 年代，在美国的强制压力下，日本融入了民主、自由和平等的价值观念，随着 1946 年新宪法、1947 年《教育基本法》和《学校教育法》的颁布，日本逐步形成了完整的教育体系，其中包括战后建立短期大学和 60 年代建成五年制高等专门学校，这对高职而言是一个开始发展的时期。第三次教育改革从 20 世纪 70 年代开始至今，持续时间较长，日本已经完全实现了赶超欧美发达国家的目标，其教育走上了从西方化向日本化发展的道路。为了实现从经济大国向政治大国和科技大国的发展，日本重新审视自己的教育，力求走"教育兴国"之路。在此期间，日本进一步发展了短期大学和高等专门学校，并承认专门学校在高等教育中的地位。由于第一次教育改革并不涉及高等职业教育，这里主要讨论后两次教育改革。

（一）第二次教育改革（"二战"后—20 世纪 60 年代）

这一时期的教育改革从"二战"后开始，其前期主要是完成美国对日本教育的自由、民主和平等的改革，建立完整的教育体系；后期，随着日本经济在 20 世纪 60 年代的起飞，改革主要是试图从完全西化的道路中走出来，形成自己的特色。这一时期的教育改革又可分为两个阶段。

1. 战后重建阶段（"二战"后—20 世纪 50 年代）

"二战"前，日本已经形成以实业学校、各类专门学校和实业补习学校为中心的职业教育体系，其中实施高等职业教育的机构主要是各类专门学校，但数量不多。"二战"时期，日本把教育纳入战争轨道，根据战时体制的需要，扩充理科类的专门学校，缩小文科类的学校，并把商业类的学校改变为工业专科学校或工业经营专门学校，为军需产业的扩大培养了技术人才。1945 年 8 月，日本无条件投降，此时的教育机能及物质基础已完全陷入崩溃的状态。

（1）发展与变革及其动因

该阶段高职的主要发展与变革为：创建与发展短期大学，设立五年制职业专修大学。

"二战"结束后，美国教育使节团提出了具体的改革方案——《美国教育使节团报告书》，以此为基本方针，拉开了战后日本教育改革的序幕。在此期间，日本先后颁布了《日本国宪法》《教育基本法》《学校教育法》《教育委员会法》《社会教育法》《文部省设置法》等一系列法令，日本教育走上了法制化的轨道，建立了"六三三四"的学校制度。1948 年开始，日本进行高等教育改革，将战前的旧制大学转换为四年制的新制大学，与此同时，将不具备转换条件的高校暂时定为短期大学。短期大学是一种新型的高等职业教育机构，以"教授和研究高深的专门学问，培养职业和实际生活所必需的能力为目的"，它不设学院，只设学科，学制为两年或三年，以向高中毕业生传授专业知识和专业技能为主。开设的课程有四类：一般教育课程、外语、保健和专业教育课程，实行学分制，分别修满 62 个和 93 个学分即可毕业。1950 年首批获准设立的短期大学有 149 所，在校生达 15 098 人，但它的存在却迟迟得不到确认。尽管如此，短期大学适应了产业结构的变化，为战后产业发展和经济复苏培养了大批中级技术人员。

1955 年是战后日本历史发生重大转折的一年：日本经济经过战后 10 年的努力，得到恢复和重建，为经济起飞创造了条件；政治上逐步形成了保守势力和革新势力。这给战后的日本包括整个教育带来深刻的影响，史称"五五年体制"。"五五年体制"在理念上的表现是，这个时期，"财界—官僚—政界"三位一体推行经济增长主义。在此影响下，教育上的直接表现就是强调能力主义、人才开发，将教育计划纳入经济计划，使教育政策同经济政策统一起来。日本内阁于 1957 年公布《新长期经济计划》，预测至 1962 年，社会对理工类大学毕业生的需求将超过大学能培养的人数，差额达 8 000 人。因此，自 1957 年开始，为实施增加理工类大学生 8 000 人的计划，日本创建了大阪大学工学部，并新设了全日制工业短期大学。

另外，在教育界内外强烈要求振兴职业教育的背景下，1951 年 6 月，国会通过了《产业振兴法》，以此扩充职业教育的经费，包括初中、高中和大学的职业教育。1951 年，日本设立政令改正咨询委员会，该委员会提出了《关于教育制度改革的答申》的报告，其中提出设置一种高中与大学的一部分合并的专修大学，作为对"六三三四"制的补充。1954 年在《关于改革当前的教育制度》的报告中，该委员会又提出设置部分短期大学与职业高中一体化的五年制职业专修大学。

（2）发展与变革的结果

这一时期，日本在美国的帮助下，逐渐从战争中恢复过来，教育步入正常轨道。职业教育的发展以高中阶段为重点，高职的发展以短期大学和专修大学的出现为代表，目的是为战后重建培养所需的技术人才。

2. 经济起飞阶段（20 世纪 60 年代）

20 世纪 50 年代中期以后，日本的经济增长率稳定在 10% 左右。据当时的预测，60 年代日本的第一产业就业人口将骤减，第二、三产业的就业人口将增加。而当时虽然已经有短期大学和专修大学来培养这类就业人群，但关于机械、电气等工业类的学科还不多，跟不上社会生产对这类科学技术人员的需求。

（1）发展与变革及其动因

该阶段高职的发展与变革有：短期大学的立法化，创设高等专门学校。

经过七八年的经济恢复与教育重构之后，日本转入了以现代化为中心的经济高速发展时期。1956 年以后，日本财团主动向政府提出了《关于适应新时代的技术教育的意见》《关于振兴科学技术教育的意见》等一系列要求。在此推动下，1958—1959 年新增了机械、电气等学科，同时增招学生 1 万名。1964 年，日本国会通过修改《学校教育法》，正式确认了以往经常受到责难的短期大学的合法地位，短期大学日益增多，在校生人数也不断上升，成为高等教育系统的重要组成部分。根据文部省公布的《短期大学设置标准》的规定，短期大学是"在高中教育基础上，实施将重点放在实际专门职业上的两年或三年的大学教育"，其毕业生具有实际专业技术，动手能力强，毕业后可直接就业，也可升入四年制大学的三年级；其课程设置、学期安排和授课方式灵活多样，既有自己的独创性，又能适应社会的多种需要；学费低廉，基本实行走读制和二部制；设备简单，审批容易，便于筹建。

在池田内阁制定的《国民收入倍增计划（1961—1970 年）》中，提高人的素质与能力、振兴科学技术、确立教育及职业训练制度作为重要的保障体系，随着这些政策的实施，各类学校的入学人倍增，单一的四年制大学已不适应经济发展的需要。《高等专门学校制度法案》通过后，1962 年，第一批 19 所工业技术专门学校建立。此后，各地各种门类的专门学校也纷纷兴起，增设了商船、电波等高等专门学校，顶峰时期达 65 所。这些高等专门学校的目的是适应企业对培养中级技术人才的要求，传授较深的专门科技知识和技艺，培养职业所必需的工作能力。到 1974 年，日本共有这类学校 63 所，学生数达 84 391 人。在整个 20 世纪 60 年代，高等专门学校为很多企业培养了许多急需的中级技术人员，为促进日本经济的高速增长起了重要的作用。70 年代以后，其发展速度逐渐慢下来。

以上高职发展与变革的动因主要是：受到以杜威实用主义教育理论为代表的美国教育理念的影响，受强调融教育于生活之中的裴斯泰洛齐生活教育论的影响，受个性教育论的影响，日本文部省在反省的基础上，在消除妨碍建设新日本的军国主义和极端国家主义之后，提出"尊重个性、人格和人性"；受 50 年代末兴起的教育投资论的影响，其基本观点是把教育支出作为会带来重大经济效益的投资，把人力看作资源，把教育作为开发人力资源的经济手段。

（2）发展与变革的结果

随着经济的恢复和发展，日本国内的产业结构发生了变化，对人才的需求在这一阶段也产生了变化。20 世纪 60 年代属于高等教育大发展年代，高等教育呈现出大众化和类别化的特点。在相关政策和法令的引导下，高职的专业设置和数量也随之调整和扩大，职业教育出现了从以高中为重点向专科转移的趋势。

（二）第三次教育改革（20 世纪 70 年代—90 年代）

1967 年 2 月，日本中央教育审议会提出了一项"关于今后学校教育综合扩充与整顿的基本措施"的建议，其中文部大臣强调："明治以来，日本一直是以先进国家为范，为接近其水准而努力，但是，现在已经到了应该靠自己来探究日本独自的道路的阶段了。"由此揭开了此次教育改革的序幕。

1.改革初期（20 世纪 70 年代）

进入 20 世纪 70 年代的日本，包括高职各方面在内的教育已经基本成型，但是，各方面都效仿西方的阴影让日本越来越强烈地想要"个性化""日本化"。另外，伴随着新技术革命和日本社会的国际化、信息化、终身学习化，教育中的问题再一次凸现出来，在高等教育方面，出现了重文、法，轻理、工的局面，高职的地位有待提高。

（1）发展与变革及其动因

本次教育改革以 1971 年 6 月中央教育审议会《关于今后学校教育综合扩充、整顿的基本对策》的发表为标志。高职方面的变革主要体现为：建立技术科学大学，专门学校在法律上得到认可。

1976 年 10 月，继筑波大学之后，长冈和丰桥创立了两所新型的"技术科学大学"，并于 1978 年 4 月同时招收一年级及三年级新生。其性质与一般大学不同，除学术研究外，该大学特别注重实践性技术的教授和研究，强调提早实施专门教育，目的是打通高等专门学校毕业生的升学途径。

专门学校是 1975 年根据《学校教育法》追加条款而新成立的一种学校，由过去部分"各种学校"改制而成。由于日本教育的普及，升学主义盛行，学校的毕业证书已经不能证明一个人的能力或学力，而"各种学校"不注重入学资格、修业年限，强调一技之长的特点受到青睐。1975 年后，这种学校中修业年限在一年以上的就被定为"专修学校"。其课程主要有三类：高等课程、专门课程、一般课程。其中开设专门课程的就称为"专门学校"。这种学校成立以后，发展迅速，设置之初学校总数只有 893 所，到 1980 年达到 2 520 所，其中私立的 2 187 所，占 86.8%，公立的 187 所，占 7.4%。

（2）发展与变革的结果

这一时期，经历了对战后教育的反思，以及新时代日本对自身的新要求，日本的教育表现为更加注重从国情出发进行一系列改革，开始意识到学历不等于能力，于是加强了职业教育。在高职方面，逐步提高其在高等教育中的地位，并认可了专门学校，最终形成了由高等专门学校、短期大学和专门学校构成的高职格局。

2. 改革深化阶段（20 世纪 80 年代）

为了扭转"经济巨人，政治侏儒"的局面，日本政府力图通过培养国际社会通用的人才。这一思想在日本进入 20 世纪 80 年代时更为强烈。同时，科技的发展也迫使日本加强发展技术。而当时高职领域格局虽初步形成，但与学术类高等教育相比，其在社会和人们心中的地位都是比较低的。

（1）发展与变革及其动因

该阶段高职的主要发展与变革是：短期大学的吸引力增加，各级各类高等教育之间互相认可。

1984 年文部省规定，四年制大学与短期大学的学分可以互换，两年制短期大学的毕业生可直接升入大学三年级继续学习。由此，短期大学的吸引力进一步增强。

1987 年 9 月，文部省设立大学审议会。大学审议会于 1991 年提出了包括《关于短期大学教育的改善》和《关于高等专门学校教育的改善》在内的 5 个咨询报告。其中提出开放高等教育机构，在大学、短期大学、高等专门学校的专门课程和职业训练机构之间实施学分互换制度，这也就意味着高等教育各机构之间可互相认可彼此的教育。同时，在短期大学开设夜间部，实施昼夜上课，并面向当地居民举办公开讲座。

这一时期，日本高职发展与变革的动因是：① 新技术革命在 20 世纪 80 年代推动着整个世界尤其是发达国家的教育改革，1975—1980 年，日本的国民生产总值增长 9.8%，而电子工业产值增长了 19.8%。这一事实使日本看到了新技术革命的巨大影响，并积极考虑在新技术革命中起决定性作用的人的培养问题，如 1980 年 3 月发表的《80 年代通商产业政策构想》中，日本就明确提出要以"科技立国"取代"贸易立国"，作为国家发展的核心。② 社会生活条件的变化，教育支出比重加大，自由时间增多和小家庭化倾向。③ 中曾根内阁所奉行的新保守主义强调教育的自由化、个性化和国际化。

（2）发展与变革的结果

短期大学尤其受到女性的青睐，入学人数大大增加，其推出的课程主要以第三产业为主。对整个社会而言，劳动者的职业技术水平确实提高了，即使是留在家里不工作的女性，也接受过短期大学的教育。各级各类高等教育之间在制度上实现了互相认可。

3. 加速转变阶段（20 世纪 90 年代）

进入 90 年代，日本开始走出经济上的低迷状态，教育方面进一步讲求效率和社会利益，已经比较成系统的高职也更加注重内涵的发展。

（1）发展与变革及其动因

20 世纪 90 年代，日本高职出现的变革主要有：高等专门学校设置专攻科，毕业生可获得相应的学位；专门学校实现与大学的衔接，毕业生获得专门士学位；出现五年一贯制的新型职业高中；高职进一步向社会开放。

1991 年召开的大学审议会上，开展了以"改善高等专门学校教育"为议题的讨论，认为为适应科学技术的变化和产业界对高等专门学校毕业生的迫切需求，有必要扩大以往的工业和商船科范围，创设专攻科制度，授予毕业生准学士称号。至 1996 年，日本共有 17 个高等专门学校设置专攻科。其中在公立高等专门学校中，富山商船高等学校新设国际流通学科，函馆工业高等专门学校等五所学校的工业化学科改为物质工学科，土木工学科改为环境都市工学科，沼津、明石、阿南、北九州工业等高等专门学校设置专攻科。在公立、私立高等专门学校中，东京都立工业高等专门学校设置生产系统工学科及电子情报工学科，札幌市立高等专门学校设置专攻科。1997 年 3 月，高等专门学校约 26% 的毕业生进入专攻科和长冈、丰桥的技术科学大学。1998 年，有两所公立高等专门学校实行了学科改组，有三所设置了专攻科。同时，公立的神户市立工业高等专门学校也设置了专攻科。

至 1998 年，在高等专门学校设置的专攻科全部得到学位授予机构的承认。

日本的临时教育审议会曾在 1985 年 6 月向中曾根首相提交了总理府第二十四次总会关于教育改革的报告。报告指出，日本教育改革的突破口之一是允许三年以上的专门学校毕业生报考大学。为此，1995 年 1 月，文部大臣批准达到一定条件的专门学校可授予修完专门课程者专门士称号，学生在专门学校学习可由文部省认定技能审查成果，增加学分。1998 年 6 月，《学校教育法部分修改案》颁布，规定修完专门学校的专门课程者可以升入大学，1999 年开始实施。

1993 年度的日本教育白皮书提出了六种新型高中，其中包括新型职业高中，它与产业短期大学相衔接，实施五年一贯制职业教育，或者对已经参加工作的青少年在学校以外的机构进行的实务体验作为职业教育的学分予以认定。

1993 年，日本经济学会建议实施"结构调整和以人为本的教育"，强调教育改革要适应人在工业时代的需求，教育应该向终身教育转变，但实施终身教育并不意味着一定要建立新的学校，而是进行文化、教育和社会的整合。成人职业教育也需要加强，非正规教育学校和大学应逐渐敞开大门，为社会提供各种职业教育，改变单一学历教育的办学形式。同时，应有更多的短期大学或高等专门学校毕业生进入大学本科。

这一时期高职发展与变革的动因为：① 经济增长减慢，财政紧张。1983—1990 年日本的经济增长率只有 4% 左右，1988 年以后，一直为 3.5%，1998 年出现了负增长。② 1971—1974 年战后第二次出生高峰后，日本出现了"少子化"现象，直接影响学校的生源和家长的选择。③ 民众权利意识增强，提出教育政策的制定再也不能打着"多数人意见"的旗号，而只以国家利益为基础来进行精英教育，个人多样化的教育需求应得到满足。

（2）发展与变革的结果

进入 20 世纪 90 年代以后，日本政府的投资政策大幅度导向效率准则，即如何使投入更加符合国家及社会利益。高职领域提供了更多的途径，并给予学位上的认可，表明高职的社会地位正在逐步提高；同时注重与中职的衔接，而且破除了学历教育，成人教育也开始融入高职，越来越显现出终身学习的特征。

进入 21 世纪的日本很好地延续了这些宝贵的经验，势必迎合时代的发展，促使高等职业教育适应产业经济的变化，实现为经济服务。与此同时，日本为巩固其在国际关系事务中已取得的地位，试图形成一个能适应社会不断变化的、具有自我调控能力的教育体系。今后日本高等职业教育面临的重要课题是如何培养能在国际社会中得以生存的日本人。

二、日本高等职业教育发展与变革的特点

（一）高职体系结构合理，运作良好

日本的整个高职体系是由多样化的教育机构组成的，这些教育机构各有特色，在功能和专业领域上形成相辅相成、优势互补的关系。

初中后五年制的高等专门学校相当于高中加短期大学的五年一贯制的职业教育，其课程设置是普通基础教育和专业教育穿插进行，以第二产业类专业为主，重视学生的实习和实际操作。毕业生可插班进入大学工学系或长冈、丰桥的技术科学大学继续学习。高等专门学校作为职业教育、专门技术教育机构，是日本高中后职业教育机构中唯一在政府强有力的政策支持下建立的学校，属于公立学校。日本社会普遍认为："五年制高专在日本战后经济起飞、产业结构调整中发挥了重要的人才支撑与保障作用。"

短期大学以传授和研究高深的专门技艺知识，培养职业或实际生活中所必需的能力为目的，学制 2 ～ 3 年，入学资格为高中毕业生。短期大学毕业生可获准学士学位。短期大学以私立学校为主（私立占 86%），学生以女生为主（女生占90% 以上）。

日本的专门学校以培养职业和实际生活所需的能力或提高教养水平为目标，修业年限 1 年以上，年内授课时数为 800 教时以上。专门学校多为私立学校，规模较小，且一般集中在大城市。其最大特点是依赖市场机制运作，设置标准比较宽松，课程设置灵活，教学上重视实践，教育内容及方法注重实用性和多样性，力求使学生在专门领域内有较强的实际操作技能和经验，就业后能直接创造价值，因而能主动适应多样化的社会教育需求，毕业生深受欢迎，就业率居高不下。从专业范围看，看护专业就学者占 25.9%，工业专业占 20.5%，文化教养专业占18.9%，此外还有农业、商业实务、卫生等专业。私立学校从所属都道府县得到经济补助，地方政府从地方税收中拿出部分予以支持。

这三类学校的毕业生可直接就业，也可升入大学，包括技术科学大学，主要学习应用学科，然后可以修习成为学士、修士和博士。其中技术科学大学主要招收高等专门学校的毕业生转入其第三学年，其新生的选拔约有半数采取推荐入学的方式，与传统学术领域的课程编制不同，其课程更多的是应用型、科技型的，可以延续到大学院的修士课程，采取一贯制方式，第四学年下半学期有实务训练。

高等专门学校、短期大学、专门学校以公立私立之分，不同产业之分，招收

性别之分，使得整个高职领域呈现各成一家、功能互补、资源共享的合作态势，而不仅仅是竞争关系。

（二）政府以法律法规形式协调各方关系，支持高职发展

政府对职教的大力支持是日本职教成功的重要因素之一。在职业教育包括高职的长期发展过程中，日本形成了较为完备的职业教育法规体系，这对促进职业教育的发展，规范各类职教机构的办学起到了重要作用。1958 年，日本国会通过了《职业培训法》，为职业教育的发展奠定了基础。其后，日本又制定了一系列有关职业教育的法规和补充法规。如 1962 年的《关于制定技能教育设施规则》、1963 年的《失业紧急对策法》和 1966 年的《雇佣对策法》等。为适应经济发展和产业结构调整对职业教育的新要求，日本还多次对《职业教育法》进行修订，如 1987 年公布了《部分修改职业教育法的法律》，对日本的职业教育发展战略进行了调整，规定国家、都道府县、雇主在职业训练与技能鉴定中的责任，确立了职业训练学校、职业训练所、技能开发中心等各机构的分工等。日本的各种职业教育法规通常是针对职业教育办学中存在的具体问题提出的，它们有效地规范了职教机构的办学行为，提高了各类职教机构的办学质量。

这些相关法律的颁布减少了行政机构对教育的干预，保证了学校的办学自主性。政府部门负责对职教情况进行整理分析，提出计划，进行督导，有效降低了学校、企业和机关进行职业培训的盲目性和投机性，使职业教育包括高职步入了正轨。同时，政府通过直接承办公共职业训练的形式，为更多的人提供职业训练。政府还为职业教育提供了各种优惠政策，例如，为职业培训提供场地和设施，降低函授的邮资，等等。

（三）私立学校发挥重要作用

除高专和公共职业训练机构外，在数量上占据多数的短期大学和专门学校等都是私立学校占主导地位。如果说美国以公立社区为主的高等职业教育体系是"公共政策型"的话，那么可以说日本是"市场依存型"的体制。这种体制的特点是能够调动民间的教育资源，充分发挥市场的调节作用，使学校能够自觉适应社会需求。

三、日本高等职业教育发展与变革的趋势

20 世纪 90 年代以来，尽管"泡沫经济"的崩溃使日本经济陷入了战后持续时间最长的低迷状态，但是，频繁更迭的历届日本内阁都把教育改革列为社会整体规划的重要议题。世纪之交以来，日本高职的发展与变革中出现了一些值得注意的新趋势。

（一）科技创新"立国论"与高等教育资源配置的国际化、市场化

20世纪90年代中期，为应对知识经济时代的挑战，日本提出了科技创新"立国论"，旨在实现经济增长方式由工业兴国向科技创新兴国的战略性转移。制定了《科学技术基本计划》，强调科学技术与教育、学术研究的关系，突出高等教育资源配置的国际化和市场化两大特点。

日本的科技创新"立国论"指出："要想使我国在国际竞争中持续发展，提高国民生活水平，为解决人类共同问题做出贡献，就必须通过开发我国宝贵的脑力资源实现科技创新立国战略，领先于世界，并为此做出不懈的努力。"日本提出的脑力资源其实就是要充分开发全体国民的智力，培养创造精神、创造能力及高级技能。

日本教育资源配置重点的转移是在开始实施财政紧缩政策以及18岁人口（即高校入学年龄人口）数量急剧减少的情况下进行的，也就是说，是在教育财政减少、生源出现短缺的情况下，对名牌重点大学进行重点投入。而一般院校受社会定位、声誉及实力等因素的影响，特别是短期大学受到极大冲击，1997年私立短期大学学校数为504所，2000年减少到497所。今后随着高等教育入学人口的减少，这种情况将进一步恶化，这也是目前日本政府关注的处理效率与机会均等关系的难题。由此，日本推出高等教育资源配置的国际化和市场化做法，将各类高校的资源整合起来，培养高等教育人才。

（二）积极构建终身学习体系

1990年，日本制定的《终身学习振兴法》提出，要建立"每一个人在其一生中的任何时候都可以自由地选择学习机会进行学习，且其学习成果能得到适当评价"的终身学习社会。在此引导下，高职开设昼夜开讲制，扩大学校对校外学习学分的认定范围，激发人们终身学习的动机，及时提供学习信息，承认民间团体举办的旨在证明知识和技能水准的事业中那些在教育上有积极意义的试点，招收各个年龄层的学员。另外，根据《终身学习振兴法》的有关规定，正规的学校系统，尤其是大学，要尽可能地开放，以利于成人学习。例如，实行高校科目选修生制度，开放高等教育设施，加强大学的继续教育和远距离教育功能，以及促进各种教育机构之间的学分互换和学历认可等。

（三）实行课程改革

日本的职业教育根据技术革命的发展和产业结构、就业结构的变化，对课程进行了改编。在农业学科，把"农业科""园艺科""林业科"等改为"生物生产科""生产流通科""地域开发科""环境科"等。在工业类职业教育中新设置了

"电子机械科"及"纺织设计科",提高"电子机械科""信息技术科"等的比率。在商业类职业教育中,把"商业科""经理科"等改为"流通经济科""国际经济科""会计科""信息处理科"等。在家庭类职业教育中,新设置了"福利科""生活文化科""生活情报科",同时,对"被服科"等加以重新审视。

日本战后对职业教育日益重视的历程,其实也是其经济逐渐恢复、发展的过程。日本是岛国,各方面资源的最优化利用是日本的特色。其高职也是如此,它调动了公立和私立学校的各种资源,并以合理的结构使高职整体发挥出良好的功能。

第三节　德国高等职业教育的发展与变革

德国是第二次世界大战的战败国,然而德国在一片废墟上,用了不到 50 年的时间一跃成为世界第三经济强国,这一奇迹般的变化为世人瞩目。与其经济的腾飞联系最紧密的是包括高职在内的职业教育的发展。难怪德国把职业教育视作"经济腾飞的翅膀""经济发展的柱石",甚至是"民族存亡的基础"。本节试图探析德国高职发展与变革的轨迹、特点及趋势。

一、德国高等职业教育发展与变革的基本脉络

由于特殊的历史原因,20 世纪 90 年代前的德国处于民主德国和联邦德国分裂自治的局面,两国的教育政策不完全相同。直到 90 年代以后两德统一,在教育上才真正实现了统一。两德统一之前,民主德国的高职主要效仿苏联的模式,由专科学校承担,特色不明显,这里不做重点介绍。德国战后高职的发展与变革主要经历了三个阶段。

(一)战后恢复重建阶段("二战"后—20 世纪 60 年代)

"二战"后的德国,经济和教育受到极大的破坏。当时还没有真正意义上的高职。德国人急需重建教育,重建经济,重建所有社会秩序。

1. 发展与变革及其动因

这一阶段联邦德国高职的主要发展与变革是:建立高等专科学校(或称"专科高等学校""高等专科大学")。

20 世纪 60 年代初,联邦德国进入经济恢复发展时期,但国内受过高等教育的人数远远落后于当时的美国和日本。工业化、信息化和服务型社会的发展,需

要大量受过高等教育的劳动者。随着社会民主化的进程和人民生活水平的不断提高，人们开始认识到接受教育是公民的权利，接受高等教育已成为个人获取较高社会地位和经济收益的重要途径，更多的人期望能够进入大学深造。在这种情况下，德国柏林洪堡大学创始人洪堡（Wilhelm von Humboldt）的教育思想与客观现实之间的差距越来越大。人们开始意识到，只有改变原有单一的高校体系，建立不同类型的高等教育体系，才能满足社会对不同类型人才的需求，符合高等教育大众化的趋势。20世纪60年代后，联邦德国对20个国家的高等教育进行了一项调查研究，结果表明，联邦德国的大学入学率排名倒数第三位。于是，专家们开始探讨如何提高高等教育的入学率，认为仅靠已有大学的扩建，无法满足广大学生的升学要求，且可能出现失业的状况。为此，1968年，联邦德国决定建立三年制的高等专科学校，目的是培养在第一线工作的高级技术人员。同年5月，各州正式达成协议，提出在1969—1971年，原德国工程师学校、工业设计高级专科学校、社会公益事业专科学校、经济高级专科学校等改制为高等专科学校，学制3～4年，以培养企业和社会组织实际应用型人才为目标，主要招收高级专科学校毕业生及义务教育离校后经过一定的实习，具有同等学力的学生。

2. 发展与变革的结果

高等专科学校的建立标志着高职作为一种教育类型在联邦德国高等教育中占有一席之地。高等专科学校培养的学生满足了社会经济发展对劳动力的需求，为国家的经济起飞做出了贡献。

（二）经济起飞阶段（20世纪70—80年代）

进入20世纪70年代，联邦德国经济趋于稳定。高等专科学校的毕业生大受欢迎，供不应求，高职的规模有待扩大。

1. 发展与变革及其动因

这一时期联邦德国高职的主要发展与变革为：高等专科学校规模扩充、地位提升，建立了职业学院并巩固其地位。

由于历史问题，高等专科学校大多集中在一些大、中城市，在地区分布上不尽合理。为此，1972年政府决定实施建立区域高等教育系统计划，即"高等学校区域化"发展计划，由此建立起了更多既有单科型又有多科型的区域化高等专科学校。联邦德国采取了尽量利用原有基础节省教育投资，加快建校速度的原则，对原有的师范学校、技术中专、工程师学校等进行改造，很快成立了70多所高等专科学校。1986年10月，联邦德国通过了《联邦德国各州统一高等专科学校的协定》，从法律上确立了高等专科学校的重要地位，使之成为联邦德国培养工程师的摇篮。

70 年代，一些经济活跃的州（如巴登－符腾堡州）的企业认为，除了工程师外，企业还需要应用型的高级管理、技术和服务人才，而高等专科学校的毕业生满足不了这一"能力缺口"。于是，几家公司联合与巴登－符腾堡州（以下简称"巴符州"）管理与经济学院协商，创建了校企联合办学的职业学院，专门培养这类人才。到 1974 年，共建立了 6 所职业学院及 2 所分院，在校生 1.2 万人。职业学院的办学有企业参与，整个教学能够从学校和企业的师资与设备条件中受益，开创了教育机构与企业联合举办高等教育尤其是高等职业教育的一种新途径——"双元制"。根据欧盟议会 1988 年 12 月的决议，欧洲各国高等学校文凭认可的前提条件是高等教育学制最少为 3 年，享有文化充分自治权的巴符州通过了《职业学院法》，认定三年制职业学院与高等专科学校文凭等值，因而联邦德国职业学院取得了国际合法地位。1989 年，巴符州政府正式认定职业学院的毕业证书与高等专科学校等值。从此，职业学院在高等教育中的地位得以确立。

2. 发展与变革的结果

1986 年联邦德国工程协会的调查表明，具有高等专科学校学位的工程师在企业中的比例最高，占各类学位工程师的 62%，具有同样学位的企业经济师和计算机工程师分别占到 50% 和 50% 以上。联邦德国职业学院的开办则开创了教育机构与企业联合举办高等教育尤其是高职的一种新途径，发扬了德国的传统职业教育模式——"双元制"的特色。

（三）统一后的发展（20 世纪 90 年代）

20 世纪 90 年代，德国的经济跃居世界前列，国内也已建立了较为完整的职业教育体系，为劳动力市场输送所需的人才。

1. 发展与变革及其动因

这一阶段德国高职的发展与变革主要为：民主德国学校改组改建为高等专科学校，职业学院的推广和互认。

1990 年，民主德国和联邦德国在分裂了 40 多年之后实现了统一。在此前后，开始了全面的教育改革，主要分两个阶段：① 1989 年秋—1990 年 10 月，东西德教育接轨时期。1989 年 11 月，莫德罗在他的政府声明中提出了教育改革方针，要求发扬几十年来社会主义国民教育中一切积极方面，消除消极成分，使行政管理、教学内容和高等教育与联邦德国一致起来。② 1990 年 10 月，各新州进行选举，12 月，5 个州的文化教育部长正式加入了联邦文化教育部长会议。1991 年，新州废除了民主德国时期制定的教育法，开始实施联邦德国制定的《职业教育法》。在高等教育方面，根据科学审议会的建议，原 45 所高等院校调整为 12 所大学（包括工业大学）和 12 所艺术院校，原高等技术学校和高等工程师学校改组为 20 所高等专科学校，民主德国地区的专科学校也改建为高等专科学校。

由于巴登－符腾堡州职业学院的成功，德国其他 10 个州也在 90 年代相继举办了类似的高等学校，总数超过 30 所。那些还没有建立此类学院的联邦州的公司纷纷招收高中毕业生派往其他州学习，待其学成后吸收其成为企业的主要技术骨干。然而，由于各州的文凭由各州颁发，州与州之间没有建立互认制度，学员跨州找工作出现了麻烦。于是，巴符州、柏林等 5 个州和地区决定，相互承认各自职业学院的学历和证书，并认定其与高等专科学校的学历和证书等值。

2. 发展与变革的结果

两德统一后，联邦德国的高职体系得以顺利推行，以"双元制"为特色的职业学院受到好评，各州都建立了不少此类学院。至此，德国的高职体系基本成型，高等专科学院和职业学院在实践中受到欢迎，并都获得了德国政府的认可，其地位得到保障。

进入 21 世纪后，2003 年 11 月 3 日，联邦政府与各州政府共同签署"应用科技大学应用研究与开发资助协议"，共同资助应用科技大学的应用研究与开发，例如，西柏林应用研究介绍中心把 75% 的课题委托给应用科技大学承担。德国联邦教育和科研部于 2004—2006 年出资 5 300 万欧元，实施"应用科技大学联合经济界科研计划"，后于 2007—2010 年投入 1 亿欧元，实施"应用科技大学联合企业界科研计划"，重点资助信息、通信、电子、材料、自动化、建筑工程、机械制造和企业管理等方面的科研开发，促进应用科技大学与经济界、企业界之间的科技成果转化，以最新的科研成果改革教学内容，提高了学生的科研能力，提升了应用科技大学的综合实力。同时，为推进国际化进程，大多数应用科技大学开展了英语、德语双语授课的国际课程及预科项目，参与了德国联邦教育和研究部资助的"国际课程计划"，为外国留学生的学习提供便利，也传播了应用科技大学注重应用的教学模式。

2000 年以前，应用科技大学一直给毕业生授予德国独有的 Diplom（FH）学位。1998 年的《索邦宣言》要求德、法、意、英四国学生和研究人员无障碍流动，实现大学合作和文凭互认。1999 年的《博洛尼亚宣言》提出了建立"欧洲高等教育区"的目标。为适应博洛尼亚进程的要求，应用科技大学作为可以授予学位的高等职业教育院校，也调整学制，开始授予三种学位：学士（Bachelor）、专业硕士（Diplom）、硕士（Master），使学生能够取得不同的证书，并且在学习和职业方面进行自我规划，同时将学制缩短为 3～4 年，深受学生的欢迎。"欧洲学分转移系统"（ECTS）通过推行量化指标和学习模块以及国际通行的学位制度，为学生的跨国流动提供了便利，使国际的学分互认转移成为可能，促进了学生国际的学习与交流，使德国成为世界上高等职业教育国际化特色鲜明的国家之一。

二、德国高等职业教育发展与变革的特点

德国被公认为职业教育的强国，其高职卓有成效，成为许多国家效仿的对象。在整个教育系统中，德国实行的是典型的双轨制教育。德国的职教体系在整个教育体系中是强大的，其中高职主要培养应用型、技术型人才，以职业岗位能力为本，办学体制以企业为主，企业决定专业方向、教学计划、培养目标、培养模式等。

（一）教育上的分权和自治是高职成功实施多样化的前提

德国的教育在行政管理方面是典型的联邦制，完全由各州自治，但并不像美国通过拨款来影响各州的教育政策。这种联邦制的特点是：首先，注意调动地方办教育的积极性，充分挖掘各州财力与人力的潜力，促使各州把教育办好；其次，促使各州因地制宜，发挥各自的特点和优势，同时促进了各州间的竞争；再次，避免了全国上下在教育上的统一性，束缚学校和教师的创造性，从而保证了职业教育的多样性发展，满足了各种不同的需求。而且，没有了中央政府的指令，地方和学校就可以把更多的注意力投向市场，而不是上级指示。德国办教育非常务实，其教育制度与市场经济相适应，注重实际需求，并且重视调动各种因素，从经济文化和社会发展需要出发，发扬传统，吸收国外经验，注重办学效率。

（二）法律保障

德国高职受司法保障，主要体现在三个方面：① 多样、全面的法令。1873 年，萨克森州第一个颁布了对 15 ～ 18 岁青年实行三年义务教育的法令，开了从法律上保障职业教育的先河。自 20 世纪 50 年代以来，联邦政府颁布了十多项有关职业教育的法令，如《职业教育法》《职业教育促进法》《实训教师资格条例》《高等学校总纲法》等。② 及时对法令进行修正。如 1969 年 9 月《职业教育法》出台，体现了职业教育的全面制度化，进一步加强和稳固了职业教育的地位。后来，由于经济和人口的发展，《职业教育法》已不适合新的发展形势，1981 年 12 月，联邦政府又颁布了《职业教育促进法》，对《职业教育法》进行了补充与完善，第一次将职业教育与培训需求挂钩，职业教育成为公共事业的责任和义务。正是职业教育立法的不断完善，保障和促进了德国职业教育包括高职的蓬勃发展。③ 严格执行法令。由于严格执法，德国企业中未受过职业教育的工作者仅为 3%，受过职业培训的占 42%，而这两个数字在法国分别为 19% 和 11%，在英国分别为 42% 和 21%。

（三）严格训练，强调实践能力

德国的职业教育素以训练严格著称，德国的职业教育证书在整个欧洲得到承认。德国总理科尔在一篇题为《双元制在统一的德国的力量》的讲话中指出："在德国这样一个原料不足的国家，经济实力是以从业人员的技能为基础的，受过良好职业培训的青年是德国的最大资本，是德国经济稳定的保障。"强调实践能力一直是德国的传统，在高等职业教育中也是如此。例如，职业学院的学生每周两天在学校学习，3～4天在企业进行实际操作，每名学生不仅要接受严格的文化理论教育，而且必须接受严格的实践操作训练。学校课程中，大约60%是专业课程，40%是普通教育课程。学生毕业时须参加国家统一考试，考试通过者可获得毕业证书。实行国家统一考试使全国的职业培训标准统一，可以有效地防止机构滥发文凭，从而保证培训质量。通过这种双重训练，毕业生在技术理论和实际操作方面均能较好地适应社会的实际需要，可直接进入工作领域。

（四）严格把关教师队伍

"进门难、要求严、待遇好"是德国高职师资队伍建设的主要特点。德国高等专科学校对任职教师的要求非常严格，除了要求具备科研能力和教学能力外，还要求教师必须具备五年的职业实践经验，其中至少有三年在企业的专业工作经历。职业学院的理论课教师最低学历为大学本科（有的学校教师中有博士学位的占50%），且至少有两年从事本专业实际工作的经验，经过两次国家考试合格，到学院任教还需经过两年试用期，在此期间，每周授课25小时左右，知识更新时间不少于4小时。两年试用合格后，政府终身雇用，享受公务员待遇，免交社会保险，年收入为5～10万马克。此外，学校还定期安排教师到企业工作，及时了解和更新技术与实践方面的知识和经验。职业学院的教师由专职教师和兼职人员组成，兼职人员多为高等专科学校或普通大学的教师及实践领域的专业人员。教师结构为专业教师、实训教员等，实训教员为有经验的掌握职业教学理论的一线技术人员。

三、德国高等职业教育发展与变革的趋势

曾为"二战"后德国经济腾飞做出巨大贡献并被世人视为楷模的德国高职，同样面临世纪之交世界经济结构性调整所带来的考验与困惑。鉴于此，德国政府与社会各界取得共识：为适应知识社会带来的经济的结构性转变，高职必须改革。其变革和发展的趋势如下：

（一）高失业率与职业继续教育体系的建立

1990年，联邦德国的GDP增长达到6%，但之后的增长率持续下跌，1993年

德国出现经济萧条，GDP 增长率下降到 1.7%。1994 年有所恢复，总体增长 2.9%，但 1995 年、1996 年又先后缩减为 1.9% 和 1.5%。经济的缓慢增长引起了大量人员失业，至 1996 年 1 月，德国有 420 万人失业（失业率超过 10%，其中西部为 9.4%，东部为 16.8%），这是"二战"以来从未有过的，直到 1996 年年底，失业率仍没有实质性变化。两德统一近十年后，德国的平均失业率为 9%，其中德国东部一些地区的失业率高达 20%。在 400 万失业者中，有 10 万是年龄低于 25 岁的青年失业者，他们中的绝大部分是接受过第一次职业培训后没有找到合适的工作岗位而成为失业者的。

为了改善这一状况，目前德国有两个思路：

一是完善职业进修教育制度。由联邦政府负责将数量众多（约 2 000 个）的原先由地区行业协会制定的进修职业条例，按照"双元制"的原则进行科学的分析与综合，使其成为数量较少、覆盖面更广且更加灵活的法规性条例。为获得参加进修职业考试的资格，在实施过程中，实际能力将比学历标准更加重要。这将使那些接受过"双元制"职业教育的青年，有机会通过职业进修的途径获得全德认可的进修职业证书，从而为独立创业或晋升中级管理人员开辟更广阔的前景。这意味着联邦立法的范围将由职业教育扩展至职业继续教育。这是德国职业教育发展史上的一个重要里程碑。

二是制定高职措施。为增强职业教育的吸引力，适应知识社会和信息社会对高素质职业人才的需求，将卓有成效的"双元制"教育模式和教育思想引入高等教育领域，与企业及职业学院合作，构建"双元制"职业教育与"双元制"职业继续教育体系，为接受过职业教育的青年提供进入高等学校深造的机会，是当前德国职业教育改革的又一重大举措。具体的措施包括：承认采用"双元制"教育模式的职业学院文凭与高等专科学校文凭等值；发展"双元制"的高等专科学校；为获得国家承认的进修职业证书的青年打开进入上述高校的大门，如许多州政府已颁布有关规定，为高级技工（师傅）和技术员提供进入高等专科学校或大学深造的机会。为此，德国联邦职业教育研究所提出了构建"双元制"职业教育、"双元制"继续教育、"双元制"高等教育的三级体系方案。

（二）加入欧盟与高等专科学校的改革

1991 年，欧共体国家在荷兰小城马斯特里赫特召开会议，并签署了《欧洲联盟条约》，这意味着欧盟各成员加强在经济、政治、教育和文化领域的合作。1998 年，德国《明镜》杂志对欧盟 14 国及瑞士共 102 所大学进行的评估发现，德国的高校声誉不如英国、荷兰。高等专科学校存在以下弊端：① 学习年限过长。《联邦教育促进法》对高等专科学校的学习年限没有规定，据 20 世纪 90 年代初的统计，平均为 9.3 个学期，毕业生平均年龄为 26.4 岁，远远高于其他发达国家。② 学费问题。90 年代以来，德国政府不断削减教育投资，仅 1996 年就比上年减少 20 亿马克，由此造成学生学业的拖延，教育质量降低，师生比增大（平均为 1 ：37，严重的为 1 ：48）。③ 学位体系不兼容。当今世界各国普遍采用"学士""硕士""博士"三级学位制度，而德国却采用二级学位制度，高等专科学校毕业可获得硕士学位。由于其特殊性，德国的高等教育很难与其他国家兼容，无论在培养本国高级技术人员，还是在吸引外国学生方面，都造成了一定的困难。

对此，联邦教育部采取了一系列措施，1997 年发表改革文件《21 世纪的高等教育机构》，1998 年提出高等教育联邦法律的修正案。修正案规定，高等教育机构包括高等专科学校有权授予学士和硕士学位。但这一修正案又引发了新的争论：学士学位、硕士学位与原来"老"的学位制度是什么关系？它能代替"老"的学位制度吗？

世纪之交的德国高等教育内部开始走向融合，基本上是通过两大途径：一是建立"合作型综合制大学"，即维持现有高等院校的办学形式或管理体制，各院校仍然保持原有的独立性，只是在课程、学分、教学和科研设施等方面进行合作；二是通过合并和统一各种高等教育机构，消除大学和高等专科学校的明确区别，发展"统一型综合制大学"。目前，已有高等专科学校升格为"科技大学"，它在实质上已经开始向综合性大学靠拢。

（三）产业结构的变动与高等职业教育内容和专业设置的改革

随着科学技术的飞速发展，经济全球化和信息技术时代的到来，德国的社会经济结构发生了很大变化。根据联邦劳动总署和劳动力市场及职业研究所的研究和年度报告，到 2010 年，第三产业的职业数量将增加，要求将进一步提高，农业和林业类职业将继续减少；在第三产业职业中，第二等级（或高等级）服务型职业的数量将增加，如研究、开发、组织、管理、咨询、教学、宣传等职业，同时，简单的服务型职业稍有减少；第二产业中生产领域的职业将大幅度减少，预计到 2010 年，第一、第二产业职业的工作岗位将减少 160 万个。

此外，不来梅大学技术和教育研究所曾经对职业做过调查并进行了国际比较。如汽车维修职业，1996 年与 20 年前相比，工种数量大大减少，这意味着对人员的素质要求提高了。该职业工作程序说明书的页数变化反映了对人员素质要求的变化。该职业在 1936 年时，其工作程序说明书只有 60 页，而到 2000 年已有 20 万页。页数的增加意味着工作复杂程度的提高，进而对人员提出更高的要求。由此，对高等职业教育来说，教育内容的综合改革是必须进行的。

与此同时，由于德国政府的决策失误，致使德国 IT 产业发展滞后，IT 人才缺乏。2000 年，施罗德政府实施引进国外 IT 人才的"绿卡"政策，希望缓解 IT 和其他行业的人才需求。但此政策只是杯水车薪，不能从根本上解决问题。2001 年，基督教民主联盟会（CDU）主席迈克发表演讲，强调要立足自己培养人才，而不是引进人才。实际上，除了 IT 产业，德国其他行业也存在不同程度的专业人才缺乏问题。

新时期的专业设置将从国际公认的许多新兴职业着手：与媒体相关的工业领域，如电子媒体、多媒体、远距离通信、数据处理；与环境相关的工业领域，如环境保护、污水处理；与产品相关的服务领域，如运输、后勤、售后服务；与人相关的服务领域，如休闲、旅游、体育、健康、老年护理等。

近三年来，德国针对上述经济领域新设置的专业达到 28 个。此外，德国已对 73 个培训专业进行了修订。修订后的专业，无论是培养目标还是教学内容，都更加现代化，更具有时代性。如建筑行业，建筑领域的工程承包逐步由总任务分配转向子企业转包。从劳动性质来看，由于建筑业对工程质量以及各子企业间协调的要求更高，因此关于工程流程的计划与准备工作增多，专业化程度更高；从劳动形式来看，建筑机械与建工仪表的使用增多，对从业者的专业知识要求提高，相应的体力劳动却逐步减少，对劳动者的判断力以及责任心要求更高，这就要求对原有职业培训划分进行修订；从专业设置的情况来看，原有的 14 个专业基本覆盖了建筑行业的需要，所以专业名称未作改变，但专业的内容与结构有了很大变化。

（四）能力要求的变化与高职课程方案改革

技术进步导致产业结构与劳动组织的变化，这突出表现在生产与服务的结合方面。生产管理由金字塔结构向平台式结构转变，要求劳动者能独立进行计划、实施、控制和评估工作。所以，除了精湛的职业本领以外，劳动者还应具备许多原先只有管理者才具备的本领，如善于沟通、联想思维、团队精神、责任心等。所以，高职中专业内容的传授与关键能力的培养已成为课程设计的核心目标，跨岗位、跨专业、跨职业的能力是新世纪职业人才必须具备的基本素质。

当前，德国高职课程开发的重大突破表现在：在经历了多年深入讨论之后，尤其在对英国的国家职业技能模块方案进行比较研究的基础上，代表职业教育不同社会群体利益的各方终于一致同意引入模块式课程方案。联邦职业教育研究所所长皮茨博士认为，这是在德国职业性方案框架下的"双元制"模块课程，它融合了职业性方案的规范性与模块式课程灵活的特点。此外，模块式课程方案一改

"职业基础教育、职业专业教育、职业专长教育"的三段式结构，创立由"职业核心教育、职业专业教育"组成的所谓渗透式结构。这种课程结构的长处在于能通过模块式课程方案，促进理论的实践性转换，构建跨专业思维，培养跨职业能力。

德国严谨的职业文化和以第二产业为支柱的产业结构，造就了以严格把关、注重实践和依法办学著称的德国高职，同时，历史悠久的"双元制"对其办学影响重大。但也正是由于这种严格和规范，德国的高等职业教育缺乏灵活性，在新时代的各种变化面前，显得有点刻板。

第四节　美国高等职业教育的发展与变革

美国是一个年轻的移民国家，并没有悠久的文化传统，是各地移民文化的综合，而其综合的原则是"自由、平等"，并以此为主线构成美国文化的基本特征。美国地处北美洲，是典型的移民国家，在世界政治、经济、军事等方面独领风骚。美国能够取得这样的优势，与其教育是密不可分的。尤其是美国在高等技术人才培养方面取得的成果，为美国社会提供了高质量的劳动力。美国培养高等技术人才最典型的场所是社区学院，因此，我们有必要研究美国高职发展与变革过程中的重大举措、成功之处及发展趋势。

一、美国高等职业教育发展与变革的基本脉络

根据不同的特点，美国的高职发展与变革可分为以下几个时期：①"二战"后—20世纪60年代，美国经济状况不断好转，60年代达到"黄金时代"，经历了战争的人们迫切希望稳定和恢复发展经济，于是对职业教育提出更高的要求。②20世纪70年代，由于经济发展趋于缓慢，失业率上升，推迟初就业时间使得更多的人选择留在学校，因此高职进一步发展。③20世纪80年代，1982年《职业训练合作法》和1983年《国家在危机中：教育改革势在必行》的颁布，使高职逐步走向现代化，并凸显教育质量的重要性，重视学生真正获得科技知识，为把美国建设成高技术国家提升竞争力。④20世纪90年代，1990年《伯金斯职业应用技术教育法案》、1994年《2000年目标法案》和克林顿签署的《从学校到工作机会法》再次促进了美国高职的发展。

（一）"二战"后—20世纪60年代

"二战"后，美国的高等职业学校主要由《莫雷尔法案》造就的赠地学院和

社区学院构成。《莫雷尔法案》颁布于 1862 年，根据此法案建立的赠地学院在初始阶段有相当规模的发展，到 1926 年，此类学校的学生数达 40 万人。1940 年，全美社区学院发展到 217 所。与此同时，由 19 世纪末 20 世纪初初级学院发展而成的社区学院已经初具规模，其功能主要是实行为大学高级学院输送生源的转学教育。

1. 发展与变革及其动因

"二战"后—20 世纪 60 年代，美国高职最主要的变革是技术学院的大规模发展和社区学院规模、功能及地位的变化。

由赠地学院发展而来的技术学院是在大学中发展起来的，最初是普通大学，后来有将近 300 所大学包括著名大学，都增设了技术学院。技术学院分为两年制和四年制，四年制可授予学士学位。高职发展与变革的动因主要有：① 由于经济逐渐复苏和科技因素的催化，1958 年《国防教育法》对职业技术教育培养科技人才提出迫切需求。② 1945 年《退伍军人就业法》的颁布使得要求接受高等教育的人数猛增，退伍军人希望获得一定的职业或专业训练，以便顺利就业。

与此同时，社区学院也实现了三方面的转变：首先是规模迅速扩大；其次是功能开始转变，由原本只实施转学教育转变为积极强化社区学院的职业教育功能，社区学院的学生中有一半修习职业科；第三，社区学院的地位逐步确立，"二战"后，美国各州陆续通过立法确立了社区学院在高等教育中的地位。社区学院发展与变革的动因除了受到与技术学院相同的影响之外，还有以下几点：① 1963 年颁布的《职业教育法》及其修正案大力鼓励职业教育并给予经费支持，联邦拨款由 1964 年的 0.6 亿美元增至 1967 年的 2.25 亿美元。② 生育高峰期的子女到了读大学的年龄，迫使高等教育向大众化趋势发展。③ 美国科技迅速发展，经济持续增长，产业结构发生重大变化，生产向自动化发展，技术密集型企业大量出现，对劳动力的智力层次提出新要求。美国总统高等教育委员会在 1947 年的报告中指出："在许多行业，大学本科毕业生与两年制学院毕业生的合理比例应是 1 ：5。"这些都促进了社区学院的发展与变革。

2. 发展与变革的结果

在这一时期，美国的高等职业教育主要完成了规模上的拓展和功能上的转变，体现出职业教育从中等层次向高等层次转化的趋势。

然而，当时为了满足更多人的入学要求，高等职业教育的质量堪忧，与其称为高等职业教育，不如称为高中后职业技术教育更为妥帖。这也成为后来美国高职发展与变革的突破口。

（二）20 世纪 70 年代

20 世纪 70 年代之前，美国虽然已经发展了相当规模的技术学院和社区学院，但当时主要是应对适龄人口入学高峰和退伍军人从业的要求，实际上，人们更愿意进入普通大学进行学术性学习。那个时期，高职仅仅被作为寻找工作的工具，并未贯穿个人的终身发展。

1. 发展与变革及其动因

进入 20 世纪 70 年代，美国高职发生了一些变革，主要表现为：普通教育与职业教育一体化发展，大学教育的应用性得以发展；高职学制进一步延伸；高职加强与就业的相关性。

20 世纪 70 年代初，美国教育总署署长西德尼·P. 马兰（Sidney P.Malan）将其在 60 年代试验的"生计教育"推广开来，掀起了轰轰烈烈的生计教育运动。其主旨是试图把职业教育与普通教育融为一体，并贯穿于人的一生。他提出每名学生在高校时都应具有开始为自己及其家庭谋生所需的技能，以便将来从事技术性工作。生计教育的总目标是：增加学校与社会的相关性，使学校课程与个人社会功能的需要相联系，将教育过程的概念扩展至就业和社区领域，使其能适应日益加快的社会变化。由此，全美出现了从幼儿园到研究生的生计教育运动，成功地把普通教育与职业教育融合在一起，同时加强了大学教育的技术应用性和就业相关性。另外，同样受此影响，20 世纪 60 年代后期至 70 年代，美国又陆续发展了高等职业教育的本科学制和研究生学制，这些教育不在社区学院，而是在普通大学中进行。

这一时期发展与变革的动因主要是，60—70 年代，美国经济从一个相对鼎盛时期转为缓慢发展甚至停滞时期，美国社会的主要需求发生了很大变化。这一时期，就业市场出现危机，失业人口骤增。这也导致人们对教育产生不信任感，特别是四年制本科毕业生很难找到合适的工作，使得人们倾向于学习专门的技能。同时，国会通过了《1976 年职业教育修正案》，该法案着重强调的核心是"扩充和完善"职业教育，法案以立法的形式提出了包括职业教育规划、评价、统计及数据说明等一套完整的要求，主要包括建立统计数据系统，建立国家教育统计中心，发展职业教育规划，开展职业教育评价与研究等。法案强调"机会与平等""计划改进""服务特殊人口""确保教育与劳动市场的相关性"。

2. 发展与变革的结果

这一时期的美国高职与之前不同，从满足社会稳定与发展的需求转向为经济发展服务，由此，高职开始从规模发展转向内涵发展，注重与社会经济和就业市场的联系。最重要的是，高职教育为美国人植入了职业教育终身化的观念，并体现在具体的措施上。由此，接受高等职业教育的人数迅猛增加，劳动力的职业素养提高了。

（三）20 世纪 80 年代

20 世纪 80 年代前，美国的高职已经呈现出比较完整的体系，与高校的衔接也比较顺畅，并且非常注重学院与社会的联系。但当时对高等职业教育的质量并没有提出要求，也没有关注到社会的弱势群体和失业人员。

1.发展与变革及其动因

20 世纪 80 年代，美国高职的发展主要有三个方面：开展职业指导理论与试验研究；关照弱势群体；提高教育质量，迎接其他竞争者的挑战。

自 20 世纪 80 年代以来，美国一方面开展职业指导的理论研究，另一方面发展各类中等以上教育，促进生计发展。"JAG 计划"（Jobs for American Graduates）就是帮助由教育到职业转移的一项措施。该计划是由一名职业专家指导 30～50 名学生，给予其个人问题方面的帮助，安排指导学生解决他们的技能不足问题，安排他们从事卫生和社会服务。该计划于 1979 年始于特拉华州，社区学院也积极投入。1989—1990 学年，会员发展到 17 个州，涉及学生 2.3 万人。

1982 年，联邦政府通过了《职业训练合作法》（Job Training Partnership Act，简称 JTPA），规定政府资助职业训练，其目的一是帮助具有特殊就业障碍的人，二是提高劳动力水平，促进经济发展。前者完全由联邦政府资助，后者主要由州政府资助。JTPA 资助项目：对经济困难的青年和成人的训练（条款ⅡA），夏季青年就业训练项目（条款ⅡB），对不能返回原工作岗位的失业工人的就业训练（条款Ⅲ）等。1989 年 7 月—1990 年 6 月，有 76.46 万人接受了条款ⅡA 的训练，10.06 万人接受了条款Ⅲ的训练。随后，1988 年制定的《美国经济竞争力强化教育训练法》进一步提出，把职业教育训练的对象扩大到社会各个阶层，特别是把接受过高等教育的具有高深专业和技能的劳动力也纳入训练范围。以上这些主要在社区学院内实施。

20 世纪 80 年代，美国处于经济转折期，受到"德国奇迹""日本奇迹"的挑战，逐渐感到"在商业、工业、科学和技术创新方面往日不受挑战的领先地位，正在被全世界的竞争者赶上"。于是，美国教育署署长贝尔（T.H.Bell）于 1981 年 8 月成立了国家教育优异委员会，专门负责调查美国的教育质量，该委员会于 1983 年提交了名为《国家在危机中：教育改革势在必行》的报告，要求"学校、学院和大学对学业成绩和学生操行采取更严格的、可测量的标准，提出更高的期望，提高录取要求"。由此，美国的社区学院在监控学生学习的质量上，采取"经常考试法"，每周一次小测验，三周一次期中考，十周一次期末考，确保师生及时了解和把握教与学的情况。

2. 发展与变革的结果

这一时期，美国的高职在已有的框架内得以进一步完善，加强了已初步建立起来的终身职业教育体系的全程性，配以生计指导的实验，并逐步向全民性靠拢，向边缘人群开放；开始关注美国教育的大难题——教育质量，试图通过教育来提高国家的竞争力。

（四）20 世纪 90 年代

20 世纪 90 年代，美国已经建立了非常有特色的普职融合且相对完整的高职体系，形成了从幼儿园到研究生的教育中都含有职业教育因素的模式，且在大学中加强了所学内容的技术性和应用性。但是两年制的社区学院进行的职业教育与四年制大学甚至更高层次的技术教育的衔接还不够紧密。两年制社区学院的开放面仍有余地。

1. 发展与变革及其动因

20 世纪 90 年代，美国的经济进入了迅速发展阶段，相应地，高职的发展与变革主要体现为：学术能力与职业能力的一体化培养，进一步提高教育质量，普及两年制高等教育。

进入 90 年代，美国逐步走向现代化，新经济（后工业经济）追求质量、品种、顾客化、便利和时尚等新标准及高生产率目标。这些标准需要新型的生产组织，即"高效能组织"。为此，工人必须是高技术的。随着企业信息化和效率的提高，职业结构发生了变化，服务型职业增多，而生产型职业减少。1990 年，国会通过《伯金斯职业应用技术教育法案》，提出了新的发展重点，即学术与职业教育的集成、技术准备项目、建立按不同经济发达程度实行资助的新模式，实现技术教育与职业教育的衔接。

这一时期，美国仍然没有摆脱教育质量低的困境，为了进一步提高教育质量，重建"学习大厦"，联邦政府提出了三项改革计划：一是成立"一揽子生计中心"（One-Stop Career Center），为就业人员提供综合性服务；二是于 1994 年颁布《从学校到工作机会法》，提出建立从学校到工作的过渡体制，实现"三个整合"（普通教育与职业教育整合，学校学习与岗位学习整合，高中教育与社区学院教育整合）；三是同年克林顿政府颁布《2000 年目标法案》，其重点是成立"国家职业技能标准局"，负责开发国家职业技术标准工作。美国试图通过这三大基础工程来提高职业技术教育包括高职的质量。

在信息社会和知识经济浪潮的冲击下，美国越来越感觉到高技术人才的重要性和紧缺性，因此在1997年，克林顿政府提出了第13～14年级的教育，即两年制技术学院与社区学院的教育，并努力使其成为全民普及的教育，政府部门采取抵税贷款的方式来普及这种专科教育。

进入21世纪以来，约有80%的美国高等教育机构参与高等职业教育，以两年制教育机构为主，根据美国教育部国家教育统计中心的最新统计数据，2011—2012年，在7 234所美国高等教育机构（中学后教育机构）中，大约80%（5 767所）的高等教育机构有资格，并能提供生涯与技术教育领域的中学后教育证书或副学士学位。其中，在2 983所四年制教育机构中，大约51%（1 534所）的四年制本科教育机构参与，并能提供生涯与技术教育领域的副学士学位或证书；在2 305所两年制高等教育机构中，高达99%（2 289所）的两年制高等教育机构参与，并能提供生涯与技术教育领域的副学士学位或证书；而在1 946所学制少于两年的教育机构中，几乎所有（1 944所）该类型的教育机构均参与提供生涯与技术教育领域的副学士学位或证书。2011—2012年，在所有能提供生涯与技术教育证书或副学士学位的高等教育机构（5 767所）中，两年制高等教育机构为2 289所，占全部机构的40%；同时，在所有正在寻求获得CTE领域副学士学位证书的学生中，高达77%的学生在两年制高等教育机构中接受教育，也就是说，超过全部学生四分之三的学习者在两年制高等教育机构中学习。与此形成对照的是，在5 767所能提供中学后生涯与技术教育的机构中，四年制教育机构仅为1 534所，占全部中学后生涯与技术教育机构的27%；与此相应，在所有正在寻求获得CTE领域副学士学位证书的学生中，仅有13%的学生希望通过四年制高等教育机构来获得副学士学位证书。除此之外，在5 767所能提供中学后生涯与技术教育的机构中，少于两年制的教育机构为1 944所，占全部生涯与技术教育机构的34%，而且仅有10%的学生希望通过少于两年制高等教育机构来获得副学士学位。总体来看，美国中学后生涯与技术教育的教育机构数量众多，但提供各类职业培训、职业资格证书或副学士学位的机构主要是两年制高等教育机构，并且以众所周知的社区学院为典型代表。

2.发展与变革的结果

美国高职的发展与变革开始顾及多方面的因素，包括社会的、经济的和教育本身的需求，并予以积极的回应。由于处于20世纪末，所以增加了对过去的反思和对21世纪的展望，努力补救一直以来教育质量不高的缺陷，并试图预测新时代的种种特征，以培养适宜的高职人才。此外，政府还鲜明地提出要解决学生从学校过渡到工作这一重点和难点问题，这也为 21 世纪提出了改革的主题。

二、美国高等职业教育发展与变革的特点

美国现行学制的基本框架形成于 20 世纪初期，它由公立和私立两大体系组成。由于美国实行的是典型的单轨制，所以其职教体系很难用单独的图表示出，但可描述为：在高等教育之前，职业教育没有专门的实施机构，但相关课程在一般的中小学都有体现。高职主要的实施机构是社区学院及技术学院，其中以社区学院为典型，修业年限为两年，授予副学士学位。四年制的大学本科教育和研究生教育主要是技术应用性的教育，只有小部分是学术性教育，因此它们可以与专科的高等职业教育相衔接，相应获得本科、硕士和博士的专业学位。美国高职发展与变革的基本特点如下：

（一）自由、民主和平等是支撑美国高职发展与变革的基本理念

《独立宣言》和 1791 年制定的宪法中所规定的美国民族自由、民主和平等的基本理念，一直影响着美国方方面面的发展，包括教育。因此，无论从高职发展与变革的哪个阶段，都可以看到这种深深烙在民族灵魂中的理念。政府对于高职的发展给予很大的自由度，提倡多途径、多模式的发展，且社区学院注重每个人平等的学习机会，采取开放式入学（Open-admission）政策，并对弱势群体予以关照。其交通便捷、学费低廉更是有口皆碑。同时，社区学院的教师拥有相当大的自主权。例如，费城社区学院的教师有权自主决定教材、教时、考试、课程形式等，未经任课教师允许，任何人包括督导都不能进入课堂，教师还可以申请开设新的课程。

（二）以普适性课程为主，满足各种需要

社区学院一般提供四种类型的课程：①学术课程：为高中毕业生进入四年制大学做准备，毕业生可获得副学士学位。②职业技术课程：接受一定的职业训练，或为进入四年制大学接受技术教育做准备，可获得副学士学位或专业证书。③补习课程：提供各种补习计划，包括针对青年的、少数种族的、残障人群的、失业人员的等，学生一般不能获得证书或学位。④成人与继续教育：学生毕业不一定能获得副学士学位或证书。每年有超过 45 万人获得副学士学位，约 20 万人获两年制的专业证书。目前，后三类课程逐步受到人们的重视。

总体而言，美国高职的课程属于普适性课程，其原因是：①美国文化的特点之一就是尊重差别性和个性，因此，满足个体的不同需求也是社区学院的职责。②实

用主义是美国的根本哲学，这个"实用"并不一定是指工作中的实用，也包括生活中的实用，因此，社区学院开设了许多兴趣类、闲暇类课程。③ 美国的产业结构主要以高新产业为主体，这类产业的特点是不需要娴熟的技能技巧，而更注重创新能力、责任感、敬业等非岗位性的"软技能"。④ 融通是美国整个教育体系的特征，从美国整个学制体系来看，普通教育和职业教育并没有分水岭，其融通程度非常高。

（三）立法和社会各界的参与是美国高职发展的巨大推动力

教育立法在美国高职发展与变革中起到基本的保障和推动作用。迄今为止，美国颁发的职业教育法已多达 154 个。联邦政府不惜花巨资（248 亿美元）来制定法案。1994 年 4 月美国通过《2000 年目标法案》，5 月又制定了《从学校到工作机会法》。为实施这些法案，政府还成立了有关机构加以推行和监督，如"国家标准委员会""国家职教课程中心"等。

在美国，高职不单单是作为教育部门的一部分而受关注，而且汇聚了广泛的政治力量和社会力量。除了政府和立法机构外，政治家、企业家、基金会和其他社会团体等都不同程度地参与到高职的发展中。特别值得一提的是，地方企业或行业的参与度极高，它们把绝大部分的劳动力培训都交给社区学院，因此对它投入了大量的人力、物力、财力。学校与企业的合作职业培训，是工商界对职业教育和培训的参与。美国商业界每年要投入 440 亿美元进行岗位培训，其中 400 亿美元用于就业后的正规培训，以后可能提高到 600 亿美元，而对非正规培训的投资则高达 900 亿～ 980 亿美元。

三、美国高等职业教育发展与变革的趋势

（一）"从学校到生涯"成为 21 世纪高职发展的主题

"从学校到工作"（School-to-Work）一直是 20 世纪 90 年代美国职业教育改革的主题。进入 21 世纪后，这一以"三个整合"为标志的改革运动的主题逐渐被"从学校到生涯"（School-to-Career）所取代。具体表现为：① 在美国当前的教育改革中，"职业教育"（Vocational education）一词正被"生涯教育"（Career education）与"技术教育"（Technical education）所取代。② 美国"国家职业教育研究中心"（National Center for Research in Vocational Education）在世纪之交改名为"国家生涯与技术教育研究中心"（National Center for Career and Technical Education）。③ 原来各州的"从学校到工作"改革项目，21 世纪后纷纷改名为"从学校到生涯"。

这一更改决非仅仅是一种名称的改变，而是反映了 21 世纪世界教育改革的主旋律——以人为本，着眼于个体生涯的终身发展。由于个人生涯发展的整个过程中始终存在"继续学习"与"更好就业"两大目标的交替，因此整个学校教育，尤其是中等教育和高等教育，都应该以学生个体的生涯发展为出发点，为学生个体的"继续学习"或"更好就业"做好准备。

（二）社区学院形成"以市场为驱动力"的办学功能多元化格局

从目前美国社区学院的课程中，我们不难发现，其功能已经从最初的提供转学教育向更综合、更多元的方面拓展，至少包括转学、升学教育，职业准备教育，技术准备教育，社区服务，补习教育（成人基础教育），转业、再就业培训，知识、技术更新与提高教育，订单培训，职业资格证书培训，作为第二语言的英语教育等。

社区学院在拓展功能的同时，政府要求要进一步加强社区学院与劳动力市场的联系，创办"以市场为驱动力的社区学院"。2002 年秋，美国联邦教育部职业与成人教育办公室（Office of Vocational and Adult Education，简称 OVAE）提出，社区学院必须对劳动力市场需求做出积极反应，以满足当地乃至本地区外的劳动力市场需求。因此，目前发展较快的是三类专业：一是医疗、卫生、保健，满足人口老龄化对护士、理疗助理、放射技师等人才的需要，65% 新上任的保健工作者均在社区学院接受培训；二是社会治安、保安、网络安全，满足治安形势恶化对这类专业人才的需要；三是信息工程、电算、电子商务，满足信息交流技术广泛应用带来的行业技术更新的需求。2000 年，美国社区学院在校生的专业取向如下：商务 29%，保健 22%，工程、科技 12%，计算机、数据处理 5%，农业、家政、销售、贸易、工业 12%。统计资料表明，美国 95% 的商业机构和组织通过社区学院培训劳动力，开展培训计划。

美国社区学院的就业培训很有效，课程非常灵活，许多已获得硕士学位的学生，在就业或转业前仍要到社区学院接受技能培训，以增强就业竞争力。这一现象在美国已越来越普遍。

（三）教育质量难以提高，技术教育加强

美国追求教育机会平等的代价就是教育质量的降低，这也反映在高等职业教育中。尽管政府从 20 世纪 80 年代起就开始重视这一问题，发表报告《国家在危机中：教育改革势在必行》和《2000 年目标法案》，但这种状况至今仍无根本改观。

美国两年制的职业教育与四年制的技术教育衔接出现很大困难，其原因是：

首先，虽然决策者要求社区学院加大学生的转学和升学比例，但同时要求学院招收更多准备不充分的学生。教育发展是社区学院的中心任务，但是过多学力不足的学生使社区学院提高升学和转化比例的工作更为困难。其次，社区学院对教师授课质量的管理非常松，教师教学的随意性很大，没有明确的标准，因此提高教育质量难上加难。

于是，美国开始推行"技术准备计划"，这使社区学院的升学功能有所加强。其具体模式十分多样化，有"2+2""2+2+2""4+2""4+2+2"等，它们从低到高构成一个系列，后三种模式事实上都是为了满足学生读完社区学院后继续升学的需要而设立的。这些模式可以使学生获得某一职业领域的初步技术、技能乃至学位，因而给学生提供了很大的发展空间。

自 1990 年国会通过《伯金斯职业应用技术教育法案》，要求加强技术教育以来，美国对这一问题一直非常关注，把它作为应对知识经济和网络时代培养高技术人才的方法。21 世纪初，美国又颁布了《中等和技术教育卓越法案》（Secondary and Technical Education Excellence Act），而且联邦教育部职业与成人教育办公室要求社区学院积极投入这一法案的实施，并于 2003 年春召开了关于这一主题的会议，提出这是为社区学院提供新的发展机遇。

（四）教育信息化、国际化趋势日益明显与社区学院的困境

自建立"硅谷"开始，美国就成为信息化程度较高的国家之一，这必然反映到教育中。如 2002 年，费城社区学院已经有教师开设网络课程。蒙特雷理工学院（ITESM）体系可谓虚拟学校之楷模，它形成了全国性的连锁大学，除蒙特雷市主校园外，其 20 多个分校园分布在北部、中部、南部和太平洋 4 个地区的 24 个城市。截至 2000 年 8 月统计，通过该学院接受网站学习的学生达 8 万人（略低于在该学院注册的 8.6 万名学生数）。美国政府积极鼓励国民走进网络，2000 年 11 月正式发表《学习中因特网之力量：从承诺到实践》的报告书，就进一步加强美国社会的网络教育提出七点建议：① 联邦和州政府应当把向每一个学习者推广宽带网作为电信政策的中心目标。② 各层次的决策者应当与教育机构和私人机构一起，使教育工作者通过运用技术获得专业的持续发展。③ 联邦政府应当就信息技术教育构建一个综合性的研究、发展和创新的框架。④ 公立和私立机构应当联合起来开发高质量的在线学习内容和软件。⑤ 国会、教育部、州和地方教育行政部门应在保证合理使用纳税人资金的前提下，扫除阻碍，顺利获得在线学习资源、课程和计划。⑥ 家长、教育团体和私人机构都应当采用各种保护措施，确保所有年龄的学习者在参与在线学习的活动中不进行网络的不良使用。⑦ 联邦政府、州、地方和私营机构应当增加资金投入，开发将上述政策付诸实践的新模式。

远程教育虽然存在有效交流的问题，但仍在快速发展，它的发展将导致高等教育中的许多不确定因素出现。而社区学院可能在与在线教育的竞赛中处于不利地位，因为与四年制公立大学相比，社区学院多了许多限制性的预算，并且缺乏占领市场的有效盈利的途径。

在未来的10年里，网络所承担的社区学院的课程将越来越多，这样一方面可以吸引更多没有时间或不方便来校的学员（如残障者），另一方面也可以聘请知名教授、资深企业家等为学生开设更为丰富的课程，同时为吸引国际学生做好准备。在信息技术的支持下，美国社区学院将逐步提高课程、学员和教师的国际化程度。

（五）社区学院规模将进一步扩大，对象更加广泛

从发展趋势来看，今后几年对社区学院的需求将快速增长。据两年制大学的注册登记统计，到1999年秋，需求人数达570万人，而到21世纪，该数字将增长11～16个百分点。同时，移民已经对加利福尼亚大学以及纽约州立大学的学生注册造成冲击，在1997年秋季纽约州立高等教育系统中，有50%的学生是外国出生的。

很多关于学院入学的政策和调查报告都是以这样一个假设为前提的，即学生高中毕业后直接进入全职的学院就读，在此期间没有间断，一直持续至毕业。根据这一假设，费城社区学院1999—2000学年的学生注册情况如下：共计约35005人参加了学分课程和非学分课程学习，约17730人相当于全日制学生，其他的学生要么是业余时间学习，要么在学习过程中有间断或者中途转学。如果将推迟第一次入学的学生计算在内，那么这些非传统意义上的学生比例还会增加。

美国人越来越把高等教育作为公民的基本素质来看，如1998年副总统戈尔公布了一项6亿美元的改进拉美裔美国人教育的行动计划，其中提到将把6000万美元用于帮助弱势群体青年在大学获得学业成功。《2000年目标法案》在教育质量上提出六个目标，该法案的四部分战略都是关于提高教育质量的具体措施，包括：为今天的在校学生建设更好的、更负责的学校，要求昨日的学生、今日的劳动者"回到学校中去"，建设学习的社区，等等。特别需要指出的是，美国计划成立"国家技能标准委员会"，其任务是鼓励、促进与帮助工业、劳务和教育部门自愿地确认、发展和采用每一工作领域所要求的高标准，并将其与教学活动、工作经验、培训活动以及培训教材配合起来。又如克林顿在1998年2月公布的一项计划——"上大学有希望"，该计划拟拨款1.4亿美元，其目标是鼓励年轻人树立远大目标，留在学校里努力学习，然后上大学。

美国是一个移民国家，因此，承认多元的合理性是其根本。在此基础上的高等职业教育是在其自由、民主、平等的民族理念，实用主义哲学，以及依法治国、依法治教的社会大环境中共同铸造的。因而，与此相符的高职特色就是：按人口密度均匀设立公立的社区学院，廉价、便捷、免试入学，注重个性的多样化课程；多元的招生对象，宽松、自治的管理，社会各界的参与。当然，也正是由于这种宽松、多元和个性化的特色，高职的质量一直不甚理想，由此衍生的就是与高一层次技术教育的衔接不良，以及网络时代带来的冲击。

第五节　澳大利亚高等职业教育的发展与变革

澳大利亚在过去数百年间，其文化传统主要从英国移植过来，后来有英国之外的欧洲人、亚洲人、非洲人、美洲人不断移入澳洲，逐步使这个国家形成了一个以白人为主体，包括土著人和其他各洲移民的民族共同体。澳大利亚位于世界上最小的大陆、最大的岛屿，即南太平洋的澳洲，是一个典型的多民族、多元文化的移民国家。相对而言，澳大利亚是一个年轻的国家，从1901年成为英联邦自治领算起，仅有100多年的历史，即使加上112年的殖民地时期，也不过200多年的历史。尽管如此，澳大利亚在教育方面取得的成就却是举世瞩目的，因此，英国的传统以及移民文化共同构成了澳大利亚的文化传统。很少有国家像澳大利亚那样一直坚持职业教育改革，它以"技术与继续教育"（Technical and Further Education，简称TAFE）为核心的高职为许多国家借鉴和学习。

"二战"以后，澳大利亚高职经历了如下发展阶段：

（一）高职起步阶段（"二战"后—20世纪60年代）

"二战"后，澳大利亚联邦政府的战后重建训练计划首先关注的是职业教育而不是大学教育，因此技术学院得以迅猛发展，它主要针对14～16岁学生或学徒进行技术教育。

1. 发展与变革及其动因

这一阶段澳大利亚高职的发展和变革包括：建立高等教育学院，开始发展技术与继续教育（TAFE）。

"二战"后至20世纪60年代初期，由于国民经济的发展和经济结构的变化，澳大利亚的教育事业也面临许多新问题。为了适应经济发展的需要，必须调整教育与社会需要的关系，澳大利亚联邦政府遂成立了以马丁（Martin）为首的咨询委员会，对高等教育进行了一次全面的调查研究。经过调查，咨询委员会提出，必须迅速筹建各种形式的高等学院，发展高职。根据这一建议，20世纪60年代中期，澳大利亚联邦政府将原有的师范学院、工艺学院和其他一些高等教育机构合并起来，建立了一种新的高等院校——高等教育学院。在课程设置方面，高等教育学院的重点在于专业训练，而非理论研究，与职业无关的工作，学院一概不做，而只教授实用的、与职业有关的课程。其特点是具有高度的灵活性、适应性和针对性。高等教育学院一般专业的学习期限为3年，某些专业为4～5年，也有1～2年的各类专修班。为了使学生更好地适应未来的职业需要，获得运用所学知识从事实际工作的能力，高等教育学院在教学过程中注重与社会实际的联系，提出了"学院与周围社区联系""课程以社区要求为依据"的方针，竭力使基础课和专业课的教学与本地区的实际密切结合。

直至20世纪60年代，澳大利亚基本上是以国家及各州对职业教育与培训进行直接资金投入为主，但是这些机构获得的资金相对于后来的发展还是比较少。后来，为区别于其他私立培训形式，这部分用国家资金实施的职业培训统一称为TAFE，之后，依靠政府投入维持运行的职业培训机构成为TAFE学院的前身。在此期间，少部分私立培训机构主要靠自身的市场营运能力来维持发展。

2.发展与变革的结果

1948年，澳大利亚有全日制大学生11 580人，而接受全日制职业技术教育的学生为101 495人。在新南威尔士州，技术学院的在校生从1948年的5.67万人上升到1953年的6.1万人；在塔斯马尼亚州，技术学院的在校生从1948年的4 500人上升到1955年的6 600人。同时，学徒制在各州也通过各种不同的方式逐渐扩大影响。新建的高等教育学院较好地缓解了澳大利亚教育结构与经济建设相脱节的矛盾。这一时期技术与继续教育开始发展起来，但没有形成体系。

（二）高职体系构建阶段（20世纪70年代）

20世纪70年代，澳大利亚出现了新的需求，各行业开始出现巨大转变，传统的制造业、矿产和农业在经济中的作用明显减弱，而一些新兴行业，如通信和金融等不断发展。另外，越来越多的妇女开始接受教育，进入企业工作。

1.发展与变革及其动因

这段时期澳大利亚高职的发展和变革主要有：成立TAFE学院，高等教育学院职教功能削弱。

从20世纪70年代初开始，澳大利亚联邦政府开始认识到职业教育对经济发展的作用，于1973年成立了一个以著名律师耶·坎甘为主席的技术与继续教育咨询委员会，专门审核澳大利亚职业教育的需求并提出未来发展的建议。其中最有影响的是 1974 年 3 月该委员会向澳大利亚联邦政府教育部长提交的《坎甘报告》，报告阐述了技术与继续教育（TAFE）的内涵与定义，呼吁从现在开始至 20 世纪末，必须充分重视澳大利亚职业教育，并且建议澳大利亚联邦政府向各州政府提供 980 万澳元的特殊工作资金。报告明确提出，把技术教育与继续教育结合到一起，把学历教育与岗位培训结合到一起，建立新型的 TAFE 学院，实施新型的技术与继续教育。1975 年 5 月，该委员会提交了第二份报告。报告的采纳使 TAFE 学院获得了联邦资金，并用于新教学楼建设、师资队伍建设、图书馆建设、教学大纲研究与开发、广告策划。

高等教育学院自问世以来，一直得到澳大利亚联邦政府的大力资助，获得很大的发展，为澳大利亚工业、工程、商业、管理、护理和教育领域培养了大批人才。但自 70 年代末以来，高等教育学院开始逐步放弃原有的技术教育和职能，兼并了一些护理学院、农业学院和师范学院，从而开始转向专门培养专业人才，把职业教育的重担交给了 TAFE 学院。

2. 发展与变革的结果

澳大利亚联邦政府的高度重视和大力支持，为 TAFE 学院的发展奠定了坚实的基础，使它成为当代澳大利亚高等教育系统的第三个组成部分，并以全国统一的形式将 "TAFE" 这一称呼作为一种独特的教育形式载入国家文件中。TAFE 体系的构建是澳大利亚高职发展的重要转折点。同时，高等教育学院的职业教育功能弱化。

（三）高职调整重构阶段（20 世纪 80 年代）

20 世纪 80 年代，服务业蓬勃发展起来，而作为 TAFE 传统领域的矿产业、制造业和建筑业却不断萎缩。私立培训机构不断涌现，该类机构基本上以为服务业提供培训为主。大量的调查报告显示，个人及行业的培训需求是培训体系大发展的驱动器，职业培训领域所取得的成就也带动了澳大利亚经济的繁荣。在此期间，由于国家经济发展的迫切需求，澳大利亚的 TAFE 职能及国家资金投入等方面都进入了一个调整期。

1. 发展与变革及其动因

在此阶段，高职领域发生了巨大变化：受训生体系建立，TAFE 学院发展进入黄金时期，多项培训计划开展。

1985 年发表的一份关于劳动市场计划的《柯尔比报告》认为，澳大利亚应该建立一个可以提供广泛基础的职业技术培训系统，这个系统应该由脱产正规培训和在企业的工作实习两部分组成。由此，满足学徒制需求的受训生体系得以建立。

1985 年，澳大利亚联邦政府建立了澳大利亚职业技术培训网，1986 年开始招收第一批学员，学员 60% 来自联邦政府、各州政府的附属单位，40% 来自银行、零售联号商行等私营机构。这项培训措施由各州培训管理委员会负责管理，由工业企业工作组负责提出全部课程设置计划，工作实习在工业企业中进行，脱产培训在 TAFE 学院进行，脱产学习时间约占 25%。该网为澳大利亚的职业教育与培训提供了有效支持。

由于澳大利亚政府的重视和支持，TAFE 学院不仅顺应了国家的发展，而且满足了各州的需求。从 20 世纪 80 年代开始，TAFE 学院成为职业教育和培训的主要提供者，在澳大利亚的职业教育与培训体系和高等教育系统中居主体地位。80 年代中期，TAFE 学院的数量远远超过大学和高等教育学院的总和，达到 1 000 多所（包括分部），而大学仅 35 所，高等教育学院仅 40 多所。TAFE 学院迎合社会的需要和个人的愿望，开设了部分时间制课程、全日制课程、工读交替制课程、函授课程和企业学习日课程；课程层次从毕业证书课程一直到学徒培训课程。

1981 年，澳大利亚联邦政府在阿德雷德市建立了澳大利亚国家 TAFE 研究中心，旨在研究开发国家主干专业，促进专业内容全国统一，分享专家经验，减少专业开发成本，研制收集全国范围内的 TAFE 统计数据的系统。1983 年，研究中心研究编制了包括四个大类 19 个子类的职教专业分类方案，并获得澳大利亚 TAFE 委员会的通过；1984 年研究编制出新的 TAFE 证书命名法模型。新的专业分类和证书系统的建立，标志着澳大利亚国家 TAFE 系统结构和理念取得了新的进展。

1983 年，罗伯特霍克领导的工党政府开始在澳大利亚执政。政府为帮助失业者和青年掌握实用技术、降低失业率，实施了多种职业技术培训计划。其中"平等参与计划"从 1984 年开始推行，其主要目的是向青年人提供丰富的教育和培训经验，为其今后的工作和生活打下基础。该计划特别强调"平等"，要求编订适当的培训课程，使那些生活在社会底层的人可以从中获益。"平等参与计划"的课程由 TAFE 学院和各中学提供，培训经费由联邦政府支付，大多数学生能从劳工关系局得到"过渡津贴"或奖学金。另外，"成人培训计划"从 1986 年开始推行，其主要目的是使那些失业 6 个月或更长时间的成人以及由于缺乏技术而找不到工作的成年人得到适当培训。培训课程大都由 TAFE 学院提供，培训时间长短各异，接受培训的成年人可以获得政府的财政资助。"青年培训计划"从 1987 年开始推行，其目的是为那些失业的年轻人提供短期职业技术培训。该计划的对象是 15 ~ 20 岁年龄组的青年，它取代了"平等参与计划"和"成人培训计划"的相关部分，将其结合成一个单一的计划。

2.发展与变革的结果

TAFE 学院得到大量联邦资金的支持，遍布澳大利亚各地，学生入学方便。TAFE 学院的在校生总数是大学和高等教育学院在校生总数的 3 倍左右，毕业生受到雇主的青睐。TAFE 学院在培养技术工人和专业辅助人员方面也是有口皆碑。据澳大利亚有关方面的统计，大学和高等教育学院培养的专业人才仅占澳大利亚就业队伍的 2% 左右，而 TAFE 学院培养的技术工人和专业辅助人员占澳大利亚就业队伍的 40%。实际上，TAFE 实现了向能力本位的转变。《柯尔比报告》发表后，澳大利亚建立了受训生体系以满足学徒制的需要。职业技术培训网和多项职业培训计划的实施，使得全国接受职业教育包括高职的人数骤然上升，很大程度上满足了经济发展的需求。

（四）高职发展完善阶段（20 世纪 90 年代—21 世纪初）

1.发展与变革及其动因

TAFE 有了新的专业分类和证书系统的支持，结构和理念得到了新发展，而且已经在高等教育中确立了自己的主体地位，具备了相对完整的体系。

此阶段 TAFE 面临的是更深层次的改革，建立更为完善的体系，主要包括：提出核心能力，开发新型课程；从制度上加强培训，包括《培训保障法》的实施和国家培训署的成立；国家资格框架体系的建立与实施；新学徒制体系的建立。

《培训保障法》于 1990 年 7 月开始实施，其目的在于激发对职业培训的承诺和投入。该法规定，年收入 22.6 万澳元以上的雇主应将工资预算的 1.5% 用于对其员工进行职业资格培训。《培训保障法（修正案）》规定，可以免除在执行该法中表现突出者的费用，条件是他们能够证明自己在职业资格培训上的开支达到其年度雇员工资总额的 5% 或更多。

1991 年，澳大利亚联邦政府教育部发表了《义务教育和培训后青年人的参与》的报告。报告指出，在考虑青年人应对将来的职业工作做何准备时，教育必须强调教养与未来就业相关的一系列核心能力。核心能力一般定义为：在工作及工作配合中的有效参与能力，集中体现为工作时综合运用知识与技术的能力。它包括七个方面：收集、分析和整理信息的能力，交流思想与信息的能力，计划与组织活动的能力，与他人合作的能力，运用数学方法和数学技术的能力，解决问题的能力，使用技术手段的能力。为此，各州以不同的方式对 TAFE 体系进行重构，但其目的大致相同，即都把 TAFE 纳入就业和培训范畴，把管理权移交给 TAFE 学院。

1992 年 9 月，澳大利亚职业教育与培训课程委员会制定了关于开发合格的职业教育与培训课程的方案。依据该方案，澳大利亚各州的教育服务处直接与本地的行业取得联系，有针对性地进行职业教育与培训的专业课程开发。如新南威尔士州在 TAFE 学院系统内，根据行业和课程的类别分别设立了社区服务、健康和旅游餐饮等七个教育服务处，以统一进行职业教育与培训课程的开发工作。每个教育服务处负责联系 3 ～ 4 个行业，管理并开发 12 ～ 18 个类别的课程大纲。教育服务处每年要开发 100 门以上的课程，供 TAFE 学院和其他注册的培训机构使用，并可出售给其他州的职业教育与培训机构。这就保证了 TAFE 学院教学内容的针对性和实用性，毕业生自然受到各行业的欢迎。

20 世纪 90 年代中期，联邦政府、州和各地方协商成立了国家培训总局（Australian National Training Authority，简称 ANTA），并建立了由行业参与的职业教育培训的联邦合作体系。在整个 90 年代，政府及职业教育与培训界基于对控制培训成本、规范及重新分配政府经费的发放、开发澳大利亚培训市场以及培训向买方市场转变等理念，不断呼吁从 TAFE 向职业教育培训转变，相继发表了《迪文森报告》《芬尼报告》《卡密西尔报告》及 ANTA 条约等。同时，越来越多私人资本的注入促进了培训市场的竞争和健康发展，私立培训机构通过竞标方式也可以争取到国家培训项目，以此获得国家的资助。国家采取培训基金竞争性发放的方式为 TAFE 带来了更多的机遇和挑战。

1995 年，澳大利亚资格框架（Australian Qualifications Framework，简称 AQF）建立，所有义务教育后的教育培训资格认定统一采用国家资格体系，这在 TAFE 发展史上具有非常重要的意义。1998 年，与之相应的澳大利亚认证框架（Australia Recognition Framework，简称 ARF）也建立起来。认证框架用 12 级资格规定了初等与中等教育、职业教育与培训、高等教育（大学）的分立与贯通，从而明确了它们之间的关系与衔接。联邦政府还规定，由行业根据国家框架体系负责制定本行业的具体能力标准，集成为"培训包"。各 TAFE 学院必须根据"培训包"的要求设置课程，组织实际教学工作，并对毕业生和受训者的学习进行考核，合格者可获得全国通用的证书。受训者可以凭不同等级的证书参加工作或更高层次（包括大学）的学习。

1998 年，围绕之前的学徒制和受训生制，新学徒制体系建立起来。澳大利亚政府还专门成立了核心机构——新学徒制中心（New Apprenticeship Centres，简称 NAC），目的是为青年人提供工作与教育相结合的途径，并获得政府认可的资格证书。联邦政府提出的具体目标是：在全国推行的"培训包"基础上提供一种新的选择；提高学习者的技能水平，确保新学徒的质量；为离校即将走上工作岗位的青年提供培训，提高就业率；提高就业培训的完成率。这些学生可以获得 100% 的资助。联邦政府鼓励雇主们加入这一计划，并为参与新学徒制计划的企业雇主提供一定的经费。此外规定，雇佣一名新学徒可以获得所得税的折扣。据统计，2001 年参加这一计划的企业雇主有 5 755 人次，2004 年底达 2 万余人次。

2. 发展与变革的结果

经过此阶段的变革，进入 21 世纪以来，TAFE 成为澳大利亚职业教育体系的重要支柱和高职的典型模式，一种在国家资格框架体系下以行业为主导、客户为核心的多元办学形式形成了。新学徒制的引入、国家培训框架的建立以及"培训包"的开发，标志着澳大利亚的 TAFE 日益成熟，体系更趋完善。

澳大利亚"二战"后高职发展与变革的轨迹归纳如下（图 4-1）：

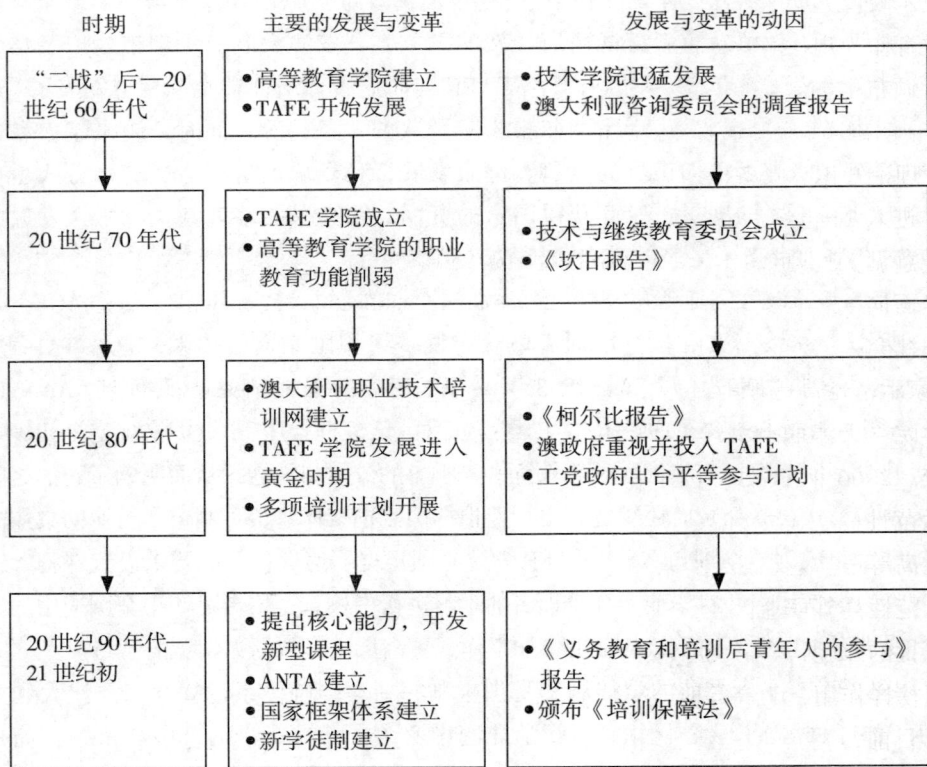

图 4-1　澳大利亚高等职业教育发展与变革脉络图

第六节　中国高等职业教育的发展与变革

20 世纪 80 年代，中共中央颁布的《中共中央关于教育体制改革的决定》中明确提出："积极发展高等职业技术院校，逐步建立起一个从初级到高级、行业配套、结构合理，又能与普通教育相沟通的职业技术教育体系。"在此条件下，我国积极建立起 100 余所高等职业院校，大力发展高职教育。20 世纪 90 年代，国务院颁布《关于大力发展职业技术教育的决定》《教育改革和发展纲要》，明确规定了职业技术教育方向、任务、措施，明确了高职教育的性质、地位、作用，明确指出职业教育作为现代教育体系的重要组成部分，是现代化的重要支柱。同一时期，国家先后颁布了《中华人民共和国高等教育法》《加快教育改革全面推进素质教育的决定》，明确高职学校为高等教育的一部分，倡导大力发展高职教育，培养具有一定程度理论知识、具备较强专业技术实践能力的应用型劳动力资源。

进入 21 世纪后，教育部颁布《教育部关于全面提高高等职业教育教学质量的若干意见》，明确指出："高等职业教育作为高等教育发展中的一个类型，肩负着培养面向生产、建设、服务和管理第一线需要的高技能人才的使命，在我国加快推进社会主义现代化建设进程中具有不可替代的作用。"同时，我国开始逐步实施"国家示范性高等职业院校建设计划"，相关部委先后正式遴选出成都航空职业技术学院、天津职业大学等 100 余所国家示范性高等职业院校建设单位和重点培育院校。2006 年 11 月，为贯彻落实该文件的精神，教育部、财政部开始组织施国家示范性高等职业院校建设计划，即"高职 211 工程"，重点支持 100 所国家示范性高等职业院校的建设。2006 年 12 月，财政部和教育部评选出首批 28 所"国家示范性高等职业院校建设计划"的立项建设院校，并于 2007 年 8 月又评选出了第二批的 42 所。第一批与第二批示范性院校为我国职业教育学校的改革与发展起到了榜样作用，为高等职业教育的发展创造了前所未有的机遇。

目前，我国高等职业学校以多形式、多机制、多模式为基本的办学原则，主要有六类高等职业教育学校，即短期职业大学、职业技术学院、普通高等专科学校、独立成人高校、本科院校附设的高等职业学院、发放高等学历的民办高校等。高等职业教育还在发展阶段，初具规模，始终坚持以人为本、因材施教的先进理念。在教育工作中根据面向全体学生制订培养计划、培养目标，致力于把每名学生都培养成为技能型人才。高等职业教育学校教育办学始终注重切合实际，根据不同学生的不同实际情况，全面关注学生的学业发展、心理发展等，积极调动和发挥学生的主观能动性、做好教学服务、心理辅导，使教育活动收到实效，这也是中国高等职业教育的特色之处。多样灵活的办学形式、办学理念、办学原则促进了我国高职教育快速发展。

一、中国高等职业教育发展与变革的基本脉络

我国高职的发展历程大体可划分为两个历史时期：1949—1978 年，为社会主义改造和建设时期，体现为旧式高职延续发展；1978 年召开党的十一届三中全会以后，为社会主义现代化建设时期，体现为新式高职产生与发展。后一时期，由于高职得到空前发展，其前进的步伐又可分为几个阶段：一是 20 世纪 80 年代的高职试点，二是 90 年代前半期高职在小范围内推广以及进行结构改革，三是 90年代后半期全面铺开举办高职，四是世纪之交高职的深入改革。

（一）第一个时期：旧式高职延续发展时期（1949—1978）

这一时期，我国发展职业教育的重点主要在中等职业教育，高职的有限发展主要采用苏联模式，只有新中国成立前保留下来的专科学校（1945 年有 52 所）以及根据地开办的干部培训学校，而干部培训学校在一定程度上说是"随需而授"，并非真正意义上的高等职业教育。

由于中高职衔接不健全、教育人才层次需求不高以及本科层次教育的发展等因素，20 世纪 50 年代，我国一度对专科学校实行"以分化为主"的政策。但当时由于历史的原因，经济发展超出了经济规律的制约，从而使高等教育规模不足的现象更加严重，专科教育作为一种补充形式得以大力发展，分化专科教育的政策不可能得到贯彻。

1958 年，教育部召开第四次全国教育工作会议，提出"反对保守思想，促进教育事业大跃进"，盲目追求高速度，从而形成一个专科学校规模扩张的高峰。当时，专科学校达到 360 多所，在校生 187 108 人。原本只是作为临时措施的高等专科教育变成了一种固定的措施，并成为我国高等教育规模扩张的主要工具。1966—1976 年，高等教育包括高职受到巨大打击。

这一时期高职的发展可归结为专科学校的分化、扩张和浩劫。但这种变化不同于其他国家，这是政治运动的产物，并没有满足任何教育的、经济的或社会的需求，因此，高职教育的地位和质量都不高。事实上，专科学校也不是真正意义上的高职，更多的是普通高等教育的"压缩饼干"。

（二）第二个时期：新式高职产生与发展时期（1978 年以后）

1. 20 世纪 80 年代的高职试点

（1）《中共中央关于教育体制改革的决定》推动了新高职的试点

关于发展高职的学术讨论，早在 20 世纪 80 年代初就已经展开，并先后进行了一系列专题研究。1985 年《中共中央关于教育体制改革的决定》中明确提出，我国职业教育发展的方向是以中等职业教育为重点，同时积极发展高职，逐步建立一个从初级到高级、行业配套、结构合理，又能与普通教育相互沟通的体系。在 80 年代，高等层次的职业教育主要由中央和地方的职业大学举办。职业大学一般由地方政府举办，招收普通高中毕业生和少量中等职业技术学校的毕业生。学生经国家统一考试入学，学制一般为 2～3 年。职业大学的专业根据当地经济特点和人才需求设置，具有较强的针对性和灵活性，可分为管理、服务、涉外、财经、应用文科、政法、农林、教育、医药卫生和工科 10 大类。学校实行"收费走读，毕业生不包分配，择优推荐"的原则。80 年代中期，为推动高职的发展，国家从世界银行争取到 3 500 万美元的贷款，集中支持 17 所职业大学的发展。1989 年，全国有职业大学 117 所，在校生 7.5 万人，专任教师近万人。1985 年 7 月，国家教委组织在西安航空工业技术专科学校、上海电机制造专科学校和国家地震局地震技术专科学校开展高职的局部试点，实施初中后"四五套办"，"五专"就是这样产生的。

《中共中央关于教育体制改革的决定》使得职业教育包括高职的地位得以明显提高，全社会对职业教育的认识也有了较大改变；同时，进一步推动了高职从理论到实践的过程，为后来高职的大规模发展奠定了必要的基础。

（2）全国职业教育工作会议拓宽了高职的外延，使高职对象多样化

1986 年，李鹏在全国职业教育工作会议上提出，高等职业学校和一部分广播电视大学、高等专科学校，应该划归高等职业教育。80 年代后，成人高等教育进入迅速发展时期，其中也包括高级技工、技师的培训和考核，并进行"专业证书"教育。

整个 20 世纪 80 年代，高职在规模上得到大发展，共发展了三类高职院校：高等职业技术师范院校，至 1990 年全国共创办 14 所；短期职业大学，1980—1990 年全国共兴办 114 所，在校生 7.2 万人；技术专科学校，即前文提到的"四五套办"学校。成人职业教育则包括成人高等学校和岗位培训、军地两用人才技术培训。军队办有大量技术学院，是我国职业教育体系中的一个分支。到 1989 年，专科学校招生数占高校招生总数的 50%，在校生数占 36%。

　　这一时期，刚刚恢复的高考迅速成为全国各地青年的目标，成为家长教育子女和各级学校精英学生成长的唯一方向。一时间，"高考指挥棒"成为影响社会的"魔杖"，在这根"魔杖"的指挥下，"千军万马过独木桥"。正是在这样的形势下，出现了成千上万的"落榜生"，他们便进入高职院校。这种"历史出身"和早期定位对高职后来的发展产生了深远影响，使其难以摆脱普通高等教育"影子"的身份，甚至对今天高等职业教育的改革和健康发展仍有一定的阻碍作用。这一时期的高职在内涵上基本未能摆脱普通高等教育"压缩饼干"的境遇。而技术专科学校由于强调职业性和技术性，其高职的特色较为明显。

　　2. 20 世纪 90 年代前半期高职的发展与改革

　　（1）《国务院关于大力发展职业技术教育的决定》为高职的规模发展奠定基础

　　1991 年，国务院五部委联合召开第二次全国职业教育工作会议，会议总结了10 年来我国职业教育的发展经验，明确了今后的发展目标、方针和政策措施。会议发布了《国务院关于大力发展职业技术教育的决定》，提出 90 年代职业教育的发展任务及大力发展的主要内容，要求在集中力量办好一批起示范和骨干作用学校的同时，普遍提高职业教育的教育质量和办学水平。把职业教育纳入当地经济和社会发展的总体规划，使经济建设真正转到依靠科技进步和提高劳动者素质的轨道上来。在这一精神的推动下，高职院校数量迅速增加。

　　（2）《中国教育改革和发展纲要》为高职的进一步发展制定了原则和规范

　　1993 年 2 月，中共中央、国务院颁发了《中国教育改革和发展纲要》，其中的战略部署为进一步改革和发展包括高职在内的职业教育事业，提出了明确的方向、目标、任务和途径，创造了良好的机遇和条件。根据中央的部署，中央有关部门在总结实践经验的基础上，对职业教育的管理体制、办学体制、投资体制、教学工作、师资队伍建设、学制、建立重点学校、评估标准等提出了一系列规定和基本原则。河北、辽宁、江苏等省的人大常委会相继制定和颁发了地方性法规《职业技术教育条例》，从而使我国职业教育逐步走上法制化、规范化、科学化的发展轨道。

　　事实上，这一阶段正是中等职业教育出现困境、"普高热"不断升温、终身教育思想逐步深入人心的时期。经济状况的逐渐好转使得更多的家长期望子女能够接受高等教育，而已有的大学远远无法满足这种需求。于是，高职就有了大规模发展的充分理由。

　　3. 20 世纪 90 年代后半期高职的规模发展

　　（1）人才结构的变化及技术应用型人才的紧缺促进高职的发展

　　进入 20 世纪 90 年代，在沿海一些经济发达地区，随着区域产业结构的调整，高素质技术人才和生产管理人才大量缺乏的矛盾日渐突出，高职的社会需求直接显现出来。如上海市1996年的一份企业人力需求调查显示了企业普遍需要的几类人才（见表4-3），而当时的中等职业教育和普通高等教育根本无法提供这些人才。发展高职成为企业界的呼声，成为现实生产力发展的需要。

表4-3　上海市企业需要的几类人才（1996年）

· 复杂建筑物的现场施工、技术管理人员
· 大型现代化企业的工艺管理人员，如工段长、车间主任、作业长
· 自动化生产线工艺及质量控制技术人员
· 现代装备的维护检修人员及诊断技术师
· 经济、金融、贸易活动中的高级交易人员
· 柔性加工线和机电复合型设备运行中的调试、操作及检测技术人员
· 高级决策活动中的实务性助理人员
· 高新技术研究中的中试人员
· 销售工程师
· 现代化商场的技术管理人员，如商务计算机（POS系统、MIS系统）管理高级专门人才、商品检测高级专门人才、商场设计高级专门人才等
· 掌握一定统计知识、信息技术和专业知识的信息开发人才

90年代中期，全国范围内出现的"普高热"和高中教育阶段职业教育招生比例持续滑坡的现象，成为社会大众对这种非公平教育体制的自觉反应。于是，国务院于1996年6月组织召开了第三次全国职业教育工作会议，提出"积极发展高等职业教育"的口号，并于1997年9月发布《国家教委关于高等职业学校设置问题的几点意见》，确定在上海、江苏、辽宁、北京、天津、广东、浙江、黑龙江、河北、河南开展高职试点。自此，在我国争议已久的高职被正式提上议事日程，并在一定范围内掀起高职试点的热潮。截至1999年年底，我国高职高专学校共1 345所，占整个高等教育学校总数的69.26%。2000年，全国共有高职高专毕业生99.84万人，占整个高等院校毕业生的50%。

（2）《面向21世纪教育振兴行动计划》提出"三改一补"方针

1998年12月颁布的《面向21世纪教育振兴行动计划》又一次提出发展高职的任务，使得发展高职的问题重新成为一个热点。其中明确提出通过"三级分流"建立初、中、高相互衔接的职业教育体系，确定了"三改一补"发展高职的基本方针，高职地位得以确立。

　　同时，经济体制改革和劳动人事制度改革的深化也推动了高职的发展。1983年以来，以市场为导向的经济体制改革逐步走向深入，经济发展的程度越来越高；劳动人事制度改革逐渐推开，人才市场从无到有发展起来。

　　（3）"三多一改"方针促进了高职的多元化发展和内涵的丰富

　　1998年，教育部高度重视高职的发展，提出了"三多一改"发展高职的方针，并拨出11万个招生指标，在20个省市用于发展高职。所谓"三多一改"，即多渠道、多规格、多模式发展高职，重视教学改革，真正办出高职特点。

　　"多渠道"的含义是，除了"三改一补"中提到的学校可以办高职外，普通高校也可以举办二级学院（职业技术学院）发展高职。"多规格"的含义是，专业可宽可窄，学制可长可短，学历教育或非学历教育都可以，总之应根据经济和社会发展需要来决定。"多模式"的含义是，既可以政府办，也可以民间办；既可以公办民助，也可以民办公助，要按新的模式和运行机制办学。比如，实行指导性招生计划，招多少由各省市自己定；毕业文凭国家教育部不验印，派遣证发不发、户口转不转由各省市自己定；学费标准可以高一点；等等。

　　这一时期的高职虽然在规模和数量上得到空前发展，受到重视，但是由于对一些基本问题，如究竟什么是高职，高职的培养目标是什么，高职如何定位，中、高职如何衔接，高职如何发展等，尚存在认识上的盲点，出现了盲目发展的现象。正是由于没有理顺这些概念和关系，形成冲突和矛盾的隐患，许多学者和办学主体对此忧心忡忡。许多矛盾也在世纪之交爆发，成为困扰高职继续发展的"瓶颈"。

　　4. 世纪之交高职的深入改革

　　20世纪末21世纪初，高职规模初成，但一时间也出现林林总总的问题，如就业率低、生源少且质量差、市场竞争力缺乏等，对许多问题也产生争议，如学程长短问题、办学模式问题等。事关整个高等职业教育的发展前景，教育界对此予以极大的关注，新一轮更为深入的高职改革拉开了序幕。

　　（1）《试行按新的管理模式和运行机制举办高等职业技术教育的实施意见》确定了高职的格局

　　1999年1月，教育部、国家计划委员会下发《试行按新的管理模式和运行机制举办高等职业技术教育的实施意见》，明确提出高职由以下机构承担：短期职业大学、职业技术学院、具有高等学历教育资格的民办高校、普通高等专科学校、本科院校内设立的高职机构（二级学院）、经教育部批准的极少数国家级重点中等专业学校、办学条件达到国家规定合格标准的成人高校等，这样就形成"多车道"

一起办高职的格局。据 1999 年统计，全国共有高专、高职、成人高校 1 345 所，占全国高等教育总规模的 69.26%。其中高等职业技术学院 161 所，高等专科学校 313 所，独立设置的成人高等学校 871 所，另外还有普通高校的成人教育学院和职业教育的二级学院 982 所。以上三类学校（高职、高专、成人高校）专科层次的在校生为 398.06 万人，占整个高等学校在校生总数的 55.37%；毕业生达 118.9 万人，占整个高等学校毕业生的 68.5%；三类学校共招收高职专科生 147.69 万人，占整个高校招生规模的 53.62%。

（2）《中共中央、国务院关于深化教育改革全面推进素质教育的决定》及《全国教育事业第十个五年计划》明确了目标，规范了办学

1999 年，《中共中央、国务院关于深化教育改革全面推进素质教育的决定》指出，高等职业教育是高等教育的重要组成部分，要大力发展高等职业教育，培养一大批具有必要的理论知识和较强实践能力，生产、建设、管理、服务第一线和农村急需的专门人才。同年，国务院批转的教育部《面向 21 世纪教育振兴行动计划》中提出，高等职业教育必须面向地区经济建设和社会发展，适应就业市场的实际需要，培养生产、服务、管理第一线需要的实用人才，真正办出特色。主动适应农村工作和农业发展的新形势，培养农村现代化需要的各类人才。这些纲领性文件基本确立了高职的培养目标，高职在国家整个教育政策中已经占有一席之地。

2000 年 1 月，《教育部关于加强高职高专教育人才培养工作的意见》归纳了高职高专教育人才培养模式的基本特征。3 月，教育部颁布《高等职业学校设置标准（暂行）》，对高职学校校系两级领导的配备、专兼职教师队伍、土地和校舍面积、实习实训场所、教学仪器设备、图书资料、课程与专业设置、基本建设投资和正常教学等各项工作所需的经费等条件做了规定。同年，为了加快我国高职改革和发展的步伐，全面贯彻、落实全国教育工作会议精神和《中共中央、国务院关于深化教育改革全面推进素质教育的决定》，按照《面向 21 世纪教育振兴行动计划》，教育部决定从现有的高职院校中挑选 30 所作为建设示范性职业技术学院，促进我国高职事业持续、健康发展。

2001 年 7 月，在教育部印发的《全国教育事业第十个五年计划》中，加快发展高职成为高等教育发展政策的重要主题。在"战略要点"中提出，面对未来的挑战，在努力构建终身教育体系、教育手段现代化和教育信息化、鼓励和支持社会力量办学、发展高等职业教育等方面实现重大突破；在"2005 年主要目标"中提出，"继续加快高等职业教育的发展并进一步办出特色"；在"'十五'期间教

育改革与发展的主要政策措施"中更明确提出，在建设好一批综合性和多科性大学的同时，促进多功能社区性职业技术学院的发展，鼓励有条件的地区和省市兴办以职业技术学院为主体的高等教育。2001 年，独立设置的高等职业技术院校达 386 所，招生数和在校生数分别比 1996 年增加了 8 倍和 6 倍，在校生 72 万人，比 1985 年增长了 11 倍，如果包括高等专科学校和成人高校，高职共招生 286 万人，在校生达 614 万人。

（3）《2003—2007 年教育振兴行动计划》为高职院校内部改革确定了方向

2002 年，《国务院关于大力推进职业教育改革与发展的决定》将我国高职的改革与发展推到新的高度。2004 年 2 月，教育部下发的《2003—2007 年教育振兴行动计划》中明确提出，以就业为导向，大力推动职业教育，转变办学模式。把教育教学与生产实践、社会服务、技术推广结合起来，加强实践教学和就业能力的培养。加强与行业、企业、科研和技术推广单位的合作，推广"订单式""模块式"培养模式；探索针对岗位群需要的、以能力为本位的教学模式；加强职业道德教育；大力加强"双师型"教师队伍建设，鼓励企事业单位专业技术人员、管理人员和有特殊技能的人员担任专兼职教师；推动就业准入制度和职业资格证书制度的实施；继续建设和培育一批示范性职业技术学校，建设大批实用高效的实习训练基地，开发大批精品专业和课程。

这一时期，高职反思了规模发展中呈现的种种问题，认识到过度发展带来的困境（1999 年增长 47.3%，2000 年增长 38.16%，2001 年增长 21.61%）。在规模过度扩张的情况下，出现了教育质量滑坡、实践环节不足、就业困难、学院办学经费紧张等问题。这些现象需要高职进行更加冷静的思考，理性地对未来做出规划。这个阶段主要的任务是解决高职中的突出问题，实现高职系统内部的适应性调整，使得高职逐步摆脱普通高等教育"压缩饼干"的阴影，争取创出特色。但是这个过程并没有因为进入 21 世纪而终结，它还将持续一段时间。

（4）近年来政府的不断投入，使我国的高职教育发展迅猛

目前，我国职业教育正处于历史上良好的发展时期。有四个方面的标志：第一，党和政府始终都非常重视职业教育的发展。我们国家经济和社会发展的重要基础之一就是发展职业教育，教育工作的战略重点之一也是发展职业教育。"十二五"期间中央财政大幅度提高对职业教育的投入力度，积极推动现代职业教育体系建设，形成了覆盖职业学校基础能力建设、学生资助、教师队伍建设等重要方面，普惠与特惠相结合的职业教育财政政策框架。2012 年，全国公共财政职业教育投入 2 053 亿元，比 2006 年增加了 4.45 倍，年均增长 28.3%，其中中央财

政投入 258.3 亿元，比 2006 年增加了约 13 倍，年均增长 54.8%。第二，职业教育的规模不断扩大。2007 年，我国中等职业学校将近 15 000 所，招生已经突破了 800 万，提前实现了"十一五"的目标，这个意义很大。目前，高职高专已将近 1 200 所，2007 年招生将近 300 万，在校生 860 多万。现在，高等教育总规模的二分之一是高等职业教育。第三，我国职业教育发展顺畅，改革思路清晰。在发展方向上，明确了 2005 年温家宝总理提出来"坚持走中国特色的职业教育发展路线"。在办学方针上，明确要"以服务为宗旨，以就业为导向"。在培养模式方面，明确了"工学结合，校企合作"。在教学方面，明确了"两个加强"，即加强对学生进行职业道德教育，加强培养学生实践动手操作能力。第四，为现代职业教育的加快发展，在 2014 年全国职业教育工作会议上，中共中央总书记、国家主席、中央军委主席习近平、中共中央政治局常委、国务院总理李克强就加快职业教育发展做出重要指示，对要加快培养高素质劳动者和技能人才进行反复强调，为推动经济发展和保持较高就业率提供保障。

我国的高等职业教育目前面临着一些困难，第一个困难是我国长期受传统思想观念的影响，轻视劳动，鄙薄技能，且这种思想根深蒂固。对于职业教育认识程度的问题，本人认为这是发展过程中最深层次的困难。近年来，随着改革开放的深入，这种观念正在逐渐改变，现在已经不像过去那么严重了，因为人们从职业教育发展的实践中看到了出路，看到了好处。第二个困难是职业教育发展的条件保障问题。我国一些地区职业教育的基础设施、教学设备、实训条件、师资力量等都很薄弱，因此需要相关部门给予大力支持。第三个困难是不成熟的职业教育培养模式。许多学校还是守旧于传统的教学方法，在课堂上讲理论，重点放在解决"懂不懂"上，忽视实际操作训练，没把重点放在"会不会"上。现在我们正在改变这种方式，探索一个新的教学模式，这就是"工学结合、校企合作"。

二、中国高等职业教育发展与变革的现状与特点

近几年来，我国高等教育的最显著变化就是规模迅速扩大，高等教育大众化的进程趋近完成，比预期的速度要快得多。其主要表现特点如下：

（一）高职院校毕业生月收入连续五年增长，毕业三年后月收入增长明显

2011—2015 年，高职学生毕业三年后月收入与其半年后相比均有明显增长。以 2012 届为例，高职生毕业半年后月收入为 2 731 元，毕业三年后为 5 020 元，增幅为 83.8%，增速明显高于城镇单位在岗职工的平均水平（见图 4-2）。

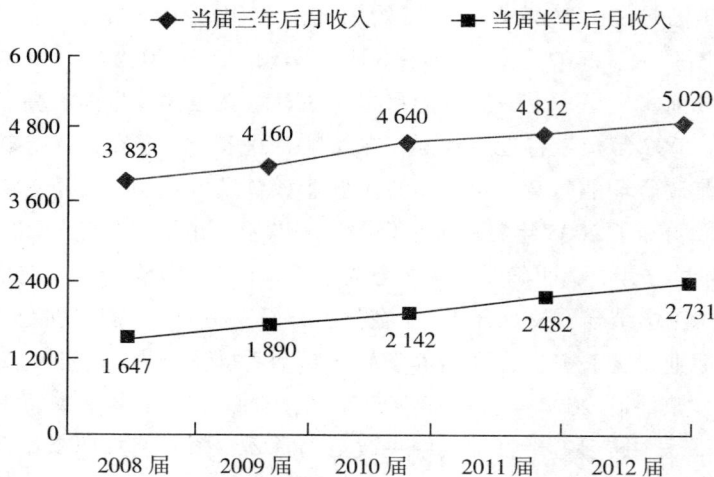

图 4-2   2008—2012 届高职毕业生毕业半年和三年后月收入比较

（二）高职毕业生自主创业比例大幅上升，增幅达 77.3%

2011—2015 年，高职毕业生自主创业群体不断扩大。2015 届高职毕业生毕业半年后的自主创业比例为 3.9%，相对于 2011 届增长 1.7 个百分点，自主创业毕业增幅高达 77.3%。创业存活的比例也不断提升，毕业半年后自主创业的 2012 届高职毕业生中，有 47.5% 的人三年后还在自主创业，比 2008 届上升了 12.7 个百分点（见图 4-3）。这些毕业生创业拉动学生就业和社会就业的作用日益明显。

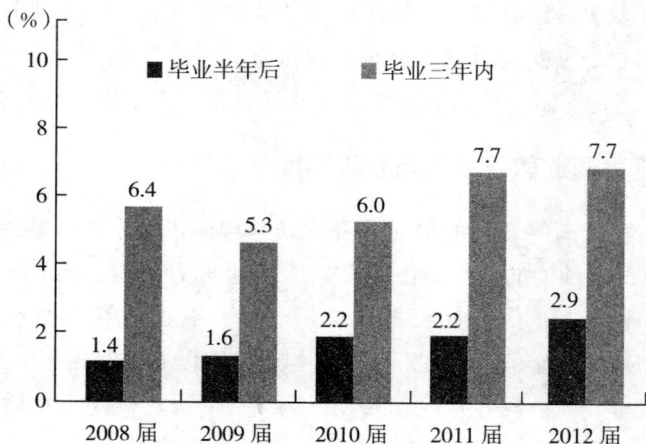

图 4-3   2008—2012 届高职毕业生毕业半年后和三年内自主创业比例

（三）高职教育成为平民升级的重要阶梯

目前，高职教育成为农村孩子接受高等教育的重要途径。2011—2015届高等学校毕业生中家庭背景为"农民与农民工"所占比例较高，高职院校农家子弟的比重逐年上升，2015年达到53%，超过半数。由此可见，高职教育成为平民升级的重要阶梯。学生就读高职教育毕业后，月收入连续五年增长。2015届毕业生半年后平均月收入3 409元，扣除通货膨胀因素，比五年前2011届提高26.1%；专业相关度稳中有升，理工农医类专业毕业生有65%所从事的工作与专业相关；2012届高职毕业生毕业三年内有过职业晋升的比例为59%。

（四）高职毕业生素养提升情况持续走高

2011—2015年，高职毕业生对在校期间的素养提升认可度比例不断提高。2015届高职毕业生中，96%的学生表示自己在校期间素养有所提升，比2011届提高2个百分点。工程类专业、艺术类专业、医学类专业排名前三。

（五）专业结构不断优化，专业设置主动与产业发展对接

2011—2015年，高等职业院校面向先进制造业、智能制造业、新技术新装备和健康养老等支柱产业、新兴产业，积极设置新专业或增设新的专业方向。高等职业教育面向第二产业新增专业点数，由2010年的2 865个增加到2015年4 926个，增幅高达71.94%；面向第三产业的由1 466个增加到2 997个，增幅达到104.4%。与经济发展和社会民生密切相关的专业点增速较快，如老年服务与管理专业五年内由20个增加到112个，休闲服务与管理专业由9个增加到56个，城市轨道交通相关专业由73个增加到253个（见表4-4）。

表4-4　三年来服务新兴产业发展的部分新增专业点数

（单位：个）

专业名称	2013年	2014年	2015年
物联网应用技术	214	264	308
康复治疗技术	159	165	183
汽车制造与装配技术	138	157	168
城市轨道交通运营管理	71	95	127
老年服务与管理	50	63	112
休闲服务与管理	47	53	56
移动互联应用技术	7	20	52
工业机器人技术	2	9	45
航空机电设备维修	30	32	45
光伏发电技术及应用	34	37	38
电梯工程技术	5	14	30

（六）高职院校合作企业数量增加，推动了"双师"结构教师队伍建设

2015 年，高职院校有合作企业的专业占全校专业总数 50% 以上的院校达到 886 所，高职院校聘用兼职教师 16.3 万人，兼职教师专业课课时在 20% 以上的院校有 563 所。

2016 年，有 262 家企业面向社会首次发布《企业参与高等职业教育人才培养年度报告》，展示企业资源投入，参与高职教育教学的成效、做法和问题等。262 家企业发布的年报显示，超过 85% 的企业在高等职业教育发展中有人力资源的投入。企业的参与有效培养了高等职业院校的"双师"素质教师，增强了企业优秀兼职教师的供给，改善高职教育的师资队伍结构，提高师资队伍整体素质。数据显示，262 家企业中，70% 的企业对高等职业教育有资金投入，主要用于发放学生实习津贴、师傅带教津贴，组织培训，支持课程开发及科研项目；80% 的企业在高职院校投入实践教学资源，建立实践教学场所及教师办公区、实践教学办公设备、业务系统、运作数据库等，主动设立学生实习和教师实践岗位。

（七）生均教学仪器设备值进一步提高，校内实践教学工位数比较充裕

2015 年生均教学科研仪器设备值较上年增加 1 000 元以上的院校高达 396 所，增幅 20% 以上的 273 所，627 所院校的生均教学仪器设备值达到 8 000 元以上，比上年增加 60 所。生均校内实践教学工位数是院校保障实践教学的重要指标，近三分之二的高职院校生均教学实现教学工位数介于 0.5 ～ 0.6 之间，工位数比较充足。在经济下行压力大、企业难以保障实习实训岗位数量的情况下，高职院校内部实践教学条件持续改善，支撑了技术技能人才的实践教学。

（八）信息化教学水平能力进一步提升

2015 年，高职校园网主干最大带宽达到 1 万兆 / 秒以上的院校由上一年度的 193 所增加到 260 所，网络信息点数超过 3 000 个的院校由上一年度的 494 所增加到 527 所，管理信息系统数据总量 1 000G 以上的院校由上一年度的 370 所增加到 385 所。同时，上网课程数达到 50 门以上的院校，由上一年度的 388 所增加到 445 所。

（九）高职院校整体办学实力增强，为参与国际竞争创造了条件

2015 年招收国（境）留学生的高职院校数由上一年度的 50 所增加到 69 所，留学生数由上一年度的 2 799 名增加到 3 847 名，增长 37.4%。高职院校利用国际优质职业教育资源的方式也在逐年改变，由单一引进职业教育资源向与类型相近的国（境）外高水平院校联合开发优质资源转变，由过去职业教育国际标准制定的旁观者向参与者转变。2015 年，高等职业院校面向社会首次发布"服务贡献表"，设置毕业生就业去向、横向技术服务到款额、纵向科研经费到款额、技术交易到款额、非学历培训到款额和公益性培训服务等六项指标，量化院校的社会服务贡献度（见表4–5）。这是一次初尝试，希望能够发挥更多的培育和引导作用。

表4–5　2015年高等职业院校服务贡献50强（按音序排列）

常州工程职业技术学院	山东畜牧兽医职业学院
常州机电职业技术学院	深圳信息职业技术学院
常州信息职业技术学院	深圳职业技术学院
重庆电子工程职业学院	顺德职业技术学院
广东交通职业技术学院	四川工程职业技术学院
广东科学技术职业学院	四川机电职业技术学院
广东邮电职业技术学院	四川水利职业技术学院
哈尔滨职业技术学院	四川邮电职业技术学院
杭州职业技术学院	苏州工艺美术职业技术学院
黑龙江职业学院	苏州农业职业技术学院
淮安信息职业技术学院	天津轻工职业技术学院
黄冈职业技术学院	温州科技职业学院
江苏工程职业技术学院	温州职业技术学院
江苏建筑职业技术学院	乌鲁木齐职业大学
江苏农牧科技职业学院	无锡职业技术学院
江西交通职业技术学院	芜湖职业技术学院
江西应用技术职业学院	襄阳职业技术学院
金华职业技术学院	徐州工业职业技术学院
辽宁省交通高等专科学校	义乌工商职业技术学院
南京工业职业技术学院	云南交通职业技术学院
南京科技职业学院	浙江机电职业技术学院
南京信息职业技术学院	浙江建设职业技术学院
南宁职业技术学院	浙江交通职业技术学院
南通航运职业技术学院	浙江旅游职业学院
宁波职业技术学院	淄博职业学院

中国高等职业教育质量年度报告主编、上海教科研究院原副院长马树超分析了这张榜单，总结出五个特点。

一是反映了高职院校服务地方、服务产业的特征。在 50 强中，地市级综合院校 16 所，占三分之一。工程类和机电类除了地市级以外，明显具有产业行业特征的有 12 所，交通类 7 所，电子信息类和邮电通信类 7 所，农业类院校 4 所，建筑类 2 所，旅游服务和工艺美术类各 1 所。这个分类显示高职院校和产业发展紧密相关，和新技术发展紧密相关。

二是反映央财支持高职院校专项建设的成果。50 强里，国家骨干校数量高达 25 所，占 50%；国家示范校 17 所，占三分之一；还有省级示范 5 所，3 所非示范院校，分别是广东邮电、温州科技和义乌工商。这也从侧面证明，用中央财政专项资金引导改革发展，成效是很大的。

三是反映部分省市区的高职发展特点。在 50 强里面，江苏 15 所，浙江 10 所，广东 6 所，四川 4 所，黑龙江、江苏、山东、湖北各 2 所，天津、辽宁、安徽、重庆、云南、广西、新疆各 1 所。数据中可以看到，一些省份注重高职发展的建设力度，如江苏省投入财政专项加强品牌专业建设，每个品牌专业财政投入超过 1 000 万元，广东省开展一流高职院校建设，高标准要求，高强度投入，成效明显。

四是即使是 50 强，服务贡献力仍然具有明显差异。横向技术服务到款额前五位均值 3 070 万元，后五位均值 52 万元，比值达 58.5；纵向科研经费到款额前五位均值 2 314 万元，后五位均值 13 万元，比值为 174.8；技术交易到款额前五位均值是 1 465 万元，后五位均值是 0；非学历培训到款额前五位均值是 2 974 万，后五位均值 67 万，比值是 44；公益性培训服务前五位均值 17 万人 / 日，后五位是 100 人 / 日，比值为 1631。

五是 50 强可能存在局限性，非 50 强的贡献同样出彩。由于指标的选择和院校的特点，非 50 强服务贡献同样出彩。面对经济下行压力，高等职业院校扎根基层、面向企业，就业率在 95% 以上的院校超过半数，90% 以上的是 1 100 余所，大部分都是 90% 以上，并且是留在当地就业的比率超过 50% 的院校有 700 多所，到中小企业就业比率超过 50% 的有近 900 所，到国家骨干企业就业比率超过 10% 的有 500 所。2012 年报告指出了制约学校发展的师资队伍、管理能力、办学理念三大瓶颈，2013 年报告主要聚焦政府经费投入和学校办学自主权的不足，2014 年报告直陈高考生源危机、"升本"诱惑和应用本科压力等问题，2015 年报告进一步指出高等职业教育面临依法行政、依法办学方面的挑战。这些挑战由内而外，提醒高等职业院校及时发现并着力解决问题。

2016 年高等职业教育发展存在的问题：

一是对高职学生自主创业的资金扶持力度仍然偏低，毕业半年后自主创业 2015 届高职毕业生仅 3% 的创业资金来自于政府、科研和创业基金或优惠贷款。与 2011 届相比，虽然比例有提升，但是绝对比例仍然很低，对高职学生自主创业资金扶持有提升空间。

二是政策落地面临较大的问题。虽然 31 个省份出台高职生均拨款政策，但是政策落地还有很大差距。259 所地级市政府举办的高职院校数据表明，2015 年有 73 所生均财政拨款水平低于 6 000 元，占 25%，2017 年要达到 12 000 元难度很大。有 20 多所甚至低于 3 000 元。教育部提出学生企业实习财政专项补贴政策的落实困难重重，2015 年除了生均企业实习责任补贴落实的地区超过 30% 以外，生均企业实习财政经费补贴、兼职教师财政补贴等没有落实的地区占 80% 左右。地方政府在保障高职院校发展的人员编制落实上改革滞后，政策难以落地，地级市举办的高职院校中，三分之一的院校编制不足，严重影响教师队伍建设。有 30 多所院校专任教师不足 100 人，需要地方政府和教育主管部门严加监管，落实政策。

三是财政投入面临较大问题。高等职业院校生均财政拨款制度普遍建立，但部分省份未能覆盖全部公办院校，部分省份目前拨款标准相对较低。少数省份出台的高职院校生均拨款标准仅适用于省属本级公办高职院校，不符合《财政部教育部关于建立完善以改革和绩效为导向的生均拨款制度加快发展现代高等职业教育的意见（财教〔2014〕352 号）》关于"省级财政、教育部门要积极督促和举办高职院校的市县级政府，落实建立完善所属高职院校生均拨款制度所需经费"的要求；部分省份标准设置较低，湖北省的标准 2014 年生均 5 000 元，河北省 2015 的标准为 6 000 元，这些省份 2017 年要达到 12 000 元标准，仍需要采取有力措施。大部分省份高职生均公共财政教育经费支出增长，但有四成省份出现下降，有 4 个省份降幅超过了 15%。

四是质量年报制度建设仍面临问题，部分省份和院校不按要求提交，各省区质量年报完成的情况差异较大。

五是直面四大挑战，期待高职质量进一步提升。2016 年，国家高职教育研究报告指出，改革挑战"永远在路上"，面对"十三五"的新形势新任务，高职挑战依然严峻，需要更加积极的回应。第一个挑战，推进产教融合，推进办学理念。期待高等职业教育院校能够真正树立产教融合的办学理念，注重人才过程与生产实践对接，推动专业设置、课程内容、教学方式与生产实践对接，推行产教融合、校企合作的应用型人才和技术技能人才培养模式。第二个挑战，推进政策落实应对办学自主权挑战。明代张居正曾说过："天下之事，不难于立法，而难于法之必行。"高职院校有很多政策仍未落地，期待各级政府提高依法行政能力，通过简政放权、放管结合、优化服务，提升高职院校办学自主权。第三个挑战是推进质量升级，应对"升本"诱惑。期待广大高职院校牢牢把握服务发展、促进就业的办学方向不动摇，紧跟产业发展，优化专业结构和课程设置，增强人才培养的针对性，不断升级教学内容和教学质量，不靠升格来谋前途发展。第四个挑战，强化督导评估，应对地方财政投入的调整。国家和地方都对高职院校社会贡献有很高的期待，期望国家强化督导评估，督促省地两级政府有效提高高职院校生均就业拨款水平，重点解决地市级所属高校经费不足的短板。

以上问题意味着什么呢？本人认为，这意味着我国的经济社会发展已经站在了一个新的历史起点上，已经步入一个新的发展阶段。在新的发展阶段，我们肯定需要新的发展目标，但是不是也需要新的发展战略呢？答案是肯定的，我们需要新的发展战略。然而，我们之所以需要新的发展战略，不纯粹是因为我们面临着新的发展目标，还与可以利用的体制机制资源、前一阶段遗留的问题以及发展环境的变化密切相关。从体制机制资源来看，经过改革开放30多年的不断探索，我国经济社会发展的宏观体制与机制已基本理顺。尽管还长期面临着创新体制与机制的问题，但体制与机制在促进经济社会发展中的作用不可能与前一阶段相提并论。换句话来说，前一个发展阶段属于我国经济社会发展的"解套"阶段，每解开制约我国经济社会发展的一道枷锁，经济社会发展就会显著加速。在主要的枷锁被解开之后，我国就进入比拼核心竞争力的阶段，体制与机制只是起到一种规范的作用，而不能发挥经济社会发展助推器的效果。

我国向来具有重视人才、科技和教育的传统。早在1978年，邓小平同志就提出了"科学技术是第一生产力"的著名论断。但是，只有在我国发展到了一定阶段，到了必须要转变经济增长方式的时候，才会真正把人才、科学与技术作为核心的生产要素而给予特别的重视。事实上，也就是在1995年，我国基本上实现国民生产总值翻两番、基本实现前"两步"发展战略目标的情况下，才明确提出经济增长方式从粗放型向集约型转变的任务，才明确提出了"科教兴国"战略。在2000年的十五届五中全会宣布我国已经实现了现代化建设的前两步战略目标之后，在系统回顾前一阶段发展经验与教训的基础上，在认真分析国际国内局势的前提下，相继提出以科学发展观为指导的"全面建设小康社会""建设人力资源强国""建设自主创新型国家"等新阶段的发展目标，并相应地提出了"走中国特色新型工业化道路""人才强国"等发展战略。这必然要求我国高等职业教育尽快实现由大到强的转变。

通过以上分析，得到的基本结论是：建设高等职业教育强国，是在我国经济社会步入新的发展阶段后，在国家采取了一系列新的发展战略的前提下，为了实现新阶段的发展目标，为了支撑国家实施新战略，是在客观的、强大的外部需要的促动下才提上日程的，也是高等职业教育研究界主动适应并促进我国经济社会持续、快速、健康发展的内在需要。

第五章　我国高等职业教育理念创新与发展体制的研究分析

第一节　我国高等职业教育体制研究

一、体制的概念

体制是指国家机关、企业和事业单位等的组织制度，即国家机关与企事业单位的机构设置、领导隶属关系和管理权限划分等方面的具体体系和组织制度的总称。教育体制是指教育事业的机构设置和管理权限划分的制度，主要是教育内部的领导制度、组织机构、职责范围及其相互关系，涉及教育事业管理权限的划分、人员的任用和对教育事业发展的规划与实施，也涉及教育结构各个部分的比例关系和组合方式。教育体制大体分为两种类型：一为集权制类型，苏联、法国等均采用这种类型；一为分权制类型，美国、加拿大等均采用这种类型。

2001年，牛征在《教育科学》上撰文指出："教育体制是国家组织和管理教育的方式、方法及其制度的总称。"教育体制包括办学体制、管理体制、投资体制、评价体制等，其中办学体制是教育体制的重要方面。

根据教育体制与办学体制的隶属关系，牛征认为："教育体制改革首先是办学体制改革。"

二、高等职业教育办学体制的内涵

办学体制是高等职业教育体制的重要方面，是高等职业教育办学活动的组织结构形态和有关制度规范的总和。简明地讲，办学体制是指由谁来办学和如何办学的问题，主要包括由谁举办、由谁投资、为谁服务，以及收益回报、学校产权关系、经营管理权的范围等一系列重大问题，是国家规范高等职业教育办学行为的体系和制度的总和。

综上所述，高等职业教育办学体制是指高等职业教育办学活动的组织机构形态、领导隶属关系、办学管理权限等方面的体系、制度、方法、形式的总称。其主要内涵包括三个方面：一是办学的主体，二是办学的服务方向和形式，三是办学资源和办学过程的管理权限。

三、高等职业教育多元化办学体制的内涵

根据上述概念及内涵，高等职业教育多元化办学体制的内涵主要表现为以下三个方面。

第一，办学的主体是多元的。政府不是高等职业教育唯一的办学主体，除政府外，行业、企业、民间组织、社会个人、国（境）外办学机构等组织和个人，都可以是办学主体。

第二，办学的服务方向和形式是多样化的。高等职业教育办学服务的方向应该满足包括现代化建设的需要、产业发展的需要和受教育者个人的需要等。职业教育的办学形式可以是学校办，也可以是行业、企业、民间组织办，企业与学校合作办，学校与民间组织联合办，还可以是国有民办、中外合作办和个人办等多种形式。

第三，办学资源的多途径利用和办学过程的分权制管理。高等职业教育的办学资源不仅仅限于学校资源，应该采取多种途径，广泛利用企业资源、政府资源、社会资源等各种办学资源。对办学过程的管理要实行分权制，广泛吸收各个办学主体民主参与，统筹管理。

第二节　我国高等职业教育体制的法律规定

1996 年 5 月，全国人大常委会议通过的《中华人民共和国职业教育法》（以下简称《职业教育法》）对职业教育的办学做了多方面的法律规定。

一、关于办学格局

《职业教育法》的第六条至第十条、第十七条至第二十二条对职业教育的多元办学格局做了明确规定，其中对各级人民政府及其主管部门在发展职业教育中

所应承担的责任及该采取的措施做了规定，例如，第六条和第十九条对行业组织在发展职业教育方面提出了要求，第六条和第二十条对企业在举办职业教育应承担的责任做了规定，第六条和第二十一条对社会力量举办职业教育做了规定，第二十一条提出了利用境外资源举办职业教育的问题。

二、关于职业教育的办学服务方向和方式

《职业教育法》第二十三条明确要求："职业学校、职业培训机构实施职业教育应当实行产教结合，为本地区经济建设服务，与企业密切联系，培养实用人才和熟练劳动者。"

三、关于办学管理权限

《职业教育法》的第十一条确立了职业教育管理体制的基本框架，规定："国务院教育行政部门负责职业教育的统筹规划、综合协调、宏观管理。国务院教育行政部门、劳动行政部门和其他有关部门在国务院规定的职责范围内，分别负责有关的职业教育工作。县级以上地方各级人民政府应当加强对本行政区域内职业教育工作的领导、统筹协调和督导评估。"

四、关于职业教育体系

《职业教育法》第十二条至第十六条对职业教育体系的建议做了规定，明确提出要"根据不同地区的经济发展水平和教育普及程度，实施以初中后为重点的不同阶段的教育分流，建立、健全职业学校教育与职业培训并举，并与其他教育相互沟通、协调发展的职业教育体系"，还对职业学校教育的层次和职业培训的类型等做了规定。

五、关于发展职业教育的资金筹集

《职业教育法》的第二十六条至第三十五条对多渠道筹集发展职业教育的资金做了规定，包括国务院有关部门和省、自治区、直辖市人民政府投入职业教育的资金项目，筹集职业教育资金的渠道，企业所应承担的职业教育经费，金融机构提供信贷，社会力量为职业教育捐资，设立奖学金、贷学金，职业教育机构收取的学费及其他收入用于发展职业教育，等等。

六、关于教师队伍和实习基地建设

《职业教育法》的第三十六条至第三十八条分别就加强职业教育教师队伍建设、职业教育生产实习基地建设、职业教育教材建设等提出了要求。

我国职业教育办学体制的法律规定主要反映在《职业教育法》中，另外，《中华人民共和国高等教育法》和《中华人民共和国民办教育促进法》中关于办学体制的一些规定也适用于高等职业教育。

第三节　我国高等职业教育体制的政策要求

一、1985 年发布的《中共中央关于教育体制改革的决定》对办学格局方面提出了要求

该决定要求："充分调动企事业单位和业务部门的积极性，并且鼓励集体、个人和其他社会力量办学，提倡各单位和部门自办、联办或与教育部门合办各种职业技术学校。"在职业教育体系方面，要求"积极发展高等职业技术院校"，"逐步建立起一个从初级到高级、行业配套、结构合理又能与普通教育相互沟通的职业技术教育体系"。

二、1991 年《国务院关于大力发展职业技术教育的决定》对职业教育办学体制提出了要求

关于办学格局，要求在政府统筹下，发展行业、企事业单位办学和各方面联合办学，鼓励社会力量办学，充分发挥企业在职业教育方面的优势和力量。

关于管理权限，要求各级政府及中央与地方的各有关部门对职业教育分工负责。明确指出发展职业教育的责任主要在地方，对于建在市（地）、县（市、区）的职业学校或职业教育中心，要求重视发挥各业务主管部门在发展职业教育中的作用，改革和完善职业学校或职业教育中心内部管理体制。

关于职业教育体系，要求初步建立起有中国特色的，从初级到高级、行业配套、结构合理、形式多样，又能与其他教育相互沟通、协调发展的职业教育体系的基本框架。

三、2002 年《国务院关于大力推进职业教育改革与发展的决定》对职业教育办学体制提出了要求

关于办学格局，明确提出要形成政府主导、依靠企业、充分发挥行业作用、社会力量积极参与的多元办学格局，并分别对政府、企业、行业、社会力量在发展职业教育中的责任与作用做了原则性的说明，还对引进国（境）外资源发展职业教育提出了要求。

关于办学服务方向和方式，强调职业教育要为经济结构调整和技术进步服务，为促进就业和再就业服务，为农业、农村和农民服务，为推进西部大开发服务。

关于管理权限，要求建立并逐步完善在国务院领导下，分级管理、地方为主、政府统筹、社会参与的职业教育管理体制，并对国务院及教育行政部门、劳动保障部门、地方人民政府在管理职业教育中的责任做了原则规定。

关于职业教育体系，要求建立适应社会主义经济体制，与市场需求和劳动就业紧密结合、结构合理、灵活开放、特色鲜明、自主发展的现代职业教育体系，并要求加强高等职业教育与普通教育、成人教育的衔接与沟通，建立人才成长"立交桥"。

关于培养目标，要求职业教育要全面实施素质教育，培养生产、建设、服务第一线的高素质劳动者和实用人才，要加强职业道德、文化基础、职业能力和身心健康教育，注重专业技能、钻研精神、务实精神、创新精神和创业能力的培养。

关于教学模式，要求职业学校和培训机构要依据经济结构调整、技术进步和劳动力市场变化及时调整专业设置，加强实践教学，提高受教育者的职业能力，实行灵活的办学模式和学习制度，加强教师队伍建设和校内外实习、实训基地建设。

四、2005 年《国务院关于大力发展职业教育的决定》与 2002 年《国务院关于大力推进职业教育改革与发展的决定》相比，对职业教育办学体制提出了新的要求

在办学格局方面，增加了"公办与民办共同发展的要求"。

关于办学服务方向，明确提出了"以服务为宗旨，以就业为导向"的办学方针。具体提出了办学指导思想要从计划培养向市场驱动转变，从政府直接管理向宏观引导转变，从升学导向向就业导向转变；职业教育为走新型工业道路、调整经济结构和转变经济增长方式服务，为农村劳动力转移服务，为建设社会主义新

农村服务，为提高劳动者素质特别是职业能力服务。

在职业教育体系方面，增加了"满足人民群众终身学习需要""校企合作、工学结合""形式多样""有中国特色"的要求。

在人才培养体制改革方面，特别要求"大力推行工学结合、校企合作的培养模式"，"改革以学校和课堂为中心的传统人才培养模式"，并具体规定了中等职业学校学生顶岗实习和高等职业学校学生实习、实训的时间。

第四节　我国高等职业教育体制改革的主要观点

随着我国现代高等职业教育的转型和升级，高等职业教育将加速实现现代化，形成与普通高等教育并驾齐驱的高等教育类型，未来的高等职业教育将不再是培养专科层次实用型高技能人才的教育，而是类型层次齐全、人才培养目标多样化、教育主体社会化、办学模式多元化、中国特色十足。目前，我国高等职业教育普遍存在着办学规模较小、师资力量较弱、办学模式单一、教学内容守旧、教学方法老化等问题，面对国际经济一体化、海量信息全球化、产业分工社会化的新经济时代已显得力不从心，因此，必须加快对高等职业教育资源的重组，对高等职业教育的体制进行改革已迫在眉睫。

高等职业教育是我国教育体系的重要组成内容，是社会建设和社会教育事业发展的根基。促进高等职业教育体制的改革与发展，是落实科教兴国战略的具体行动，推动社会可持续发展的重要办法，是调整人才结构、提高劳动力素质、促进人力资源开发的需求，是开拓就业道路、推动劳动就业跟再就业的重要措施。我国高等职业教育发展与西方发达国家相比差距较大，要想缩小差距，进行职业教育体制上的改革与创新，已经成为高职教育工作者的重要任务。

高职教育事业发展至今，跟其他行业一样，也遇到了体制改革这个非常棘手的问题。体制改革问题对于高职教育发展而言，已经迫在眉睫，国务院《关于加快发展现代职业教育的决定》明确提出，要创新发展高等职业教育。高等职业教育肩负着培养面向生产、建设、服务和管理一线的高素质技术技能人才的重任。创新发展高等职业教育，必须转变观念，改革高等职业教育办学体制和人才培养模式，培养适应经济社会发展需要的高素质技术技能人才。

一、转变观念，适应经济发展新常态

2014 年 11 月，习近平总书记在 APEC 工商领导人峰会开幕式上首次提出，中国经济呈现出新常态，其主要特点有三个：一是从高速增长转为中高速增长；二是经济结构不断优化升级，第三产业、消费需求逐步成为主体，城乡区域差距逐步缩小，居民收入占比上升，发展成果惠及广大民众；三是从要素驱动、投资驱动转向创新驱动。

同年 12 月，在中央经济工作会议上，习近平总书记进一步论述了新常态的趋势性变化，强调我国经济正在向形态更高级、分工更复杂、结构更合理的阶段演化，经济发展进入新常态，正在从高速增长转向中高速增长，经济发展方式正从规模速度型粗放增长转向质量效率型集约增长，经济结构正从增量扩张为主转向调整存量、做优增量并存的深度调整，经济发展动力正从传统增长点转向新的增长点。

我国经济发展的新常态、新特征，对高等职业教育的发展提出了新要求。

（一）产业结构转型升级需要大批高素质技术技能人才

通过改革开放 30 多年的发展，我国已成为世界第二大经济体，成为世界制造大国，但还不是制造强国，在全球产业价值链中仍处于低端位置。要实现制造大国向制造强国的转变，实现价值链与产业链的升级，迫切需要高等职业教育培养更多高素质技术技能人才。

目前，我国从业人员素质普遍偏低，劳动者的技能、经验和知识结构与劳动力市场需求不相适应，特别是高技能型人才严重短缺，不能满足产业优化升级的需要。

据中国人力资源和社会保障部统计，我国技能劳动者仅占从业人员的 19%，高技术人才数量还不足 5%。因此，适应经济新常态，就必须打造经济升级版，从低附加值的制造转向高附加值的制造，从制造大国转向创造强国。实现这种转型，劳动者职业能力的提升是关键。

（二）创新驱动发展需要大批高素质技术技能人才

我国经济发展进入新常态是经济发展的必然结果。当前，我国经济正处于增长速度换档期、结构调整阵痛期、前期刺激政策消化期三期叠加阶段。经济发展从原来的要素驱动、投资驱动转向创新驱动。创新驱动发展，不仅需要一大批拔尖创新人才，更需要高等职业教育培养的生产、服务一线的技术技能人才，将大量的创新成果转化为现实生产力。以 3D 打印为例，它颠覆性地改变了制造业的生产方式，以低成本、小规模地生产少量但多样化的产品，来满足人们对私人定制的个性化消费需求。这场工业革命有两大特点：一是直接从事生产的劳动力会持续快速下降，劳动力成本在总成本中的比例会越来越小；二是新生产工艺能满足个性化定制的各种需求，这要求生产者必须贴近消费者与消费市场。这两大特点都会使以廉价劳动力取胜的传统制造业发生根本变化。目前，我国正处于产业转型升级和依靠创新驱动促进经济增长的过程中，这个过程迫切需要劳动者素质的提高，这一任务需要高等职业教育来完成。

（三）企业竞争力的提升需要大批高素质技术技能人才

我国正处于加快转变经济发展方式、推动产业转型升级的关键时期。一方面，国内人口、资源、环境约束日益加大，国际竞争低成本优势也在逐渐减弱；另一方面，产业技术水平、创新能力和人力资源相比发达国家仍有相当大的差距，核心技术受制于人，迫切需要依靠创新驱动为未来发展谋求新的出路，开辟新的空间。制造业的转型升级、战略性新兴产业的振兴、现代服务业的发展、全球资本和金融竞争、对外贸易方式的转变，最核心的动力是创新，最核心的资源是人才。企业要在激烈的市场竞争中胜出，必须降低成本，不断革新技术，提升人力资本价值。目前，我国人均 GDP 达到 6 800 美元，已属于中上等收入国家。与此同时，我国已告别劳动力廉价时代，劳动力成本大幅提升。在人均收入和人工成本总体提高的情况下，劳动者的人力资本水平成为决定企业是否愿意聘用更多劳动力的重要因素。

因此，企业能否在人工成本大幅提高的情况下，招聘到足够的具有较高生产率的工人，从而保证有持续的竞争力，高等职业教育又是关键。

二、改革创新，探索高职办学新体制

当前，我国高等职业教育主要是以政府开办的各种职业院校为主体。在资金投入上，政府是主体；在管理上，以政府及主管部门为主；在教育政策制定、实施、监督以及各个层面的教育改革上，行政性较强，政府是高等职业教育教学改革的强力主导者，院校自主办学空间很小。行政主管部门主导的高等职业教育院校缺乏与行业、企业合作共赢的基本能力，同时，作为事业单位身份管理的教育管理模式，绝大多数职业院校不仅没有来自主管部门的直接压力，而且也难以感受到来自社会的间接压力。由于缺乏有效的竞争，导致职业院校以提高人才质量与办学效益为目标的改革缺乏必要的内在动力，使得教育改革呼声尽管很高，但基本上形式多于实质，进而导致高职教育既难以满足人们日益增长的教育需求，也难以适应社会经济发展的需要。因此，高等职业教育的办学体制改革势在必行。

国务院《关于加快发展现代职业教育的决定》指出，"探索发展股份制、混合所有制职业院校，允许以资本、知识、技术、管理等要素参与办学并享有相应权利"，首次将混合所有制这一概念引入职业教育领域。如前文所述，在以政府为主体的办学模式下，职业教育存在体制僵化、封闭办学、活力不足、缺乏特色等弊端。高等职业教育作为一种跨界教育，必须走出封闭的围墙，与行业、企业、产业合作，充分发挥市场的作用，用市场的力量来办学，试行混合所有制具有重要意义。

所谓混合所有制，是指在同一经济组织中，不同的产权主体多元投资、互相渗透、互相贯通、互相融合，从而形成新的产权配置结构和经济形式。混合所有制的本质是产权主体多元化。发展混合所有制高等职业院校，将会成为今后高等院校改革创新发展的突破口，也是吸引行业企业参与办学、激活办学活力的一种有效途径。

（一）混合所有制是高职教育建立企业参与制度的有效途径

在教育领域引入混合所有制，实际上是以市场的机制和经营理念来推动高等职业教育的发展。一方面，混合所有制的本质特征是产权主体的多元化和不同资本的交叉投入，它契合教育由政府、学校、行业和企业多方联动的开放性办学要求和规律；另一方面，混合所有制本身具有成熟的市场运作机制，它可以为企业参与职业教育提供投入产出效益以及运作环节发言权的有效保障，从而落实企业的办学主体地位。

（二）混合所有制是公办高职院校办学体制改革的有效突破口

在教育领域，民办院校和公办院校都可以实行混合所有制。如果说民办院校搞混合所有制是通过"参公"来解决人才吸引、教职工保险、财政补贴等问题，那么，公办院校搞混合所有制则是通过"参私"，借助民办实体灵活的管理机制来突破体制上的一些束缚，从而激发办学活力。尤其是实行混合所有制办学，可以把"国有"和"民办"两方面的优势有机地结合起来，形成新的产权配置结构、法人治理结构和内部管理运行体系。

（三）混合所有制高职院校改革在实践中呈现多元化趋势

公办高职院校实行混合所有制，涉及国有资产管理、办学风险防范等诸多现实问题。探索混合所有制办学，需要高职院校开展多元化的创新实践。从全国来看，高职院校混合所有制的形式多种多样。例如，中山火炬职业技术学院与中山火炬工业开发总公司联合共建生产性实训基地，创建"多形式参股"的实训基地建设模式；杭州职业技术学院引进当地主导行业的主流企业，建设"校企共同体"，探索混合所有制，相继建立起 7 个"人财物融通、产学研一体、师徒生互动"的新型二级学院实体；苏州工业园区职业技术学院由 4 个大中型企业买断控股，完全按股份制运作，企业、高校和政府在董事会席位中分别占 67%、26% 和 7%；海南职业学院由海南省教育厅、海口农工贸股份有限公司和海南广播电视大学共同出资举办，三方办学主体的代表组成董事会和监事会，实行董事会领导下的校长负责制，内部运行管理遵循教育规律并参照企业的管理模式运行。

三、校企合作，建立人才培养新模式

校企合作是高等职业教育的核心，既是企业获得高素质技术技能人才和提高竞争力的内在要求，也是学校提升技术技能人才质量、满足企业需求的有效途径。校企合作、工学结合是高职院校人才培养的基本模式。

（一）校企合作的重要性

校企合作是高职教育培养技术技能人才的必由之路，是改革高职教育人才培养模式、教学模式、评价模式的关键环节，也是高职教育在办学规模和专业设置等方面与社会经济发展需要相适应的重要途径。通过校企合作，企业可以对职业院校的人才培养目标、专业设置、人才素质和能力结构、实习实训、师资队伍建设等关键环节提出建议和要求，提供咨询服务和全程指导。职业院校通过校企合作，可以加强与行业企业的紧密联系，与企业共同制定人才培养方案，共同开发课程及其他教学资源，共同实施培养过程，共同评估培养质量，使行业、企业真正成为人才培养的关键影响力量。在人才培养的过程中，职业院校利用企业场地和先进设备，对专业技术问题开展研究，使教师和学生在真实的环境下进行学习和探究，在实践中学习知识和应用知识，在解决实际问题的过程中培养学生的职业意识，提高学生的实践能力和创新能力。因此，坚持校企合作，创新人才培养模式，才能不断适应经济社会发展的新要求。

（二）校企合作的主要模式

当前，我国高职院校基于合作各方自身的优势，形成了许多特色鲜明、效果突出的校企合作模式。从产权关系看，形成了"校中厂""厂中校""专业实体化"等校企一体化办学、集团化办学等校企合作办学形式。高职院校面向市场需求办学，采取"校中厂""厂中校"模式，将生产性实践活动与教学活动有机结合，使人才培养融入企业生产服务流程和价值创造过程中。有的院校与企业合作成立实体性的办学机构，将技术创新、人才培养和社会服务有机地整合在一起，形成产

教融合机制与模式。例如，南通航运职业技术学院与新加坡海员联合会、新加坡森海海事服务有限公司联合共建的股份中新（南通）国际海军员培训中心。学院占股 34%，主要提供优质师资、实训基地等；新加坡海员联合会占股 33%，主要提供国际化资源、行业政策信息和科技发展前沿动态等；森海海事服务有限公司占股 33%，主要提供国际化的人才培养理念与先进的培训管理经验。而集团化办学模式则是将政府、行业、企业、学校、科研机构、社会组织等主体有机地整合在一起，这成为当前校企合作办学体系的重要实现形式。例如，唐山工业职业技术学院在政府支持下，跨所有制整合资源，创新集团化办学模式，学院通过兼并、买断、托管等方式，集聚了 15 个企业和中职学校的生产资源和教学资源，形成"前校后厂、产学一体、贴近区域、开放办学"的新模式。

从人才培养方式看，形成了顶岗实习、订单培养、现代学徒制等校企合作人才培养模式。当前，校企合作已经逐渐从满足企业简单的人力资本短缺的需要，向以高素质技术技能人才支撑企业技术升级、获得市场竞争力的需要推进。在校企合作过程中，企业也不再是简单地以获取劳动力为目的，而是越来越多地主动参与到技术技能人才培养过程中，以企业标准引导高职院校办学，实现企业用人标准与高职院校人才培养标准对接，企业生产车间与课堂对接，不断提升技术技能人才的质量。例如，武汉铁路职业技术学院与武汉铁路局、武汉地铁集团等企业合作，探索"四个一体化"的现代学徒制人才培养模式，与企业联合实现了学校招生与企业招工一体化、上课情景与工作情景一体化、课程与项目一体化、学生毕业与就业一体化。

（三）校企合作的主要项目

通过校企合作，可以实现人才培养模式革命性的变革。概而言之，校企合作的主要项目包括四大类。

1. 校企合作开发课程及其他教学资源

它是指根据企业的技术标准、产品要求和职业道德规范，及时调整课程的目标和内容，及时更新项目课程的设计形式，使课程体系由静态变为动态，从而提高职业教育人才培养质量。职业院校可以发挥专业课教师的主体作用和企业技术专家的主导作用，形成以工作过程为导向的课程体系、以工作结构为逻辑的课程结构、以职业能力标准为依据的课程标准、以工作任务为载体的课程内容，实现课程体系和课程内容的结合。

2. 校企合作共建实训基地

它是指校企双方根据各自的优势，合作建设校内实训基地和校外实训基地。

校企共建校内实训基地，可以充分利用学校在实训场地、人才队伍等方面的优势，以及企业在生产技术、研发手段和仪器设备等方面的优势，为学生提供相对真实的生产性实训环境。学校可以引进企业的一系列产品，用于学生实训和教师对企业产品的研发；可以引进企业先进的管理办法，按照企业先进的管理模式对实训基地等进行管理；可以引进优秀的企业文化，把行业、企业、职业等要素融入校园文化建设之中，提升校园文化内涵。校企合作建设校外实训基地，可以使学生直接进入职业岗位，参与实践操作，以企业员工的标准管理和训练学生，实现企业管理与教学行为的有效对接，将学生置于一个真正的岗位环境中，使学生可以直接感受企业文化和企业管理，培养学生爱岗敬业、诚实守信等职业道德，从而缩短学生就业时进入职业岗位的适应期。

3. 校企合作共同培养"双师型"教师

通过校企合作，学校选派专业教师到企业去了解生产实际中技术应用、成果转化、工艺衔接以及产品研发等实际问题，教师通过与行业、企业的交流，能将理论和实践有效结合，既增强课堂传授知识与技能的适用性，又为企业提供技术咨询服务，破解企业发展中的现实难题。同时，聘请企业中实践经验丰富的技师走进课堂，将企业的新技术及新趋势介绍给学生，引领学生进入行业前沿领域，提升学生的创新能力。

4. 校企合作共建应用技术研究开发团队

通过校企共建技术工艺与产品开发中心，开展应用技术研究。总之，国务院《关于加快发展现代职业教育的决定》提出了今后一个时期推动职业教育改革发展的指导思想、基本原则、目标任务和重大举措，这是我国职业教育史上的重要里程碑，标志着新时期职业教育改革发展的顶层设计已经完成，开启了加快发展现代职业教育的新征程。作为高职院校，要以《关于加快发展现代职业教育的决定》为行动指南，坚持以立德树人为根本，以服务发展为宗旨，以促进就业为导向，转变观念，改革创新，深化校企合作、产教融合，为培养高素质技术技能人才而努力奋斗。

第六章 关于我国高等职业教育教学创新与发展改革的方向研究

第一节 关于高等职业教育教学理念与教学模式的改革创新

一、高职教育教学理念的改革创新

高职教育坚持以社会需求为目标，以就业为导向，以能力培养为中心，实施产学结合、校企结合的办学新思路，在教学工作中突破传统的教学观念，建立新的教学理念，对指导教学改革的进一步实施具有一定的现实意义，也是教学改革不断深化的前提。

（一）确立以人为本的教学理念是时代发展的需要

20世纪20年代以来，国际教育思想发展的历程大体经历了"知识本位""能力本位""人本位"三个阶段，以人为本已成为国际流行的教育理念。所谓以人为本就是以人为根本，以人为核心，以人为基础，以人的全面发展为最终目的；着眼于人的个性发展，注重人的内在价值，强调人的主体存在。在高职教育中，坚持以人为本就是在教学中从学生的实际出发，以个性为基础，尊重学生的个性特征，以学生为主体，从学生的个性心理特征出发，由学生主动参与、自主学习，教师适当指导、适时点拨、适时引导，追求课堂的"乐学"情境，引导学生积极主动、生动活泼地学习。

如何才能确立以人为本的理念呢？首先，要确立学生的主体地位。教师要充分发挥学生的主体作用，努力构建生动活泼的学习氛围，让学生能动地参与教学活动，引导学生积极思维，主动探索。其次，要建立和谐的师生关系。教师要尊重学生的人格，以民主、平等的作风，与他们平等相处。第三，要确立以人为本的教学理念，善于运用以人为本的教学方法，创造有利于学生学习的氛围。例如，采用讨论式教学法、启发式教学法、情境式教学法等。

（二）树立互动式教学理念是教学相长的根本

所谓互动式教学理念，是指改变课堂教学中教师的主体地位，创造师生平等、合作、和谐的课堂氛围，使师生在知识、情感、思想、精神等方面的相互交融中实现教学相长的一种新的教学理念。

如何才能树立互动式教学理念呢？第一，要使学习的主体——学生"动"起来，要使学生动脑、动口、动手；第二，要充分发挥教师的主导作用，教师要对学生起点拨、引导和帮助的作用；第三，要实施开放性教学；第四，要创造民主的氛围。在互动式教学理念的指引下，当前高职教育教学中出现了可喜的互动式的教学模式，对提高高职教育的人才质量起了很大作用。

（三）确立开放性教学的教学理念是培养创新人才的保证

所谓教学过程的开放性，即在教学过程中创造一个开放性的教学空间。要达到这个目标，需要从以下五个方面入手：一是要求在课堂教学中学生的心态是开放的、自由的、不受压抑的；二是在教学的内容方面既不拘泥于教材，也不局限于教师的知识视野；三是教师要重视对学生进行开放性的思维训练，不能轻率地否定学生的探索实践；四是教学结果不能满足和局限于课本、权威、教师或所谓的标准答案；五是要打开学校大门，实施院校之间的教师互聘、课程互听、学分互认、资料共享、优势互补、合作双赢。

（四）确立信息化教学理念是推动教学手段现代化的关键

所谓教育信息化，就是运用现代信息技术手段，促进教学管理，改进教学方法，提高教学质量，探索与发展全新的教育模式。

加快教育信息化进程，大力推进信息技术与学科课程的整合，是改变传统高职教育模式、教学方法和教学手段的重要途径之一。教育信息化使教育教学从观念、思想、理论，到手段、方式、模式等都发生了根本性改变。多媒体、立体化的教学手段使教学更生动、更形象，便于教师指导，有利于学生自主探索和研究，对培养学生的创新精神和发展学生的实践能力大有益处。从事高职教育的教师更要注重为学生创设更多的自学空间，让学生掌握更多的获取知识的能力和手段，使信息技术成为促进学生自主学习的认识工具、情感激励工具，丰富教学环境的创设工具。这就要求教师必须掌握信息化教学技术，并能熟练操作计算机，将教学软件、网络等信息技术运用于教学实践中，指导学生利用信息获得知识。

（五）确立自主学习的教学理念是以学生为中心的基础

所谓自主学习，就是一种由学生自主而不是受他人支配的学习方式。在学习中学生具有分析、反思、做出决定和独立行动的能力。自主学习是以学生为主体，教师为主导进行教学的活动，是学习者管理自己学习的能力。这些能力包含学生自己设计学习活动、监控学习进程和评估学习效果等。为此，教师课堂教学的关键是培养和发展学生的学习自主性，教师需要向学生提供有益于学习的选择和决定的机会，帮助他们提高在知情中做出选择和决定的能力。从镇江高等专科学校外语系教师的外语教学试点情况看，教师一是检查、测试学生课外自主学习的效果，二是帮助学生提高阅读和写作的能力，把课外自主学习和课堂检查、读写和辅导等融为一体，形成以学生为中心的自主式教学模式。

综上所述，高职教育只有打破传统教学理念的束缚，树立以人为本、师生互动、课堂开放、自主学习及教学资源信息化等新的教学理念，才能建立起新的师生互动式、课堂开放式、自主学习式的教学模式。

二、高职教育教学模式的改革创新

在高职教育大发展的今天，为了进一步提高教育质量，培养出适应生产、建设、管理等第一线需要的创新型实用人才，不仅需要人才培养理念的更新，还需要在教学模式上进一步创新。

当前，随着课程模式改革的深入，人们在教学模式的改革中，开始改变传统的以教师为中心的传授型、继承型的教学模式，逐步树立素质教育、创新教育的教育思想，以及以"学生为主体，教师为主导"的新的教学理念，各种基于素质、创新、实践、应用的新的教学模式不断涌现，形成了高职教育人才培养模式的新亮点。

（一）多维互动的教学模式是高职教育的新模式

多维互动的教学模式是指教师与学生、学生与学生，在教学过程中创造出的平等、合作、和谐的氛围下进行互相沟通与互相交融，实现教学相长的一种教学模式。具体表现为以下三种教学模式。

1.互动式教学模式

互动式教学模式是指改变课堂教学中教师绝对权威的主体地位，创造出师生平等、合作、和谐的课堂氛围，使师生在知识、情感、思想、精神等方面的相互交融中实现教学相长的一种新的教学模式。其本质特征是师生平等和相互尊重。该模式促进了师生之间从单向交流向双向交流转变，从不对等交流向平等交流转变，从静态交流向动态交流转变；它使学生由被动接受向主动接受转变，由继承向创新、创造转变，由单一知识教育向综合的素质教育转变，进而形成信息互动、情感互动、思想互动、心灵互动的新局面。

2.自主式教学模式

自主式教学模式是指充分发挥学生在学习中的主体地位，广泛调动学生理论学习的积极性和主动性，提倡学生确定学习目标、制订学习进度，参与教学评价，养成自主学习、主动发展的意识，以达到"自我投入、自我思考、自我操作、自我提高"的良好学习境界。在这种模式的指导下，通过教师对学生的有效指导和学生间的有效交流，帮助学生自主创新学习，培养学生的创新意识、创新精神和创新能力。

传统的教学结构按照复习—导入—新课—巩固练习—小结—作业的步骤进行，而自主式课堂教学结构则按照自学—说学—评学—导学等步骤进行。这种模式的本质特征体现在以下几个方面：一是由原来单纯的知识传授向多元能力训练转化，二是由原来求同灭异的应试教学向轻松活泼的理论学习活动转化，三是由"以教师为中心"的主讲制向"以学生为主体"的主导制转化。

3.讲训并重的教学模式

讲训并重的教学模式是指在教学过程中，既注重理论讲授，又加强实践性教学的一种教学模式。对于高职教育来说，在"以能力为本位"的理念指引下，为了确保培养出适应生产、建设、服务、管理一线需要的应用型人才，基础理论教学中以"必需"和"够用"为度。同时，要通过生产实践，培养学生的工程实践能力、动手操作能力、现场指挥能力、创新能力、解决实际问题能力等，要求实践性教学环节要占教学总学时的 40% ～ 50%。

（二）多维互助的"产学结合、校企交替"情境化模式的实现，开辟了理论与实践一体化的新途径

多维互助的"产学结合、校企交替"情境化模式是指学校在组织教学的过程中，学校与企业之间为培养人才而采取的互帮互助，"情"与"境"融合的一种双赢的教学模式。具体表现为以下几种教学模式。

1.工学交替制教学模式

所谓工学交替，是指把整个学习过程分离为学习和企业工作交替进行的过程。它促进了理论教学与实践教学的结合，使学生掌握的知识更为牢固。镇江高专旅游系旅游专业实施了"2+1"教学模式，即 2 年在校内学习，1 年到企业实习。

山东职业技术学院自 2002 年开始，对 2001 级市场营销专业的学生实施了工学交替的教学模式，在教学组织上，采取分段式教学，第一学年在校内学习文化课及基础理论模块课程，第二、第三学年学习专业模块时，实行工学交替制，一边工作，一边学习。在管理上采取岗位角色管理：在校内"上课日"由学校按学生管理，考核其学习成绩；"工作日"则由企业按员工管理，考核业绩并发给工资。这种工学交替制的模式是在学习专业模块时进行的，能使专业理论的学习更加贴近生产实际，对培养学生的综合能力、实践能力很有帮助，也使学生一毕业就能顶岗工作，省掉了见习期。

2.产、学、研一体化教学模式

所谓"产、学、研一体化"，就是指以教学、科研、生产相结合的方式来共同组织教学，培养人才。其中，"产"主要指生产实践；"学"主要指学生参与生产和科研实践的教学过程；"研"是指科技研究。产、学、研一体化的教学模式以学校和企业紧密结合为前提，以科研部门的参与为基础，促进教育、科研、产业的互动式发展，构建理论教学、实践教学和素质教育的三大体系，提高人才培养的质量。

以辽宁职业技术学院为例，他们在学校内部推行"产、学、研一体化"的模式，以学校的科研项目为依托，实行教学、科研、生产，教师、学生、工人两个"三结合"，探索出植物生产专业的"双线式"，生物技术专业的"融合式"等灵活多样、各具特色的教学模式，将课堂教学、理论教学与实践教学紧密结合，增强了学生动手能力和适应社会、服务社会、改造社会的能力。

3.产、教、贸一体化的教学模式

所谓"产、教、贸一体化"，即集教学、生产、市场营销为一体。这种教学模式把学生在校学习和在公司实践统一到一个完整的教学过程中，使课堂教学与现场教学有机结合，强化了学生的动手能力，使教学面向社会，面向市场，使教学过程真正融入市场，实现了教学、生产、营销相互贯通，相互促进，有利于教育资源的合理利用。在这种教学模式中，教师既是教学工作的组织者、实施者，又是企业工作的生产者和经营者。学生在实战的氛围中锻炼了自己的职业能力和创业能力。对于专业建设来说，也可随时了解现实职业岗位的变化，并据此调整教学计划，更新课程内容，使专业建设与未来人才市场发展同步。

4."双证制"的教学模式

所谓"双证制"，即指学生在学习期间按照学校的教学计划，顺利地完成了学习任务，毕业时可以拿到学校发给的毕业证书；同时，学生在校期间参加劳动部门举办的职业岗位培训、考试与鉴定，考试合格后可获得相应的职业岗位证书，如导游证、会计证等。"双证制"的推行提高了学生的岗位适应能力、职业能力和创新能力，增强了人才培养的职业性和针对性，提高了学生的市场竞争力。"双证制"在一定程度上可以替代企业对毕业生上岗前的二次培训，实现了人才培养与社会职业岗位的接轨。

5.技能模块组合的教学模式

所谓技能模块组合，是指将专业教学所包含的各项技术能力分解为相对独立的一个个模块，同时将每一个模块所应掌握的知识和技能分成若干教学子模块，按照由浅入深、由易到难的技术形成特点，分块强化，优势互补，逐个突破。在教学过程中，根据要达到的具体能力目标，选择相应的教学模块，实行多种模块并用，让学生能"边学、边练、边用"。

在这种教学模式下，只要模块设计合理、专业性强、目标明确、重点突出，并且便于灵活组织和安排教学，就会较好地实现培养目标。如在岗位技术能力教学中，应按照职业岗位对知识结构、能力结构和职业素质的需求，构建理论教学、技能训练、顶岗模拟等教学模块，通过实施岗位技术能力分项目、分阶段、分过程，由分散到综合、由训练到生产的教学模式，从而实现职业岗位技术能力的培养目标。

随着高职教育的发展，高职教育教学模式还应根据不同行业、不同地区、不同专业、不同课程进行不断探索，总结出新的、更具职业教育特色的教学模式，为我国高职教育教学改革做出更大贡献。

第二节　关于高等职业教育教学方法与学习方式的改革创新

一、高职教育教学方法改革创新探析

高等职业教育以培养适应生产、建设、管理、服务第一线需要的应用型专门人才为目标。因此，高职教育在教学方法改革中应注重培养学生的应用能力。在教学过程中，教师不仅要注重讲，更要注重训；不仅要关注"讲"什么、"训"什么，更要关注怎么"讲"、怎么"训"，以及如何处理好"讲"与"训"之间的关系。高职教育教学方法改革是推进技能型人才培养的动力。基于高职教育教学任务的多样性和教学对象的差异性，教学方法的改革已势在必行。目前，高职院校教学改革已出现了主导性多元化的局面。所谓主导性多元化，即以教师为主导，教师可根据不同的对象和内容采取多元的教学方法，让学生变被动学习为主动学习，充分调动学生学习的积极性。

（一）高职教育教学方法改革创新的现状

高职教育教学方法改革呈现出百花齐放的良好局面。主要的教学方法有以下六种：问题式教学法、案例教学法、讨论式教学法、项目教学法、现场教学法、认知教学法。

1. 问题式教学法

问题式教学法，是指在教学中以"问题"为"中心"，组织学生进行思考、探究，进而培养学生获取新知识的一种教学活动。哲学家波普尔认为："正是问题激发我们去学习，去发展知识，去观察，去实践。"教学过程就是一个设疑、质疑、解疑的过程。课前教师在吃透教材内容的基础上，根据学生的需要与兴趣，精心设计符合学生思维空间与思维模式的问题，引导学生思考，调动学生参与的积极性，让学生去发现，去探究。这样做，可以培养学生获取新知识以及分析问题、解决问题的能力，提高学生的交流能力、合作能力、探究能力和生存发展能力。在问题的探究中，要努力做到全员参加，鼓励学生之间开展持之有据、言之有理的争论，提倡勇于坚持自己的观点，但又不固执己见的学风。教师在教学活动中应以指导者、组织者、参与者、研究者的身份出现。在问题讨论过程中，教师应善于捕捉学生创造的火花，及时对学生进行鼓励、引导，并对其学习成果进行总结提升。

2. 案例教学法

案例教学法，是指利用以真实的事件撰写的案例进行课堂教学的教学方法。该教学方法是把理论融入一个个生动的具体案例中，既讲理论，又讲实践，深入浅出，通俗易懂，增强学生对教学内容的理解与记忆，使学生形成科学的思维模式。案例教学法可通过典型案例，将学生带入特定事件的情境，使学生在独立思考或集体协作的状态下，进一步提高识别、分析和解决问题的能力，进而形成良好的知识学习与驾驭能力、沟通能力、职业能力和协调能力。运用案例教学，一方面，可使理论的阐述更透彻、更具体；另一方面，可以极大地提高学生的学习兴趣和主动性，活跃学生的思维，开拓学生的思路，使学生成为课堂教学的中心，可以较好地提升学习效率。

3. 讨论式教学法

讨论式教学法，是指对课程中的某些内容运用讨论的方式进行的一种教学活动。首先，教师在上课前要做充分的准备，把讨论课的教学内容、教学目标告诉学生，然后让学生通过预习和查阅资料做准备；其次，教师在上课时让学生围绕本课的教学内容和要达到的教学目标进行讨论；最后，教师根据讨论结果进行总结归纳。这样，学生不仅能明确教学目标，而且能够掌握实现目标的途径和方法，可以充分发挥学生的学习潜能，激发学生的学习兴趣，培养学生的参与意识和创新精神，使学生在参与中获得提高。

4. 项目教学法

项目教学法，是指通过具有真实应用背景的模拟或真实的项目，包括生产性的、设计性的或综合性的，让学生了解项目对象，即产品、商业活动、管理系统，提出技术路线和解决方案，再进行生产性工作，最后形成物化的或非物化的产品的教学活动。项目的大小和教学要求可以根据实际条件（时间、硬件等）确定，教学活动形式可以由个人完成或由小组完成。项目教学不仅可以培养学生的专业技术能力，也是培养关键能力和职业素质的有效形式，更是提高学生全面素质的有效形式。

5. 现场教学法

现场教学法，是指将课堂搬到工程现场，通过现场的情境感染（声音、色彩、动作）和实物形象来激发学生的形象思维的教学活动。这一教学方法将使学生获得直观的、现实的知识，加深对知识的理解和记忆，并能提升学生对知识的运用能力和实际操作能力。

6. 认知教学法

认知教学法，是指按照人们认识客观事物的一般规律而设计的教学模式，即通过对事物的感知—表象（想象）—思维的过程，培养学生的"认知技能"，即智力技能的教学活动。认知教学法的教学过程通常包括：① 知道要做什么，即了解教学活动（认知活动）的结果定向。② 感知是什么，借助实物或模型，通过人的感觉和知觉去感性地认识事物。③ 认知为什么，借助各种语言（如文字语言、教学语言、图表等）理性地描述事物。由于许多工科类专业的应用对象为设备、产品、仪器、结构等有形物，因此，认知教学法非常适合高职类学校教学实践。

（二）创新教学方法的主要途径

从当前高职教育的实际情况看，教学方法的改革宜从以下四个方面入手。

第一，把传统的"传道、授业、解惑"的教育观念转变到以创新人才培养为主要目标的教育思想上来，自觉地将创新教育寓于各个教学环节之中。

第二，把"以教师为中心"的教学方法转变到"以学生为中心"上来，突出学生的主体作用，充分发挥教师的主导作用。

第三，从偏重教学中解放出来，注重将科研引入教学过程，激发学生的创新精神，注重科研方法的训练，提高学生的科研能力与创新能力。

第四，从灌输式方法转变为启发式、讨论式、研究式的教学方法，充分调动学生的积极性。积极利用多媒体、远程网络教育等现代教学手段，改变以往黑板加粉笔的说教方法，激发学生的学习兴趣，提高教学质量和教学效益，让学生变得更活更实。

二、高职教育学习方式创新探析

高职教育教学改革除了要对教师的教学方法进行改革外，教师作为学生学习的组织者、引导者、合作者，还要注意自己"怎么教"，关注学生"怎么学"。高职教育应根据高职学生学习的特点，及时指导学生学会学习，要让学生在学中练，在练中学，以练促学，以练促用，做到学练结合，学以致用，让学生变"学会"为"会学""会做"，使学生转变单一、被动的学习方式，进而建立起主体性多样化的学习方式，这是高职学生提高学习质量的关键。

（一）学习方式的创新，使高职教育充满了活力

高职教育的教学过程应根据学生学习环节的实践性、学习安排的阶段性、学习过程的自我适应性、学习态度的自主性、学习方法的科学性、学习手段的多样性等特点，在遵循讲课要讲活、读书要读活的原则下，教师的教学方法活化了，学生的学习方式也日趋多样化，其中，主要的学习方式有以下五种。

1.互动式学习方式

互动式学习方式，是指在课堂教学中教师从主体转为主导，进而创造出教学中师生平等、合作、和谐的课堂氛围，使师生在知识、情感、思想、精神等方面的相互交融中实现教学相长的一种方式。它的本质特征是师生平等和相互尊重，促进教学由单向交流向双向交流转变，推动教学中不对等交流向平等交流转变，使学生由单向传输的被动接受向双向交流的主动接受转变，由单一知识教育向综合的素质教育转变，进而带动信息互动、情感互动、思想互动、心灵互动的新局面。这种在教学过程中使学生变被动为主动，进而形成师生互动的学习方式，在高职院校中已广为运用，并且收效非常明显，受到师生的普遍欢迎。

2.自主式学习方式

自主式学习方式，是指一种由学生自主进行而不受他人支配的学习方式。学生在学习中具有分析、反思，进而做出决定和独立行动的能力。自主学习是在以学生为主体、教师为主导的情况下所进行的教学活动，学生具有管理自己的能力，

包括自己设计学习活动、监控学习进程和评估学习效果等。为此，教师在课堂教学中所要把握的关键是如何培养和发展学生的学习自主性，教师需向学生提供有益于学习的选择和决定的机会，帮助学生提高在知情中做出选择和决定的能力。镇江高专外语系教师在外语教学中做了尝试，在教师自主式教学模式的带动下，学生已逐步形成自主式学习方式，外语学习成绩有明显提高，这是一种行之有效的学习方式。

3. 体验式学习方式

体验式学习方式，是指教师在教学过程中让学生走出课堂，通过组织学生到企业参观、做专业调查、负重拉练、参加相关行业的义务劳动或社会公益活动等实践活动，使学生所学的理性知识获得充分的感性支持，尽快缩短"知"与"行"的距离的一种学习方式。例如，在专业课的学习中可以利用专业实习、实训的机会进行思想道德教育。运用技术操作和管理等手段，使学生在实际操作中了解和体会遵守职业道德规范的必要性和重要性，提高学生对生产实践中职业道德条款的理解度和遵循度，达到"有章要循""有法必依"的效果。

4. 研究性学习方式

研究性学习方式，是指学生在教师的指导下从自身生活和社会活动中选择并研究专题，以类似科学研究的方式，主动地获取知识、应用知识来解决问题的学习活动。这种研究性学习方式改变了学生单纯地接受教师传授知识的学习方式，为学生构建了一种开放的学习环境。在这一活动中，教师充当指导者、合作者和助手，可以根据教学内容采用灵活多样的方式让学生发现问题、分析问题和解决问题；学生亲自参与研究探索，学会分享与合作，培养科学态度和道德意识，培养社会责任感和使命感，同时，进一步丰富学生各种知识储存，并尝试相关知识的综合运用。

5. 适应性学习方式

适应性学习方式，是指学生在学习环境变化了的情况下，通过自己的主观努力，克服心理上的不适感或茫然感，积极变被动为主动，将自己的心态调整到能正常学习的一种心理状态。学习环境的变化将伴随终身，掌握自我适应性的学习方式将使学生受益一生。

（二）学习方式创新的基本途径

为使学生的学习方式得到根本的转变，以适应当今教学改革的步伐，可以从下述几个途径入手。

1. 带着问题学习

在教学过程中，教师不仅要培养学生分析问题、解决问题的能力，更要培养学生发现问题和提出问题的能力。提出问题往往是创新的开始，强化问题意识是创造性和创新能力的基础，问题是创新的驱动力，没有问题也就不会有创新，能提出新问题，或者从新的角度去思考老问题，往往会引起新的发现与突破。正如英国科学家波普尔先生所说："科学的第一特征是科学和知识的增长永远始于问题，终于问题，越深化的问题，越能启发新问题。"所以，学生要努力营造多种问题情境，以问题作为学习载体，以问题为中心，始终保持一种怀疑、困惑、焦虑、探究的心理状态，围绕问题的发现、提出、分析和解决来组织自己的学习活动。带着问题的学习是提高主动学习能力的一条重要途径。

2. 通过实践学习

高等职业技术教育以培养应用型高级专门人才为目标，其理论教学是以"必需"和"够用"为度，大部分教学内容是要通过实践来组织和完成的。因为实践教学既是认识的源泉，又是思维的基础。它不仅能获取知识，还可强化技能的培训，给学生一定的直接经验和感性认识，进而提高他们的动手能力、操作能力，以及发现问题、分析问题和解决问题的能力，使他们能够把书本上所学到的理论知识转化为能够应用的东西。

3. 利用网络学习

20世纪90年代以来，以计算机多媒体技术和网络通信技术为核心的信息技术迅猛发展，把人类带入了网络时代，网络已成为人们生活、学习、工作中不可或缺的工具。高职院校通过计算机校园网络，将教育教学手段延伸到校园内外的每一个角落，从而使师生间的教学互动变得更为快捷和简明。网络改变了以往黑板加粉笔的单一的教学方式，使学生拓宽了学习视野，丰富了学习资源，激发了学习兴趣，进而主动设计自身的学习活动。在网络技术运用中还可以进一步培养学生收集、处理、储存、利用信息的能力，进而利用网络解决学习、生活、工作中遇到的各种问题，提高学习和生活效率。

4. 在对话中学习

在高职教育教学过程中，教师要创立一种活跃的学术氛围，安排一定的教学内容让学生自学，并在此基础上组织学生进行讨论和对话，让每名学生都能发表各自的观点和见解，充分调动学生学习的积极性和主动性，使他们从听教师"满堂灌"的被动接受式学习中解脱出来，形成一种在教师指导下，学生主动去查找资料，寻找依据，在对话中获取知识的学习活动。通过这种对话式的学习，不仅可以促进师生间彼此心灵的沟通与交流，引发双方对教学内容、教学方法和学习方法的探究与交流，而且对突出学习的主体性、交互性、协调性，转变学生的学习方式，提高学习能力都具有不可估量的作用。因此，教学中应大力倡导在对话中学习的方式。

5.在创新教育中学习

人类要生存、要发展，就必须要创新。创新就是要淘汰旧的观念、技术和事物，创造和培育新的观念、技术和事物。目前，创新教育已为大学生的学习创造了良好的机遇。创新教育与传统教育具有以下几方面明显的区别：① 创新教育是学生主动地获取知识，而传统教育多半是学生被动地接受知识。② 创新教育强调学生提取和加工信息的能力，而传统教育多半强调学生储存、积累知识的能力。③ 创新教育提倡学生探索众多的未知领域，设想多元化的解决问题的方案，需要学生进行选择与决策，而传统教育主要是给学生以现成的、唯一的标准答案。④ 创新教育注重学生发散思维的训练，而传统教育多半注重学生集中思维的培养。⑤ 创新教育注重学生学习的思维过程，是"过程性教育"，而传统教育注重的是人类思维的结果，提供结论性的知识，是"结论性教育"。⑥ 创新教育注重培养解决模糊领域问题的人才，即"生产知识者"，而传统教育注重培养解决精确领域问题的人才，即"知识生产者"。⑦ 创新教育强调教学的差异性，是对学生进行高标准的选择性突破，而传统教育多半强调教学的统一性，是对学生进行低标准的全面平推。⑧ 创新教育讲究未来的发展趋势，而传统教育讲究现有的传统规范。⑨ 创新教育注重学生对未来社会的应变能力，而传统教育多半强调学生对当今社会的适应能力。⑩ 创新教育强调变动和发展，目标是培养"创新型""素质型"人才，而传统教育更多地强调模仿与继承，目标是培养"应试型""知识型"人才。因此，实施创新教育，培养创新型人才，不仅是高职教育发展的必然趋势，同时也是目前世界大学教育发展的方向。高职教育的工作者，应加强对学生的趋异、自信、冒险、进取等品质的培养和训练，增强学生学习的自主性和独立性，培养其独立思考和解决问题的能力，使他们敢于认识和研究自己所不知道的问题，不断提高认识水平，善于将新的学习内容灵活变通地纳入已有的认知结构。

三、高职教育学习方式多样化探析

教育必须着眼于学生潜能的唤醒、挖掘与提升，促进学生的自主发展，必须着眼于学生的全面成长，促进学生认知、情感、态度与技能等方面的和谐发展，为培养未来社会优秀的接班人做好铺垫。在当前大力推行素质教育和知识经济快速发展的形势下，改变不合时宜的学习方式，用以自主性、合作性、探究性为主要特征的多样化的学习方式取代传统教育显得尤为重要。

（一）学习方式及其特点

学习方式是学习者自主的、独特的、具有相对稳定性的认知方式。陈琦、刘陆德在《当代教育心理学》中将学习方式定义为人们在学习时所具有的或偏爱的方式，是学习者在研究和解决其学习任务时所表现出来的具有个人特色的方式。学习方式有相对稳定性、个体差异性、可变性等特点。

首先，学习方式具有相对稳定性。人人都有各自的生活背景、内心世界和相应的生活经验，有自己观察和解释世界的独特方式，因此，在教学中，学生可以能动地接受，但也可能消极地排斥。学习方式是一个人在认识外部客观世界的过程中逐渐摸索形成的，学习方式一经形成即具有相对稳定性，且会形成习惯和定势，难以更改。

其次，学习方式具有个体差异性。每名学生都有自己的学习方式，如有的学生习惯于由一般到特殊的学习秩序，对于先呈现知识总提纲，再呈现例子和应用分析的学习内容有较强的接受能力，而有的学生习惯于由特殊到一般，即先学习具体事例，最后由事例归纳结论；有些学生喜欢通过写来记忆材料，有些学生则喜好通过复述来记忆材料。

最后，学习方式具有可变性。某种认知方式在学习进程中经历了多次失败后，学习者会转而寻求新的学习方式；或者学习者在与同伴共同学习的过程中，逐渐吸收同伴优秀的学习方式，并结合自身实际，对原学习方式不断加以调整和改进，从而形成适合自己的新的学习方式。

（二）实现学习方式多样化的必要性

1.被动的填鸭式教学模式亟待改革

目前我国高职院校学生的学习方式大多是教师教，学生学，课外做练习。学生处于被动的接受地位，这在很大限度上扼制了学习创新能力和创造性思维的发展。此外，死板的教学方式激不起学生的学习兴趣。实现学习方式的多样化，可以有效地解决这类问题。

2.学生个体之间存在差异

学生个体之间存在差异，有的学生学得快，有的学生学得慢，要是用统一的学习方式来要求所有的学生，势必会造成学习效果的参差不齐。即使学生的智力水平和学习动机等因素相同，他们在接受、储存、转化、提取和应用知识过程中所采用的感知和思维方式也会有很大差异。学生学习方式的个体差异影响着他们在学习过程中获得经验的方式。因此，学习方式的多样化是不可避免的。

3.素质教育呼唤学习方式的多样化

素质教育的一个重要任务是培养学生的创新精神和创造能力，培养全面发展的人才。学生走上社会后，缺乏再学习能力和创新能力，不能学以致用，就意味着不能生存。学习方式的多样化在某种程度上可以解决这个问题。

此外，只知读死书，不与别人交流，不善于表达都会对学生今后走上工作岗位产生不良影响。而实行合作学习可以在很大限度上改善这种状况。通过合作学习，可以增加人与人之间的信任感，团队精神也将得到升华。

（三）如何实现学习方式的多样化

实现学习方式的多样化，一方面要从教师入手，建立平等和谐的师生关系，教师要改变教学技术和教学行为，引导学生积极转变学习方式；另一方面要从学生入手，学生要变"要我学"为"我要学"，结合自身实际，探索适合自己的学习方式。

1.提高教师素质，实现教学方式个性化

在学习方式多样化的进程中，教师是学习的促进者和参与者，是活动的组织者和情感的支持者，因此，教师必须注意吸收多方面知识，提高自身的素养。教师应根据不同的情境、不同的学习者以及不同的学习阶段，对自己所扮演的角色及时做相应的调整。学生普遍存在个体差异，教师要因材施教，在平时教学中要多注意观察，帮助学生找到最适合自身的学习方式。

2.培养学生自主学习、合作学习、探究学习的品质

（1）培养自主学习的品质。自主学习是相对于传统学习方式中的"他主学习"而言的，一般指学生在学习过程中表现出来的自主意识和自主能力。具体表现为学习者有明确的自我学习目标，有自觉的行为追求，会选择适当的学习方法以获得自己期待的学习效果。强调学生学习的自主性，并不排斥教师的引导。离开教师的引导，学生的学习就可能失去方向，就难以保证学习活动的顺利完成。教师要从学生的"学"出发，为学生的自主学习留有更充分的时间和空间，营造一种富有挑战的学习氛围，引发学生自主学习的积极性。

学生可以通过阅读、质疑、研究、总结和实践的过程来完成自主学习。质疑能力是人类潜在的天性，教师要尊重、调动和正确引导学生的这种潜能，并使之成为学生学习过程中一种非常重要的能力。在阅读教材的过程中，可以鼓励学生自己提出疑问，也可由教师布置课题，让学生带着疑问去查资料，翻看相关课外书籍，向他人询问等，最后再进一步总结，写出报告。理工科的学生还可以通过实验来验证结果的正确性。

（2）培养合作学习的品质。通过合作学习可使学生学会与他人合作，它不仅是促进学生学习的形式和方法，也是学习的目的。合作学习最重要的就是培养学生的合作意识、合作能力和合作精神，通过合作促进学生的协调发展是学习最核心和最根本的目的。

（3）培养探究学习的品质。探究学习是针对传统学习方式中的"接受学习"而言的，是指学生在学习人类既有知识的过程中，对知识的合法性与权威性保留自己质疑、评价、批判的权利，而不被动学习或全盘接受。探究学习是以活动为主要形式的学习，结合学生的亲身经历，密切联系学生自身的生活，要求学生参与到活动中的每一个细节，在活动中自主选择问题进行探索、体验、感受生活，发展实践能力和创新能力。

3. 利用信息和网络技术实现学习方式多样化

当前计算机和网络信息技术发展迅速，这些技术可以被应用到学习方式的转变上来，以实现学习方式的多样化。

（1）丰富的网上资源可为探究学习提供重要的知识源泉和丰富的探究课题，其中包括全方位、多层次、多角度且图文并茂的文献资料，以及多种多样的解决问题的思路。网上的信息传播速度非常快，可大大节省探究时间，提高学习效率。

网络虚拟环境可为学生提供现实中难以体验或无法亲身体验的情境。网络中的虚拟情境与虚拟交往为学生的探究学习提供了一个丰富的信息世界。它汇集了计算机图形学、多媒体技术、人工智能以及人体行为学等多项关键技术，通过多媒体技术与仿真技术相结合，生成视、听、触觉一体化的虚拟环境。在学习过程中，可以利用网络把问题融于具体的虚拟情境中，学生在自然状态下与虚拟环境中的客体进行信息与情感互动，其效果是传统的教学手段难以达到的。

（2）网络可为学生提供交流与协作的平台。学生可以在各自家中实现远程互动，用 QQ、MSN 等聊天工具或发电子邮件互相讨论，这些都有助于推动学习进程，增强学习效果。

4. 实现学习方式多样化的前景

创新是一个民族的灵魂，是一个国家兴旺发达的动力和源泉，创新的关键在于人才，人才的成长靠教育。要想培养具有创新精神和创新能力的人才，就必须注重提高学生的学习能力，重点要在自学能力、研究能力、思维能力、表达能力和组织管理能力等方面努力。实现学习方式多样化有助于因材施教，培养高素质人才，提高学生再学习的能力，使学生树立终身学习的理念。

实现学习方式多样化任重道远，学习方式的多样化将有效地推进各类教改的实施，同时也将促使学生多学、快学知识，学好、用好知识。

四、高职教育探究性学习方法研究与思考

随着知识经济的加速发展和社会节奏的不断加快，如何指导学生有效地学习，为未来社会培养高素质的适应社会变化的人才，已成为各类学校共同关注的课题。探究性学习是一种体现学生学习自主性、激发学生创新意识的学习方式，能够有效地培养学生的思维能力、创新能力和实践能力。

（一）探究性学习及其特点

1.探究性学习的内涵

广义上讲，探究性学习泛指学生以探究问题为主要目的的学习；狭义上讲，它是一种专题研究活动，是指学生在教师的指导下，选择确定研究专题，以类似科学研究的方式主动地获取知识。作为学习方式，探究性学习是与接受性学习相对应的，是学生在教师指导下自主地发现问题、探究问题、获得结论的过程。探究性学习是一种积极的学习过程，是学生在学科学习中自己探索问题的学习方式，即在教学过程中教师创设一种类似科学探究的情境或氛围，引导学生从学习活动及社会生活中选择和确定探究专题，用类似科学探究的方式，主动地探索问题，发现规律，体验成功和失败。采用这种在发现和体验中学习的方式，学生不仅可以学到科学知识，而且可以学会对信息的收集、分析和判断的方法，并形成主动获取知识、应用知识解决问题的良好的学习态度和学习习惯，从而培养他们的思维能力、创造能力和实践能力。

2.探究性学习的特点

（1）自主性。探究式学习改变了学生被动地接受知识的状况，教师在此过程中更多地起到了指导者、协助者和参与者的作用。学生被真正置于学习的主体地位，从课题的选择，材料的收集、整理、分析，以及成果的整理、汇报等整个过程都自己去做，充分体现了教学过程中学生学习的自主性。

（2）灵活性。这里所说的灵活性包括两层含义：一是选题灵活，即指探究性学习以问题为教学活动的载体，这些问题大多是学生自己在与他人的互动和交流中产生的，源于学生的真实生活，具有较强的现实性、生活性、社会性与实践性，而且问题种类繁多，可以灵活选择；二是方式灵活，探究性学习为学生创造了充分发挥创新潜能的宽松环境，这种和谐的氛围有利于学生的创造和想象，有利于学生创新思维的发展。探究性学习的方式比较灵活，可以通过课堂讨论、课外兴

趣小组活动、查找资料、实验、调查等来实现。多种多样的探究性学习活动也必然产生多种多样的学习成果。

（3）过程性。在探究性学习中，学生以类似科学探究的方式，查阅资料，进行实验，通过假设、求证，最终解决问题，得出结论。这种发现问题、思考问题、探究问题和解决问题的过程就是一个探究过程。探究性学习重视学习结果，更重视学习过程，重视学习过程中学生的感受和体验。

（二）当前探究性学习存在的问题

目前，探究性学习在组织和实施过程中存在着一些较为突出的问题。

1.目的功利化倾向

探究性学习的目的是培养学生探究和创新意识，学习科学探究的方法，发展学生综合运用知识的能力。在贯彻探究性学习的过程中，出现了目的功利化倾向，为探究而研究的现象屡见不鲜。这种倾向其实是没有很好地把握探究性学习的实质，只是流于表面形式，内容空洞，虚有探究性学习之名。

2.方法简单化倾向

目前，许多学校进行的所谓探究性学习往往只停留在课堂教学中，教师布置任务，让学生去探究，学生课外自行提出问题并进行探究的较少，方式方法也比较单一。学生存在个体差异，其心理状况、知识基础和兴趣爱好不同，如果一味采用单一的方式，势必要影响探究性学习的进程和效果。

3.参与者的被动倾向

自主探究的本质在于让学生带着问题走向教材，走向生活，从而获取知识，提高能力，增强信心。如果设置探究活动情境时脱离学生的实际生活和认知水平，学生得不到相应材料的支持，对活动本身就会缺乏兴趣，失去热情，一直处于被动接受学习之中。有些教师在学生完成探究活动的过程中不停地打断学生的思路，不断地进行矫正，试图把学生引导到预设的框架中，企图牵着学生的手走完全程，学生几乎成了被操纵者，根本谈不上主体作用的发挥。这种做法显然不利于学生思维的创新和探究性学习的进一步发展。

4.引导力度薄弱化倾向

探究教学活动是师生之间、生生之间共同交往与发展的过程，没有互动就不会对学生的学习起到积极的促进作用，而学生的有效交往和互动离不开教师的积极引导；否则，整个探究活动就有可能偏离正常的轨道。在探究活动中，有的教师以"导演"的姿态出现，把探究的选题、方案设计及操作环节等整个过程全部设计好，学生按照教师编写好的"脚本"按部就班地进行探究活动。整个探究活动过程整齐划一，探究活动结论趋向一致，这样，探究就演变成了操作训练，学生的创新精神和创新能力受到了极大限制。在实际操作中，由于对探究性学习活动存在认识上的偏差，有的教师完全排斥接受性学习，于是在传统"教师中心论"的封闭式教学方法受到抨击的情况下，又走向另一极端，即过分重视以学生为中心，教师的主导作用不能充分发挥，探究活动完全变成学生的"自主表演"，学生得不到应有的帮助与指点。凡此种种，都说明了探究活动的引导力度存在薄弱化倾向。

（三）解决问题的对策

1. 发挥教师的主导作用

教师良好的知识水平和个人素养是开展探究性学习的保证。教师是发展学生主体性不可或缺的外部驱动，在探究活动中教师应发挥主导作用。教师主导作用的发挥水平直接决定着学生主体意识和主体行为的发展质量。教师要通过自己富有个性的创造性教学活动，促进学生的主体性发展，使发展学生的主体性要求内化为学生的自身需求。在探究活动中，必须突出强调教师主导作用的充分展示。一方面，教师要根据教学的基本规律、原理、原则、方法等要求科学安排探究活动的各个环节；另一方面，实际探究过程离不开教师对教学手段的具体应用和教学技能技巧的创造性发挥。只有这样，才能充分激发学生强烈的探究学习情感，取得较好的探究效果。教师应改变"导演"的角色，使学生逐步学会自主发现问题、确立探究课题、设计探究方案，并按自己的方案进行实验、总结和反思。教师更多的是以参与者和宏观调控者的身份出现，了解学生的探究动向，参与学生的探究活动，为学生做必要的咨询服务，并提供合理化建议。

2. 突出学生的主体性和合作性

探究性学习以发展学生个性、培养创造性人才为目的，因此在整个探究活动过程中要保证学生的主体地位，体现学生的主体特征。学生只有在教师的指导下，独立思考，大胆实践，主动探究，自主学习，才能真正成为学习的主人，才能提高学习效率。学生积极主动的参与是有效探究活动的核心。有效探究活动必须以学生为本，充分激发学生的探究兴趣与热情。要使学生在做中学的同时实现在学中做，通过主动探究获得新的体验；要使学生积极主动地参与活动，在学习中培养合作精神。学生可根据自身情况，找到最适合自己的探究方法，如调查法、文献法、比较法、数据处理法、综合法等。

3. 与学科教学紧密结合

虽然学科教学存在许多问题，但依然具有知识传授的作用，这是由现代知识系统的结构和特点所决定的，课程改革不是否定学科课程，而是要改变学科课程带来的弊端；不是把原来已经形成的一切完全推翻，而是改变其中一些不合理的成分和做法，更有效地发挥学科的作用。探究性学习的目的是培养学生的科学精神和科学态度。探究活动只有加强与社会生活的联系，才能激发学生学习和探究的兴趣。而探究活动与学科教学相结合，是一种最经济、最实用的途径。学科教学为探究性学习的开展创造了良好的条件。学科教学中出现的问题，是开展探究性学习的探究课题；学科教学所包含的思想和结论，是探究性学习探究的基础和背景；学科教学提倡的方法，是组织探究性学习的基本方法。与学科教学紧密结合，既可以为探究性学习的组织创造条件，又能够促进学科教学方式的转变，提高学科教学水平。学科教学涉及自然与社会的各种问题，探究性学习只有与学科教学相结合，才能找到生长的根基，才能保持生命力。

探究性学习的内容大多不固定，基本来自于生活和实践，具有很强的开放性。对问题的解决不能只运用单一学科的知识，学生在对问题探究的过程中必须综合运用、适当整合多学科的知识解决所遇到的问题。这种学习方式打破了学科界限，有利于培养学生应用所学知识的能力，使他们在知识应用的过程中发现知识的实际意义，进一步强化掌握知识的动机。

4.实施教学模式的创新

实施教学模式的创新是有效组织探究性学习的关键。目前较为可行的操作模式是，通过开设探究性学习课程，讲授探究性学习的知识和技巧，使教师具有探究性学习的一般知识。探究性学习要与现有学科教学活动相结合，在进行学科教学的同时渗透探究性学习，通过教学方式的转变克服学科教学的弊端，发挥学科知识探究的支持作用。可以举办有关探究性学习的讲座和专家报告会，举办有关探究性学习的教育发展改革专题；也可以组织教师到课程改革试验区参观，或发放有关课程改革的文献资料让教师自学；还可以请课程改革实验学校的教师示范探究性学习，使教师掌握探究性学习的原理和方法以及实践教学模式在教学中的作用。教师要围绕问题组织探究性学习，积极引导和组织学生利用所学的知识思考问题，探索解决问题的途径和方法，对学生进行诸如科学选题、科研方法、实验设计、文献检索、社会调查、科研报告、论文写作等方面的教育和培训，提高学生的探究能力，以案例和现身说法的形式，从个案探究得出结论，以增强教学内容的启发性和可操作性。每位教师都有擅长的专业，每个专业都有不同的问题，不同地区和学校都有独特的人文环境，教师要善于发现问题，有计划地组织学生进行探究，并把探究方式与其他学习方式结合起来。

5.充分利用现代信息网络技术

网络作为一种新的学习环境，为探究性学习提供了重要的知识源泉，丰富的探究课题，全方位、多层次、多角度且图文并茂的文献资料以及解决问题的多种思路，同时也为学生提供了崭新的交流与协作平台。现代信息技术和网络虚拟情况与虚拟性的交流方式为学生的探究性学习提供了一个丰富的信息平台，它汇集了计算机图形学、多媒体技术、人工智能以及人体行为学等多项技术，通过多媒体技术与仿真技术的结合，形成一个集视、听、触觉为一体的虚拟环境。利用网络把问题融合于具体的虚拟情境中，学生与虚拟环境中的客体进行交互，将网络环境的探究性学习与真实情境中的实践经验和体验相结合，有逼真的感受和亲身体验，从而获得生动真实的学习情境。

（四）对探究性学习的展望

探究性学习在一定程度上可以弥补传统教育的不足。在探究性学习中，学生的"知""情""意""行"等多方面都会得到不同程度的发展。21世纪是知识经济的时代，培养创新人才的任务很艰巨，通过探究性学习可以多方面锻炼学生。在高职教育教学工作中如何把探究性学习真正落到实处，需要高职教育工作者在今后的教学和科研实践中不断探讨和总结。

五、推行研究性学习方式，提高学生的能力

高等职业教育人才培养的新模式，是以适应社会需要为目标，以培养技术应用能力为主线设计学生的知识、能力、素质结构和培养方案，以应用为主旨和特征构建课程和教学内容体系，毕业生应具有基础理论知识适度、技术应用能力强、知识面宽、素质高等特点。实践教学的主要目的是培养学生的技术应用能力。这种新模式的特点客观上要求高职院校的教学模式和学习方式必须以培养学生的应用能力为重点。教学活动要改变传统的接受性学习方式，推行研究性学习方式，以适应教学模式的转型。

研究性学习是指在教学过程中创设一种类似科学研究的情境或途径，让学生主动地探索、发现和体验，学会对大量的信息进行收集、分析和判断，从而增强学生的思考能力和创造能力。研究性具有自主探究、实践多样、开放结合、重在过程的特点，强调以问题为依托，培养学生探究知识和运用知识的能力。倡导研究性学习既是时代的要求，又是历史的必然。

自18世纪以来，研究性学习至少被大规模地提倡过三次。

第一次发生于18世纪末到19世纪的欧洲，主要倡导者是法国的卢梭、瑞士

的裴斯泰洛齐、德国的福禄贝尔等人，这个时期对"研究性学习"的倡导直接受到当时欧洲"启蒙运动"的影响，其目的是把人的精神从中世纪的蒙昧、迷信、盲从中解放出来，让理性的光辉照亮人的心灵。

第二次发生于19世纪末—20世纪初的美国，主要倡导者为威·克伯屈等进步主义者以及康茨、拉格等改造主义者，这个时期对研究性学习的倡导主要是因工业化时代的需要和社会民主化需求，并且深受迅猛发展的实验科学的影响，其目的是培养人适应现代社会需要的改造自然和社会的能力。

第三次发生于20世纪50年代末—70年代的欧美诸国以及亚洲的韩国、日本等国，主要倡导者为美国的布鲁纳、施瓦布、费尼克斯等人，他们在理论上系统论证了发现学习和探究学习的合理性，推动了旷日持久的课程改革运动——学科结构运动。这个时期对研究性学习的倡导主要是适应"冷战"时期科技、军事与空间竞争的需要，目的是培养智力的卓越性，造就智力超群的社会精英。

20世纪90年代以来，世界各国的课程改革都把学习方式的转变视为重要内容。欧美诸国纷纷倡导主题探究与设计学习活动。日本在新课程体系中专门设置了综合学习时间，其目的是追求跨学科的、综合性的学习，让学生更好地适应以国际化、信息化等为标志的社会变化。

这些历史轨迹说明，转变学习方式、推行研究性学习顺应了世界教育改革的发展趋势。目前，我国教育的学习方式仍然沿用着传统的接受性学习方式，以书本知识为内容，以课堂教学为阵地，以教师活动为中心，通过教师讲，学生听，把书本知识直接传授给学生。这种学习方式重视模仿，通过设立样板，追求"像不像""记住没有"，把"知识目标"放在第一位，把学习建立在人的客体性、受动性、依赖性上，过分强调接受与掌握，从而导致了在实践中对学生认识过程的极端处理，使学生的学习过程成了纯粹的被动接受和记忆过程，这种学习方式制约人的思维，摧残人的学习兴趣和想象力，不仅不能促进学生的发展，反而成为学生发展的阻力。这种影响一直延续到学生的大学阶段，致使大学生学习效率普遍较低，仅凭个体狭隘的学习经验被动地接受课程知识，缺乏在多媒体网络环境下自主高效学习与发展的能力。目前，大学生中很多人只会应付考试而不会学习，在对自主化学习要求较高的大学学习生活中显得十分被动，以至于出现"高分低能"的现象。这种状况既有悖于教育发展的客观规律，也有悖于高等职业教育培养应用型人才目标的实现。在高等职业教育中，改变接受性学习方式，使其向研究性学习方式转变，是提高学生知识应用能力的有效途径。

在教学过程中，推行研究性学习方式，要求做好以下几个方面的工作。

（一）培养和激发学生的问题意识

问题意识是指人们在认识活动中，经常意识到一些难以解决或疑惑的理论问题或实际问题，并产生怀疑、困惑、焦虑、探索的心理状态，这种心理又驱使个体积极思维，不断提出问题和解决问题。它不仅体现了个体思维品质的活跃性和深刻性，也反映了思维的独立性和创造性，问题意识是培养学生创新精神的切入点。两千多年前的先哲孔子就要求自己和学生"每事问"，认为"疑是思之始，学之端"。著名学者陆九渊提出："为学患无疑，疑则有进，小疑则小进，大疑则大进。"在研究性学习中首先要激发和培养学生的问题意识。激发学生问题意识的关键是创设良好的教育环境和气氛，增强教学民主，师生之间要保持民主、平等、和谐的人际关系，鼓励学生质疑问难。培养学生的问题意识，除了要有良好的教育教学环境外，还要特别注意，教师在教学过程中不能把问题强加给学生，而应通过启发式教学，精心设置问题情境，以此来培养学生的问题意识，让他们自己发现问题，并主动提出问题。美国学者路易斯·拉思斯提出的价值澄清理论认为，人们通过选择、珍视和行动这一过程来形成自己的价值观，只有当学生遇到自己感兴趣的问题或自己想要弄明白的问题时，进行研究性学习才有心理学和教学论的意义，才能调动学习者学习的积极性。

（二）强调从做中学，增加实践性学习活动

美国著名的哲学家和教育家杜威认为，教育即生活，学校即社会，他倡导要让学生在做中学，学习不仅应该包括使用书本，还应包括使用工具和使用与学习有关的材料；学习不仅应该在学校内，还应该在社会之中，学习应尽可能多地与劳动和社交相互作用，强调通过各种活动让学生从实践中，而不是由读死书或死读书中，获得各种知识和经验并提高能力和技能。这种实用主义教育思想是美国现代教育精神的基础。

研究性学习本身就是强调从做中学，力图通过"做"的主动探究过程来倡导创新精神，培养动手能力和解决实际问题的能力。研究性学习是一种积极的学习过程，是学生自己探索问题的学习方式。高职院校的教学过程中，应坚决主张这种实践性的教育观点，将教师讲授的理论课时尽量压缩，原则上学生自己能看懂的可以不讲，尽可能保证学生有比较充分的自学研究的时间，增加实验、实训、研究活动的时间，学校要提供网络化多媒体学习室，提供学生自主学习的软件平台和必要的网络资源。学生在多媒体和网络化的学习环境中创造性地应用现代教学技术，自主选题，收集资料，培养自己的学习能力。学校还要通过调整教学计划，增设实践性教学环节，如大量的实验、实训和实习活动，提高学生的专业技术能力。

（三）鼓励学生通过自主学习获得结论

从本质上讲，研究性学习是以学生为主的学习，让学生的自主探索取代教师的言传和身教，在"教"与"学"的关系上，强调学生的内在动因。人天生具有学习的内在潜能，任何正常的学习者都有发挥自己潜能的愿望，通过自我努力，最终达到自我实现的目标。高职教育中要尊重学习者，解放学习者，真正把学习者视为学习活动的主人，建立以人为中心的教育观，并以此作为教育的最高准则。教学中要以学生主动探索为主要途径，教师作为指导者和引导者，启发和诱导学生，努力为学生的探索和研究创造条件。教师教学的重点是精心做好教学设计，通过设立问题情境，让学生独立地、自主地发现问题，通过实验、操作、检查、信息收集与处理、表达与交流等活动，通过探究过程获得知识与能力，掌握解决问题的方法，使学生"研有基础，究有素材，创有条件"。在研究性学习方式下，学习结论的获得不是从教师那里或从书本上直接得到的，而是学生以类似科学研究的方式，运用查资料、做实验、实际调查等方法，通过假设求证，最终解决问题，获得学习结论。

（四）提倡合作学习，培养合作的品质

研究性学习即要充分发挥学生独立思考的能力。由于研究性学习过程本身就是师生之间、学生之间的不断讨论和交流过程，因此，更要提倡师生之间、学生之间的相互合作，通过组织小组、班级等多种形式的活动，发挥个人的自主学习能力以及小组协作能力，组员之间、教师与学生之间进行广泛的交流，有收获共享，有困难共同解决，实现学生间的优势互补和信息的多向传输。在这种学习过程中随着问题的不断发现和经共同努力不断解决问题的体验，培养学生合作的品质。

（五）学习评价应侧重于过程性评价

研究性学习的评价策略应包括以下几个方面内容：① 在评价指标的分配方面，应侧重于学习过程。在对研究性学习的评价中，必须注意评价权重的分配，设置研究性学习评价指标时，必须将评价的权重向学习过程倾斜。② 在评价功能的取向方面，主要采用形成性评价，慎用总结性评价。③ 在评价方式上，鼓励自我评价，辅以他人评价。④ 在评价标准方面，尽量使用个体内差异，灵活运用绝对评价，慎用相对评价。⑤ 在评价结论方面，应重视定性描述与定量统计的结合。

高等职业教育推行研究性学习方式，就是要从要求学生获得书本知识和间接经验，转变到更加重视通过实践活动和体验来获得直接经验和解决问题；要从关注学生对学科知识体系的掌握程度及学习模仿和再现书本知识的能力，转变到更加重视培养学生的大量信息的收集、分析、判断、反思和运用能力；要从重视知

识学转变到重视知识的同时，更加重视包括能力、情感等在内的学生的全面提高。以转变学生的学习方式为出发点，培养具有实践能力和创新能力的专业技术应用型人才，实现高职教育的培养目标，以适应社会发展的需要。

六、高职学生创新素质的培养研究

（一）高职院校培养学生创新素质的重要意义

高等职业教育作为我国高等教育的重要组成部分，担负着为社会各行各业培养高级应用型创新人才的任务。《关于全面提高高等职业教育教学质量的若干意见》（教高〔2006〕16号）指出："要深刻认识高等职业教育全面提高教学质量的重要性和紧迫性，要针对高等职业院校学生的特点，培养学生的社会适应性，教育学生树立终身学习理念，提高学习能力，学会交流沟通和团队协作，提高学生的实践能力、创造能力、就业能力，培养德、智、体、美全面发展的社会主义建设者和接班人。"提高高职学生的全面素质是高职院校的紧迫任务，而创新素质教育是素质教育的核心。所谓"创新素质"，是指在继承先天既得性特征的基础上，通过后天获得性影响的努力形成的相对于有的知识和经验的一些新的健康的良好的素质，它是创新意识、创新思维、创新能力等综合作用的结果，是人的综合素质中最具有创新功能的特殊素质，是人的综合素质的集中体现。相对于"创造"这一高层次的创新概念而言，高职院校对学生进行应用型创新素质的培养，锻炼学生的创新意识、创新思维、创新能力和创新人格。创新是社会发展对高职院校学生的客观需要，也是高职学生立足于现实并通过努力有望获得的必备素质。创新素质的培养对整个社会及高职学生自身的可持续发展都有着十分重要的意义。

1. 创新有助于社会的可持续发展

从曾出现在中国的世界第一次生产力发展高潮，到分别出现在英德美日的世界第二、第三、第四、第五次生产力发展高潮，以及"二战"后美国经济的再度腾飞；从钻木取火的发明使人类进入农业社会，铁器与耕牛的使用促进了农业生产力的发展，到蒸汽机、内燃机带来的工业革命；从鸿雁传书到视频聊天；从繁重的体力劳动到只需摁一下遥控器；从"嫦娥奔月"到火星登陆；等等。上述这些来自人类各阶层各时期的创新推动着人类的进步，推动着生产力的发展，推动着人类社会的可持续发展。

目前，就业于企业的创新型高职人才在工作中能够对事物进行创造性的判断、分析、综合和推理，创意多、方法新、效率高，既有一定的理论知识，又有一线的工作经验，了解社会对企业、产品、服务等各方面的需求，能对原有产品、服务及管理模式等提出合理的改革意见，对企业的投资方向能有独特的见解，能更好地为企业争取商机和提高收益，促进企业的健康、持续发展。

2. 创新有助于高职生的可持续发展

具有创新意识、创新思维、创新能力、创新人格的人，具备了开放性思维、多向性思维与创造性思维能力。能够在思维活动中冲破一般思维与传统思维模式的束缚，运用所学的知识创造新颖独特的思维方式，善于发现问题，敢于创新实践，大胆尝试，不怕失败。在改革开放的背景下，具备了创新素质的高职学生，正是面对激烈竞争的现代企业所需要的人才；高职人才在企业基层的平台上展示自己的创新能力，在促进企业良性发展的同时，也可实现自身的可持续发展，为自己的择业、创业开拓更为广阔的空间。

（二）高职院校学生创新素质的培养目标

以培养学生创新精神为目标的创新教育，应围绕创新核心内容的三个层次展开，即培养学生再次发现知识的探索精神、重新组合知识的综合能力，以及创造前所未有的事物的创造意识和创造能力。创新教育所培养的人才要具有"无中生有，有中生新"的能力和潜质，这也正是现代企业对人才的一个基本要求。

总之，高职院校学生创新素质的培养目标应围绕创新意识、创新思维、创新能力的培养，最终使学生形成稳定的创新品格。创新型人才的知识、能力特征主要包括：强烈的好奇心和求知欲，较强的创新意识，敢为天下先的创新精神，锲而不舍的钻研精神，积极进取、精益求精的工作态度，崇高的社会责任感，积极的民主参与热情，高度的自信与积极进取的心态等。具备了创新素质的人就具备了创新观念、创新认识、创新个性等方面的修养，并通过观念、行为、精神、个性等表现出来，这是创新素质的最根本内容。具有这样特质的人，就会爆发出强大的创造力，最终成为创新型人才。

1. 创新意识的树立

创新意识是指人们根据社会和个体生活发展的需要，引发创造前所未有的事物或观念的动机，并在创造活动中表现出的意向、愿望和设想。它是人类意识活动的一种积极的、富有成果的表现形式，是进行创造活动的出发点和内在动力，是创造性思维和创造力的前提。

高职院校学生只有树立了创新意识，具有不断探索创新的兴趣和欲望，才能在解决新问题的过程中，勤于思考，求新、求异，善于发现问题，敢于否定以前的观点，大胆地提出质疑，转变传统观念和方式方法，从创新的角度解决问题，并能面对新的形势和挑战，不断运用创新的手段和方法处理新矛盾、新问题。

2.创新思维的训练

创新思维是指发现一种新方式，并以此处理某种事物的思维活动，它是整个创新活动智力结构的关键，是创造力的核心。创新思维的明显特征有：积极的求异性、敏锐的观察力、创造性想象、独特的知识结构、活跃的灵感。这种创新思维能够保证高职院校学生顺利地解决新问题，深刻地掌握知识，并把这些知识广泛地运用到学习新知识的过程中，使学习活动顺利完成。进行创新思维的训练，能够使学生在进行思维活动时冲破一般思维和传统思维的束缚，不被已有的结论所左右，在实际工作中能对事物进行创造性的判断、分析、综合和推理。只有具备创新思维的人才，工作中才会思路多、方法新、效率高，才会受用人单位的青睐。

3.创新能力的培养

创新能力是人们革旧图新和创造新事物的能力，包括发现问题、分析问题、发现矛盾、提出假设、论证假设、解决问题以及在解决问题的过程中进一步发现新问题的能力。

创新能力涉及一个人的多种能力，如认识能力、观察能力、记忆能力、模仿能力、思维能力、判断能力、分析能力、想象能力、实验能力、自学能力、吸收知识能力、信息能力、协调指挥能力等，是一个人综合能力的具体体现。因此，这就需要高职院校在培养学生创新能力时，对组成创新能力的各种相关能力进行全面培养，使多种能力协调发展，最终形成创新素质，全面提高高职院校学生的创新能力。

（三）高职院校学生创新素质培养的途径

培养创新能力是社会发展的必然要求。联合国教科文组织指出，教育的使命是要赋予每个人以创造性，知识产权保护使创造性能力备受重视。发达国家较早意识到创新教育的重要性，美国教育已向培养创造型人才转变，注重培养学生的综合实践能力、动手能力，制订学生的创新能力标准。日本将学生创造力的培养作为教育目标，使教育成为打开创造力大门的钥匙，引导学生关心和研究社会问题。

企业需要产品技术的创新、管理理念的创新、产品营销策略的创新和多元文化思维的创新，因此要求高职院校学生必须具备这些创新能力。目前在我国，过于严谨、思维定式、从众心理、信息饱和等因素制约了高职院校学生创新素质的培养。高职院校可以通过以下途径培养学生的创新素质。

1.营造良好的环境氛围

高职教育应利用第二课堂，营造一种平等、民主、积极进取、奋发向上的学习氛围。通过社会实践，发展学生的个性，培养学生的竞争意识，合作意识，敢于尝试、不怕失败的勇气，以利于培养学生发现问题、分析问题、解决问题的能力，发展创新思维。

首先，要成立各种兴趣小组和社团。学生对某个感兴趣领域的东西投入时间和精力去研究，创新素质就有可能得到自主培养。在集体活动中，个体间通过相互沟通和交流，可以互相促进，互相启发，这对创新能力的培养非常有益。

其次，高职院校要尽可能多地举办学术讲座和大学生学术论坛等活动。学术讲座和学术活动可以开阔学生的视野，培养学生的兴趣，活跃学校的学术和创造氛围，引导学生走上求新、创新之路。

2. 树立创新教育观念

高职教育必须以人为本，树立现代创新教育观念，即要改善教育环境，营造民主气氛。在教育观念上要体现三个转变：一是要从传授知识为主转向培养学生会学习和创造为主，二是要从以教师为中心转变为以学生为中心，三是教师要有创新思想和创新意识。

创新意识的形成，有赖于长期综合性的陶冶与熏染，民主、自由、和谐、安全的精神环境，是创新素质成长不可或缺的养料与气候。只有在民主氛围当中，才会有人格的自由与舒展，才会有思维的活跃与激荡，进而才会有创新潜能的迸发。从某种意义上说，民主的精神氛围不仅是创新教育的必需条件，而且其本身就是最有力的创新教育。营造民主气氛可以从两个方面入手。

（1）管理体制体现民主。大学生既是学校教育和管理的对象，又是学校的主人，因此应充分调动学生参与学校管理事务的积极性，鼓励学生参加有关学校教育管理决策的讨论和决定。这样既可以增长学生的才干，又能充分发扬民主精神，提高学校管理工作的成效。学校在专业设置和课程设置方面既要满足经济社会发展的各种需要，又要迎合学生的多样化职业兴趣。

（2）教学模式体现民主。根据知识经济时代对人才的要求采用多样化的学习方式，其中包括：自主学习、合作学习、探究性学习和研究性学习，提高教师队伍的整体创新素质，实现教师由课程的执行者向建设者和调适者的拓展，教师要从传授者和管理者向促进者和引导者转变；要放弃对教学过程的严格控制，让学生舒展天性，生动活泼地成长发展，让教学过程成为培育学生科学精神和创新素质的过程；淡化书本权威和教师权威，鼓励学生自由思考、自主发现，着力培养学生质疑和提问的习惯；要摒弃统一思维、统一语言、统一行动的强制性教育方式，鼓励个性和独特，宽容探索中产生的错误和荒诞，培养学生标新立异、敢为人先的勇气。

总之，通过大力弘扬创新精神，创造自由宽松的学习氛围，建立动态的、开放的教学过程，引导学生走向自主创新型学习之路；通过科学系统的训练来培养创新能力，教给学生"点金之术"，培养学生的观察力，保护与开发想象力、联想力和处理信息的能力，塑造学生的创新型人格，提高学生的创新素质。

第三节　关于高等职业教师职业道德
与教学修养的改革创新

　　教育大计，师资为本；师资之本，师德为先。高校师德建设事关高等教育的成败，关乎高校的改革、发展、稳定，进而影响全社会公民道德建设和经济社会发展。当前，加强和改进高校师德建设，是高校面临的一项重大而迫切的任务。

一、加强高等职业教师职业道德建设的必要性

　　高等学校在社会发展中应当发挥引领先进文化方向和社会道德潮流的示范作用。高校教师的价值取向、精神风貌和综合素质直接影响着大学生的素质和高等教育的质量。学高为师，德高为范。因此，加强高校师德建设，在当前这个复杂的社会转型期，尤显必要。

　　（一）加强高校师德建设，是实践当今新时代思想的要求

　　高职院校教师承担着培养适应社会主义市场经济发展所需要的创新型、应用型人才的任务，必须而且应当能代表当今时代可能达到的文明及道德发展的最高水准。因此，学习和实践当今新时代重要思想是时代发展之需，是高校教师职业之需。首先，建设高素质的高校教师队伍，培养高素质的人才，是实现先进生产力的关键要素；其次，高校作为先进科技文化基地，有高素质师资队伍才能引领先进文化方向；第三，中华民族拥有尊师重道的传统，教育担当着民族振兴和培养人才的社会重任。高校教师要代表广大人民的根本利益，就必须提高自身素质，加强师德修养，不负人民厚望。

　　（二）加强高校师德建设，是实施"以德治校"的中心环节

　　实现中华民族的伟大复兴，关键靠教育，而科教的繁荣需要良好的道德氛围，要把"依法治国"和"以德治国"结合起来，实施"以德治国"方略。高校落实"以德治国"方略就是以德治校、以德治教、以德育人。良好的师德是形成良好道德风气的关键和基础。

　　加强高校师德建设，是高校道德建设实现"以德治校"的源头性工程。高校

教师以身作则、率先垂范、以德育人，是培养品德优良学生的前提；而师生道德共建，又是以德治校的前提和内容。因此，加强高校师德建设，是实现"以德治校"的中心环节和构建和谐校园的重要举措。

（三）加强高校师德建设，是推进素质教育的关键

《公民道德建设实施纲要》指出，素质教育的关键是要坚持科学发展观，坚持以人为本。高校要以大学生为本，探索教育的基本规律，坚持科学的教书育人方法。古人云："经师易得，人师难求。"高校应以优良的校风来熏陶人，高校教育面对的是价值观念虽已初步形成但尚未成熟的群体，在大学生人生观、价值观的成熟过程中，高校教师起着关键性的作用。在道德建设中，教师应当言传身教，要想学生之所想，急学生之所急。

（四）加强高校师德建设，是提高办学水平的需要

师德建设是高校办学目标的一项重要内容。高校除了教学、科研两项工作外，还要做好学生和教师工作；除了注重教师专业素养，还应提升教师道德修养。良好的学术道德和师德师风是学术和科研的温室，良好的师德水平是高校建设所追求的目标，同时也是高校办学成效和实力的重要标志。因此，高校不仅应是学术和科研的圣地，更应该是良好的学术道德和师德师风的圣地。加强高校师德建设，是建设良好校风、提高办学水平的要求。

（五）加强高校师德建设，是教师全面发展的根本要求

教师的全面发展包括师德、专业、心理、身体、审美等诸方面的协调发展和共同提高，其中师德起着方向性、导向性的作用，它直接影响着教师的全面发展。高校教师要有所作为，实现自我价值，师德是各方面条件之首。只有做到德行双馨，才能为社会所承认，也才能实现自身的价值。职业幸福感、满足感是教师全面发展的一个重要指标。只有发自内心地爱岗敬业，把教书育人作为一项创造性的劳动，才能在工作中获得成就感、满足感和职业幸福感。

二、高校师德建设中存在的主要问题

当前我国高校师德建设主流是好的，体现着稳定和谐、开拓进取的发展态势。在充分肯定高校教师思想道德状况主流是积极向上的同时，也必须要看到其中存在的问题。

（一）"四重四轻"

"四重四轻"是目前高校师德建设中存在的比较突出的问题，主要包括重教书轻育人、重科研轻教学、重个体轻集体、重物质利益轻道德修养。

（二）政治思想意识淡薄

当前高校少数教师受西方文化影响，思想政治倾向偏颇，把自己看成是纯粹的专业教师，对党的基本路线不闻不问，对政治学习漠不关心。个别教师甚至在课堂和论坛上发表违背四项基本原则的言论；在课堂或讲座中不负责任地传播小道消息，误导学生，引起思想混乱。教师价值观念失衡主要表现为集体观念淡薄、个人主义滋长和个人利益至上。价值观念的失衡已经影响教学科研和学校综合水平的提高。

（三）职业理想和信念动摇

当前，我国高校一定程度上存在紧缺专业教师流失、"跳槽"等现象，一些高校教师不安心本职工作，热衷于出国谋发展或从事兼职等有偿活动，这些都造成有限资源的"隐性流失"，究其原因皆为职业理想和信念动摇。另外，职业理想和信念的动摇也造成了教师情绪松懈、工作热情丧失、工作投入减少、创造动力下降等职业倦怠现象。

（四）教师职业行为失准

培养高素质人才是高校教师最基本和最重要的职责。近年来，在高校教师中敬业精神淡化，师德意识淡薄，以教谋私等现象时有出现，对学生和教学工作产生了一定程度的消极影响。

（五）学术道德行为失范

当前，我国高校教师中存在一些学术道德违规现象，主要表现为学术功利化、名利思想严重、学术不诚信甚至剽窃学术成果等。

三、加强高职院校师德建设之对策

（一）建立健全高校师德建设调控机制

建立在现代控制论基础上的教育控制论认为，人们可以对教育系统的各个环节进行控制，以达到最优教育目标。高校师德建设是一项系统工程，也应遵循控制论思想，要对影响师德建设的系统内外因素和诸多环节进行控制，从而达到师德建设的预期效果。而在此系统的控制中，应当建立和运用领导选拔、评价、激励、监督等有效机制，构建若干子系统，细化调控机制。

（二）优化高校师德建设环境

环境是影响教育发展的外在制约力量，教育与环境相互影响、相互制约。教育发展只有适应环境改变，争取环境支持，才能与环境和谐共进。师德建设也时刻受到环境的影响和制约，环境影响因素尤其复杂多样。高校师德建设，要置身于国内外政治、经济和文化大环境，服从于高校教育改革小环境。因此，必须加强师德环境建设，实现师德建设与环境协调共进的可持续发展。

（三）提高高校师德教育工作的实效性

提高高校教师师德教育工作的实效性可以从以下几个方面入手。

1. 强化师德理论教育

要提高教师的思想政治素质，帮助教师树立正确的职业理想和信念，加强法制教育，严格依法执教。

2. 重视心理健康教育

高校师德建设要遵循心理发展规律，加强心理疏导。一是要高度重视教师的心理健康教育；二是有关部门应采取切实措施，有效缓解教师压力；三是协调教师人际关系，营造良好的人际氛围，使教师乐于并善于与人交往，妥善化解各种矛盾，和谐人际关系。

3. 深入开展荣辱观教育

高校教师承担着培养社会主义事业建设者和接班人的神圣使命，理应成为践行社会主义荣辱观的时代楷模。高校应通过有效工作手段使广大教师在思想上认同、在教育中传播、在教学科研中实践社会主义荣辱观。要把学习实践"八荣八耻"的基本要求作为当前师德建设的重要内容，引导广大教师以自身模范的言行来影响和带动全社会精神文明建设。

4. 重视青年教师师德教育

高等学校应该像重视学生工作那样重视青年教师的师德教育。首先，树立为青年教师成长和工作服务的师德建设观念；其次，要加强对青年教师理想信念和人生观教育；第三，不仅要关注青年教师的业务素质和能力的培养与提高，同时也要关心他们的思想成长、文化生活、婚姻恋爱乃至个人生活细节等。此外，还要激发青年教师热爱教育、敬业奉献的精神，提高其师德修养的自觉性，坚持自我修养、自我规范、自我约束、自我发展。

5. 创新师德教育的方法和途径

首先，要拓宽师德教育的渠道和空间。如开办名人教育讲座，创办师德教育咨询团体，发挥老教师的"传帮带"作用，健全师德教育机构，建立师德建设基地，鼓励社会参与校园师德建设，借鉴中外师德教育经验等。其次，强化隐性教育途径，提高道德认知水平。第三，建立师德教育网络阵地，构建网上师德建设新平台，使网络成为师德教育的新载体。

（四）高校教师应自觉加强师德修养

1. 要善于学习

学习是师德修养的基本方法。善于学习，才能学有成效，才能逐步提高道德认识水平和道德判断能力，将外在道德要求内化为自身的道德信念和追求。首先，要加强政治理论、教育理论、师德理论的学习；其次，要学习伦理道德知识，学习《公民道德建设实施纲要》及高校师德规范，向书本、实践、同行或先进人物学习；第三，要学习业务知识和理论，将理论知识和道德规范内化为自身的优秀品质，提升师德水平。

2. 要时常内省

内省即对自己的思想、行为做自我剖析，找出不足之处加以改正和弥补。强调内省就是强调师德修养的自觉性和严格性。著名教育家杨昌济先生就十分注重内省，他经常用日记的形式反省自己："自省平时行事实多粗暴，不能近人情，多所伤害，乃不德之尤，岂不可惧！""余在教室，间有失检之处，为徒所笑……此后当于此处格外留心。"这种自省不仅能够使职业道德观念真正进入教师心中，增强道德意识，而且能培养教师良好的个性品德。

3. 要能够慎独

慎独不仅是一种道德修养方法，而且是道德修养应该达到的境界。作为道德修养的重要方法，慎独倡导人要严格要求自己，坚持在"隐"和"微"处下功夫。慎独对于高校教师尤为必要，高校教师的劳动很多都是独自在个人空间完成的，没有慎独精神，就谈不上成就事业。

4. 要注重实践

首先，教育实践是优秀师德产生的土壤。教师职业道德的原则和规范都源于教育实践。只有紧紧抓住教师教育、教学、科研、社会服务等每一个实践环节，师德修养才能找到根基和支点。离开具体的教育实践，师德修养就失去了根基。其次，教育实践是师德修养的归宿。师德修养本身不是目的，师德修养的最终目的在于指导和服务实践。学、问、思、辨最终都回归到笃行上，通过实践得以不断完善。第三，教育实践是检验师德修养客观效果的标准，师德修养只能在教学科研中体现，只能靠教育实践去检验。第四，教育实践是师德修养发展的动力。只有通过教育实践，教师才能真正感受到教育中的各种新情况、新问题；只有过教育实践，才能找到解决问题的途径和方法。师德修养也只有在不断地发现问题、解决问题的过程中，才能得到更新和提高，才能实现师德境界的升华。

第四节　关于高等职业教育师资队伍建设与发展的改革创新

当前，我国高等职业教育已进入快速发展的关键时期，必须以科学发展观为指导，抓住机遇，迎接挑战，采取切实有效的措施，开创高等职业教育人才培养工作的新局面。高职教育师资队伍建设要促进高等职业教育的持续、快速、健康发展，更好地为富民强国和"两个率先"服务，就必须在人才培养工作的创新上下功夫，建设一支适应高等职业教育发展需要的高素质的师资队伍。

一、高职教育培养的人才应以实用型、技能型为主

高职教育是工业化的产物。以江苏省为例，伴随着工业化发展的进程，各类高职院校应运而生。为了加速职业教育的发展，江苏省政府 2006 年做出的《关于大力发展职业教育的决定》中明确指出，"职业教育发展的指导思想是：牢固树立和认真落实科学发展观，坚持以富民为主题，以服务为宗旨，以就业为导向，以改革为动力，切实加强职业教育基础能力建设，进一步提升职业教育水平，全面提高劳动者素质，大力培养生产服务一线急需的技能型人才，使职业教育更好地为调整经济结构、转变增长方式、提高自主创新能力服务。为提高农民致富能力和综合素质、促进农村劳动力转移、建设社会主义新农村服务，为富民强省、加快'两个率先'、构建和谐社会服务。"也就是说，高职院校不能再和其他普通高校、重点高校一样重点培养理论型与研究型人才，高职院校应有自己的定位，应以就业为导向，以培养社会迫切需要的高素质、高技能的应用型人才为根本，面向生产、建设、管理、服务一线，努力形成自己的办学特色。

从目前全国劳动力市场情况看，技能型劳动者供不应求，供需之间结构性短缺矛盾已成为制约我国产业发展后劲儿的瓶颈。人力资源是决定产业发展水平的关键因素，没有高技能人才就不可能实现产业优化升级，就没有发展后劲儿。因此，大力发展职业教育，培养社会生产一线急需的高技能人才，是提高我国综合竞争力的迫切需要。为了适应和满足对一线技能型人才的需要，高职院校应加大高职学生五大能力的培养，即具有较强的工程实践能力、解决实际问题的能力、创新能力、现场指挥协调能力、动手操作能力，以使他们能够适应生产一线工作岗位的需要。

二、创新型、实用型人才的培养需要高素质的"双师型"高职师资队伍

高职教育培养的是实用型、技能型人才，而这些人才的出现要靠具有较高实践能力的教师来培养，高职院校师资队伍的建设是高职专业建设的人才保障。

（一）对高职师资队伍整体的素质要求

新时期高职院校应建设一支师德高尚、业务精湛、素质优秀、结构优化、技术过硬、生产懂行、专兼结合、勇于创新的"双师型"师资队伍。这既体现了高职教育师资建设的特征，又是高职教育培养创新型、实用型人才的关键。"双师型"教师应既具有高教系列中级以上职称，具有传授知识、教书育人的能力，同时具有本行业技术系列中级以上职称，具有较强的专业素质、职业技能和实践能力。对此，教育部明确规定，高职院校的"双师型"教师应逐步达到专业教师及专业基础课教师总数的70%以上。

（二）对高职师资个体素质的要求

高素质"双师型"高职师资队伍建设对个体素质的要求包括六个方面。

1.具有强烈的事业心和责任感

高职教师应具有执着的敬业精神，具有高尚的道德和人格魅力，以自己远大的理想、宽阔的胸怀、高尚的品德、渊博的学识和精湛的教学技艺教育和培养学生，以身作则，为人师表，成为人类灵魂的工程师，成为学生增长知识和思想进步的指导师，强化大学生的政治意识和责任意识的训练师，加强大学生理想信念教育的雕刻师，加强大学生心理健康成长的保护师。

2.具有现代教育理念和教育方法

培养实用型人才，对高职教师来说，就是要冲破传统的"学科型"人才培养观念，建立以"能力为中心"的新的人才培养理念，培养学生的工程实践能力、动手能力及解决实际问题的能力等。同时，还要树立"以人为本"的理念，以学生为中心，充分体现"一切为了学生，为了一切学生，为了学生的一切"的服务观念。在教学方法上，要冲破传统的依靠一张嘴、一支粉笔、一块黑板的"填鸭式"教学模式，克服教学过程中教师只充当定型知识的传声筒、既定思想及内容的供应商、照章行事而毫无创见的盲从者；要克服灌输式的教学方法，提倡少讲多悟的启发式教学方法；要鼓励学生提出新观点、新思路，寻求多选择的解决问题的方式，形成开放式的思维态势，使思维具有深刻性、广泛性和全面性。

3.具有探索和创新的能力

高职院校教师应当成为教学目的的实现者、教学活动的组织者、教学方法的

探索者和教学活动的创新者。高职教师只有具备了这些能力，才能培养出高素质的实用型人才，才能使他们在生产、建设、管理、服务第一线成为生产技术的管理者、技术标准的执行者、技术措施的处理者以及技术革新的推行者和创造者；只有具备了一定的创新能力，才能教会学生如何去创新、如何去组织、如何去管理，也才能不断提高学生的创新能力和创造性思维。

4.具有较强的实践技术服务能力

高职教师必须既具有广博的专业基础理论知识，又具有丰富的实践经验；既是学生理论课的教师，又是学生实践课的师傅，同时还要具有足够的实践技能，手把手地帮助学生解决实际问题。

5.具有较强的组织和管理能力

高职教师必须具有较强的组织和管理能力。高职教师应既是理论课的施教者、实验实训课的指导者、产学研结合的开发者，又是学校管理的参与者，只有这样才能培养出适应社会需要的实用型、技能型人才。

6.具有运用现代化教学手段的能力

高职教师必须具有运用现代化教学手段的能力。科学技术的进步，信息高速公路的出现，为广大教师的教学提供了多元化的教学手段。采用计算机多媒体等设备辅助教学，能大大提高课堂理论教学和实验实践教学的效果。

三、高素质"双师型"师资队伍建设需要培养举措的创新

对照实用型、技能型人才培养对高职师资素质提出的特殊要求，目前，有相当一部分高职院校在师资队伍建设方面存在较大的差距。主要表现在以下几个方面：一是师资队伍的结构不尽合理，师资的数量严重不足；二是师资的学历层次偏低，高学历、高职称的教师偏少；三是公共课、专业课和实习指导教师的比例失调；四是具有专业发展能力的带头人和中青年骨干教师匮乏；五是教师综合素质亟待提高；六是"双师型"教师数量偏少，实践能力较低。

高职院校建设一支适应实用型、技能型人才培养的高素质"双师型"师资队伍，必须要创新培养模式，努力建设开放性的高职师资的培训体系，采取切实措施，加速建设高素质的师资队伍。在队伍建设中应采取多方面的对策与措施。

（一）坚持师资建设的长期规划与短期培训相结合

师资建设要有5～10年的长期规划。师资规划要根据学校的总体定位、专业设置、办学规模、人才培养规格及办学特点等方面，合理制订师资队伍建设的5～10年长期规划，从而使师资队伍在数量、学历、职称、知识及能力等方面的

结构与学校事业的发展相适应。同时，要根据师资建设的长期规划和学校师资队伍的现状，提出每年分项的培训计划，以使师资建设规划得到切实落实。

（二）坚持校内培训与校外培训相结合

高职院校要充分利用校内实训基地和课堂教学等条件，抓好教师的校内在职培训，并要做到"五个结合"：一是师资培训要与校内教育技术的改善结合起来，注重学校教育基地和教学设施的建设；二是师资培训要与更新教学内容、教材改革及课堂教学改革结合起来，创出高职教育特色；三是师资培训要与校内督导评价结合起来，巩固高职教育特色；四是师资培训要与教学、科研工作结合起来，增强培训的实效性；五是师资培训要与人才资源库的建设结合起来，构筑"双师型"教师任用、培训和引进的平台。

在校内培训解决不了的情况下，可积极开展校外培训。可以选送一些青年教师到国内重点大学进修基础理论知识，充分利用这些优秀高校的先进设备和优秀教师，提高高职院校青年教师的业务知识水平。

（三）坚持学历教育与继续教育相结合

高职院校应鼓励青年教师在职攻读研究生学位，提高师资队伍的学历层次，同时注意抓好教师的知识更新培训，加强教师计算机技术及应用能力的培训和外语培训，提高他们的语言应用能力。

（四）坚持理论知识培训与实践能力培训相结合

在对青年教师的培训中，首先要帮助他们过好教学关，使青年教师熟练掌握专业课程的理论知识。学校要建立健全青年教师从事助教的工作制度，充分发挥老教师对青年教师的"传帮带"作用。在加强理论知识培训的同时，还要加强实践能力的培养，有针对性地选送教师到国家和各省确定的高职教育实践培训基地去进修。

（五）坚持全面提高与骨干培训相结合

师资队伍建设中要全面提高广大青年教师的业务素质、教学水平和教学业务能力，加强对教师的普通话、计算机和外语培训，提高教师的业务素养，鼓励和组织动员广大青年教师参加教育技术的培训，提高他们运用现代教育技术的能力。在普遍提高教师业务素质的同时，还要重视骨干教师和专业带头人的培养。高职教育的专业建设是学校的重要基础建设，而专业建设需要有一批德才兼备、学术和技术水平双优并有一定组织管理能力的专业带头人。一个好的骨干教师和专业带头人可以凝聚一支教学科研队伍，培养和带动一支素质较高的师资团队。

因此，加强和重视骨干教师和专业带头人的培养是高职院校提高专业建设水平、创办专业特色的关键，也是师资队伍建设的重点。江苏省在实施"青蓝工程"和"333工程"的同时，按照"精心选拔、重点培养、严格考核、滚动发展"的方针，加强对青年骨干教师的培养和使用，提高他们的教学水平、科研水平、实践能力、创新意识和创新能力，使他们担负起专业建设的重任，为培养实用型人才提供坚强的师资保证。此外，采取灵活多样的方式引进人才和智力，吸引优秀留学人员回国服务，也是培养骨干教师的有效途径。

（六）坚持提高教师的教学水平与科研能力相结合

对于从事高职教育的教师来说，教学水平、教学能力的高低是其能否承担并完成教学任务的决定性因素。因此，青年教师要承担教学任务，就必须通过各种方法、各种渠道、各种手段学习进修，努力提高自己的教学水平和教学能力。高职院校教师除了要有较高的教学水平外，还要不断地提高自己的科研水平。教师不仅要教好书，还应是科学研究的参与者、组织者、设计者和创新者。高职教师要积极参与教学研究，积极从事自然科学、社会科学的创新研究。以镇江高专为例，近年来，该校共计承担了国家、省、市有关部门下达的科研任务58项，发表各种论文1 100多篇。通过这些研究，不仅提高了教师自身的科研能力，还扩充了教学内容，为地方经济、社会的发展做出了贡献。

（七）坚持提高教师的政治人文素质与强化教师的"双师素质"相结合

高职教师应当加强自身的师德修养。应当把教书育人、为人师表作为从事教育工作的基本道德准则。德高为师，身正为范，没有德高望重的教师就培养不出品学兼优的学生，因此，加强教师的师德建设尤为重要。学校要长期把"学规范、强师德、铸师魂"当作师资建设的灵魂，进一步明确教师的职责，培养教师的敬业精神，增强教师的责任意识，强化教师的育人观念，使教师能够以完善的人格力量来影响和教育学生。同时，还要加强高职教师人文精神的教育。人文素质是教师的必备素质，它对人的价值观、思维方式、情感动力、灵感与顿悟方面有深远的影响。必须培养教师树立以弘扬爱国主义精神为主要内容的民族精神、以集体主义为核心的价值观和道德观、以社会主义为核心的社会公德与法制观念、以马克思主义哲学为主要内容的世界观与方法论，培养以陶冶情操为主要目的的文学、艺术修养，从而使他们成为真正和谐发展的人。

高职教师不仅要有较高的政治人文素质，还应具备较高的"双师素质"。"双师型"教师队伍是高职院校师资队伍建设的目标和特色，是提高教育质量、办出高职特色的关键，也是培养高素质技能型人才的根本保证。加强"双师型"师资队伍建设可以有以下几个途径：

一是加强对现有高职教师的培训。学校可以有计划地组织专业课教师深入生产一线进行业务实践，参加企业的科研研究。同时可以选派骨干教师到相关企业挂职，使他们边实践边学习掌握新的技术和管理规范，提高自己的实践能力，把行业和技术领域中的最新成果不断引入课堂。

二是走产学研结合的路子，培养和造就"双师型"师资队伍。学校要加强与行业、企业及科研院所的联系，建立产学研基地，让教师积极参与技术攻关和产品研发，有条件的院校也可以利用本校技术力量开展科技服务或兴办校办产业。在产学研结合的过程中，提高教师的专业水平，培养教师的创新能力和技术应用能力。

三是招聘具有"双师素质"的专业技术人员和管理人员担任兼职教师或客座教授，以利于促进高职教育的教学改革，加强实践性教学环节。

四是突破现行人事管理制度的制约，引进一些企业的技术人才到教学岗位上，加速"双师型"师资队伍的建设。

五是在高职院校的专业课教师中实行访问工程师进修制度。让教师深入到专业对口的行业或企业一线，以挂职、合作研发等多种形式，系统掌握整个业务技术流程，强化实践技能。

六是积极鼓励专任教师参加技能培训，并给予相应奖励。对新引进的青年教师，要求他们在一定时间内取得中级以上技能等级证书及相关国际、国内行业认证的系列证书。

（八）坚持教师的教学工作规范与业绩考核晋升相结合

高职院校要建立健全教师教学工作规范，完善并贯彻教师的教学工作制度，学校和系（院部）要建立听课评课制度，引导广大教师把主要精力投入到教学工作之中。在执行教师教学工作规范的同时，还应加强对教师教学工作业绩的考核，加强对教师教学工作的督导和测评，建立教师教学业绩与职务晋升、收入分配紧密结合的机制和教学奖励制度，大力表彰在教学一线特别是基础课教学工作中做出突出贡献的优秀教师。

（九）坚持国内培训与国际培训相结合

高职教师的培训工作应坚持以国内培训为主。青年教师基础理论知识的培训、继续教育的培训、实践能力的培训等方面应坚持以国内培训为主，可派出教师到国内知名高校及教育部确定的实践实训基地去接受培训；少数骨干教师或专业学科带头人，可以选送到国外相关院校学习进修，考察了解相关专业国际前沿的发展动向，进一步促进专业建设。

第七章　我国高等职业教育理念创新与发展现状问题分析

第一节　关于高等职业教育教学目标培养问题

高职的培养目标，即高职要培养什么样的人才，直接关系到高职的生存及发展问题，不搞清楚这个问题，其他问题就无法解决。所以在讨论高职热点问题时，培养目标问题毫无疑问是焦点。

2004 年 2 月，教育部颁布的《2003—2007 年教育振兴行动计划》中提出："大力发展职业教育，大量培养高素质的技能型人才，特别是高技能人才。"同年 7 月，在南京召开的七部委联席会议上也明确提出："高职的人才培养目标是高技能人才。"

这和以往的提法有所不同：1987 年国务院批转《国家教育委员会关于改革和发展成人教育的决定》中提出的职业教育培养目标是，为企事业单位培养生产、经营管理方面的专业技术人才；1991 年 10 月颁布《国务院关于大力发展职业技术教育的决定》，其中提到要"培养技艺性强的高级操作人员"；1999 年年底，教育部召开第一次全国高职高专教学工作会议，对高职高专的培养目标做出如下界定："高职高专教育是我国高等教育的重要组成部分，要培养拥护党的基本路线，适应生产、建设、管理、服务第一线需要的，德、智、体、美等方面全面发展的高等技术应用型专门人才。"

新的提法与以往有没有区别？为什么要提"高技能人才"？这种提法合理吗？高职的培养目标究竟是什么？本节试图通过国际比较，并结合我国的实际阐述对上述问题的看法。

一、技术型人才与技能型人才

关于人才结构，目前比较一致的看法是，人才可分为学术型、工程型、技术型和技能型四类。其中技术型和技能型人才由职业技术教育来培养，这两者既有区别又有联系。

首先来看两个关键的概念：技术和技能。根据《辞海》（1989）的解释，技术：① 泛指根据生产实践经验和自然科学原理而发展成的各种工艺操作方法与技能，如电工技术、焊接技术、木工技术、激光技术、作物栽培技术等。② 除了操作技能外，广义的技术还包括相应的生产工具和其他物资设备，以及生产的工艺过程或作业程序、方法。技能：运用知识和经验执行一定活动的能力称"技能"，通过反复练习达到迅速、精确、运用自如的技能则称"熟练"或"技巧"。如刚学会写字的人只有写字的技能，必须通过反复练习才能达到书写熟练。熟练的形成既能巩固和发展原有技能，又能形成新的技能。可见，技术与技能在内涵和外延上都有区别，可以说，"技术"的层次高于"技能"，技术是由生产实践经验和自然科学原理发展而成的，其外延小于"技能"，如上述例子提到的写字是技能，但不能归入技术。准确地说，两者有交叉，但不重合。

那么技术型人才和技能型人才有什么区别与联系呢？

技术型人才，也称工艺型人才、执行型人才、中间型人才。他们在生产第一线或工作现场从事为社会谋取直接利益的工作，只有经过他们的努力才能使工程型人才的设计、规划、决策变换成物质形态或者对社会产生具体作用。这种人才又可分为三类：① 生产类，如工厂技术员、工艺工程师、工地施工员、农艺师、畜牧师、植保技术员等。② 管理类，如车间主任、作业长、工段长、设备科长、护士长、护理部主任以及行政机关中的中高级职员。③ 职业类，如会计、出纳、统计、助产士、牙技士、导游、空勤人员、农业生产经营者等。技术型人才要有一定的理论基础，但不必达到工程型人才的要求，而更强调理论在实践中的应用。由于他们大都在生产现场工作，因而与工程型人才相比具有以下特征：一是相关的专业知识面要更宽广些，如工艺人员除需具有工艺知识外，还需经济、管理等方面的相关知识；二是综合应用各种知识解决实际问题的能力更强些，特别要具备解决现场社会性问题的应变能力；三是由于生产现场的劳动常常是协同工作的群体活动，因此，人际关系能力、组织能力是这类人才极为重要的素质；四是在人才成长过程中，更强调工作实践的作用。

技能型人才，也称技艺型人才、操作型人才。他们也是在生产第一线或工作现场从事为社会谋取直接利益的工作，主要应掌握熟练的操作技能以及必要的专业知识。他们与技术型人才的区别在于主要依靠操作技能进行工作。一些高技术设备的操作者虽有操作知识，但不能简单地归入技能型人才，尚须分析其智力含量的多寡来决定其是技术型人才还是技能型人才。

技能型和技术型人才的共同点是：均面向生产，服务第一线。两者的区别是：前者的知识结构（广义的）以操作技能为主，如果是高技能人才，则其技能具有娴熟、高超性，如高级工考试中，对其产品的精度有很高的要求；而后者需要了解许多原理，故对知识具有一定要求，也要求会操作，但只是一般的操作，如维修、检测人员需要了解机器如何运作，并掌握一定的操作技能。

如果把上述人才类型与教育联系起来，那么培养技术型人才的称为技术教育，培养技能型人才的称为职业教育（或技能教育）。技术教育的概念有广义与狭义之分，广义的技术教育包括一切技能、技艺、技术的教育，高等技术教育专指培养技术员、技术师等技术型人才的教育，是狭义的概念。这个狭义的概念是国际教育界公认的，其根据是联合国教科文组织的文件《技术与职业教育术语》，其中专门列有"技术教育"条目，其解释是：技术教育是"设置在中等教育后期或第三级教育（高中后教育）初期，以培养中等水平人员（技术员、中级管理人员等）以及培养大学水平的、在高级管理岗位的工程师和技术师"。技术教育包括普通教育，理论的、科学的和技术学科的学习以及相关的技能训练。

由此可见，技能型人才和技术型人才不仅有知识结构的区别，还有层次的区别。同时，不可否认，两者存在交叉，而且随着科技的进步，智能成分在许多工作中都占一定的比例，两者的交叉重叠处在加宽。尽管如此，两者仍然不可等同。

二、从国际比较角度看高等职业教育的培养目标

1957 年苏联卫星上天，举世震惊。1962 年，美国总统提出在未来 10 年，美国人一定要登上月球。为了达到这个目标，工程学校加强了理论知识学习，削弱了应用、实验室工作和实践。但 20 世纪 60 年代末 70 年代初，美国发现，事实上这样不行，因为如果没有实验室的经历，技术人员就无法开发和改进已有的设计，也无法修理设备。于是，职业教育加强了这方面的培养，从而导致四种职业比例的调整。这四种职业是：① 科学家。他们创建数学模型，从理论的角度描述设备和系统出现的问题，并用各种方法来验证假设及观点。他们通常具有博士学位。② 工程师。他们设计真实的设备和系统，包括选择材料、部件等，这些要和科学家的理论描述相一致，设计试验的基础是科学家提出的假设。他们通常具有

工程学学士学位。③ 技术师、技师。他们建造、测试、维修设备和系统，建立和监控设计试验。他们通常具有副学位。④ 操作工、流水线员。他们操作设备和系统，做常规的监控和支持性工作。他们通常具有中学毕业的学历，且有附加的培训证书。

与此同时，在高职阶段，各国不仅有职业教育、技能教育，还有技术教育。

例如，美国工厂企业的工程技术人员系列中，有工程师、技术师和技术员。其中，技术师是典型的工程实践者，他们关注工程原理如何应用于实践，如何组织生产人员从事生产准备工作和现场操作。他们关注维护和改良生产设备、生产过程、加工方法和加工程序。技术员经常在工程师和技术师的指导下工作或者贯彻技术方案。美国社区学院的职业课程一般学程为两年，主要培养技能型人才，其中高技能人才往往是具有相当工作经验的在职人员。美国的一般大学不仅从事学术性、工程性教育，还进行技术教育，这样一来，职业教育的毕业生既可以继续升学，也可以选择就业。

又如，英国的工程技术人员分为三种，即特许工程师、技术工程师及工程技术员。英国工程委员会指出，特许工程师在技术人员群体中提供改革和创造的信息，他们是技术人员群体的领导者，有的要进入最高管理岗位。技术工程师将特许工程师的意图转化为实际工作，他们是工程技术人员群体活动的计划者，常常负责进行每日工作安排，对日常的技术问题找出切实的解决办法。有的技术工程师要进入管理和监督岗位。工程技术员在工程技术人员群体中是参加实际工作的，他们具有测量仪器、工具和设备方面的详细知识和操作技能，他们对技工和操作工的工作负有监督责任，保持工作正常运转。高职培养的是技术工程师。

再如，法国的工程技术人员也分工程师、高级技术员、技术员三种，其职责与英、美两国大致相同，与英国的技术工程师相当的是高级技术员，其职责为：将抽象的设计和理论研究具体化，直接协同经济管理和工业尖端力量工作，协助工程师进行研究、计划和生产。高职培养高级技术员，具体责任由技术学院承担。

德国的教育与就业体系是一个不可分割的有机整体，其中每类人才均有各自的培养途径和明确的工作位置。其相当于我国高职院校的高等专科大学和职业学院进行的"技术教育"。

由以上各类职业内涵可见，工程师和特许工程师为工程型人才，技术工程师、高级技术员、技术员为技术型人才。在各工业化国家中，都存在着与工程型人才相区别的技术型人才群体，并且已有技术职务岗位加以确定。就高职而言，所培养的人才规格既有技能型也有技术型。

三、我国目前高等职业教育培养的是不是高技能人才

目前，我国高职院校招收的主要是没有任何工作经历的中职毕业生或普通高中毕业生。其中，中职毕业生拥有中级工的资格，而普通高中的毕业生则没有。根据界定，高技能人才指高级工、技师和高级技师，三者的技能层次是从低到高。根据我国高级工等级评定方法，中级工工作两年后有资格参加高级工的考核。也就是说，目前我国的高职毕业生还不具备高级工的考核资格，更不用说技师和高级技师了，那么认定他们为高技能人才似乎有失偏颇。

就我国目前的高职状况在院校进行高技能人才培养，无论从设备还是师资来讲都是不现实的。那么目前高职能做什么呢？本人认为有几个方面：① 为使学生成为高级工、技师、高级技师做好知识上的准备。② 培养技术型人才。③ 为在职的高技能人才提供所需的理论或知识的帮助。④ 培养非高技能的技能型人才，如高中毕业生需要掌握必要的操作技能。

因此，在人才规格上，高职应当培养技术型人才和技能型人才，且后者比例较小，但不包括高技能人才。由此，我们也可以得出另一个结论，即高等职业教育在内涵上主要是高等技术教育。

四、为何要提"高技能人才"

既然从概念上分析，技能型和技术型人才都是高职的培养目标，那么为什么《2003—2007 年教育振兴行动计划》中只提"高技能人才"呢？

事实上，文件中提出的高技能人才是有特指的。在我国，目前的高职绝大部分是专科层次的，学制为 3 年，是高职中的最低层次。从国外的高职来看，一般专科层次的是职业教育、技能教育，学制大多为 1 ～ 2 年，此外还有本科和研究生层次的技术教育。有些国家有专门的高职学院，如德国的高等专科学校，有些国家则由一般大学承担，如美国、英国等。而当前我国的普通高等教育主要以学术型和工程型人才为主要培养目标，并没有把技术教育列入培养目标，且没有大量本科层次甚至研究生层次的高职院校。这样的现实让很多人感觉高职就是或者应该是专科层次的，而且学制似乎可以再缩短一些，所以按照层次区别就提出高职要培养的是高技能人才。此外，这种提法还有另一个意义，即使高职院校摆脱普通大学的影响，突出技能掌握的重要性。目前，高职在课程计划安排上未摆脱本科教育的影响，高职办学过程中，从专业设置、课程设置、教材使用、教学过程、教学形式、评价方式到办学模式及运作机制，无不深深印刻着普通本科教育的烙印。

五、启示与建议

（一）启示

1.培养目标事关重大，改动需慎重

人才培养目标事关某类教育的本质特点及其在整个教育体系中的地位，改动时需要三思。将高职目标从"技术应用性人才"改为"高技能人才"，初衷虽然好，但这种提法也可能带来一些负面影响，如使技术型人才的培养落空，对完善职业教育体系产生不利影响，导致不完整性，使上下衔接造成困难。由此，本人认为，为了避免这些负面影响，把高职的培养目标定位在高技能和各类技术型人才更为合适。

从国际比较的角度来看，技术型人才是各国不可或缺的，我国同样如此。因此，无论是采取普通高等院校培养方式还是高职院校培养方式，它都必须有一个重要目标。另外，从目前我国经济发展的趋势来看，发达地区（如上海）特别缺乏这方面的人才，积极培养这类人才，高职责无旁贷。

2.培养目标应具有动态性

任何一类教育的培养目标都具有历史性和时代性的特征，高职的培养目标也不例外。目前中国的现实表明，高技能人才很难在学校培养，但这并不代表若干年以后高职院校仍不能培养此类人才，很可能它将成为这类人才培养的重要基地。因此，培养目标应具有动态性，任何提法只是在一定的历史阶段和特定的社会背景下才具有准确性。

（二）建议

根据区位优势理论和我国区域差异的国情，可以允许在大的培养目标下，不同地区有不同的侧重，当然，其依据是教育内部的规律以及各区域经济发展的需要。

第一，就我国东部而言，GDP已数倍于中部、西部和东北，且进出口总额和实际利用外资数都占到全国的95%以上，经济较发达，有些地区甚至已达到中等发达国家水平。在产业结构方面，高新技术产业、先进服务业和制造业比其他三大区域多，技术含量也高，因此，东部地区对智力含量高的技术型人才和高技能人才的要求相对更多。从这种区域情况来看，高职既要培养高技能人才，也要培养技术型人才，而且技术型人才需求将不断上升。为此，东部地区高职的培养目标应侧重于兼顾技术型与技能型人才的培养，加大技术型人才培养的力度，并服务于在职的高技能人才。

第二，从我国中部来看，其经济发展处于上升期和振兴期，人口达 3.85 亿，GDP 达 2.5 万亿元，都仅次于东部地区。由于人口密集，其人均 GDP 远低于东部和东北地区。其产业结构中，智力含量高的产业不多，尤其是新经济产业，从新经济指数与经济实力的位次对比来看，除湖南上升了 2 位外，其他省份都处于下跌的趋势，有些下跌的幅度还很大，如山西下跌了 9 位，湖北下跌了 8 位。因此，对技术型人才的需求就目前而言不是很大。但是总体而言，这些省份有不断上升的发展趋势，技术型人才可成为贮备的人力资源。因此，对中部地区而言，高职的培养目标应当侧重于培养技能型人才，条件好的高职院校可适量地培养智力含量较高的技术型人才。

第三，西部的发展相对比较落后，而且省、区之间的差异也较大，有些属于稳定型，有些属于振兴型，有些属于相对滞后型，还有些属于低徘徊型，其 GDP 和人均 GDP 都比较低。但是，随着近年来的西部大开发，西部经济的增长速度开始加快。西部地区的产业结构中，第一产业占了较大比重，因为资源和地理环境的限制，第二和第三产业相对不发达。为了配合西部大开发的人才需求，高职有必要培养大量技能型人才，同时培养现代农业、畜牧业所需要的技术型人才。需要指出的是，西部地区培养高技能人才的专业与其他地区有所不同，因此所需要的技能含量、智力含量有所不同，或许短期的培养模式，如一两年的学程更符合西部开发对人力资源开发和贮备的要求。因此，西部地区的高职培养目标可以侧重于对培养周期较短的技能型人才的培养，并加强第一产业中技术型人才的培养。

第四，东北地区的人均 GDP 较高，仅次于东部地区。但东北地区不同于东部地区，其产业结构中第二产业的比重较大。而且东北地区有一个非常有意思的现象，当全国的产业结构发生变化，由第一产业向第二、三产业转变时，东北地区却出现了"倒流"现象，即第一产业的从业人数出现回流，比例在增加。由此，黑龙江和辽宁两省在新经济指数位次与经济实力对比上就显现出倒退，而且黑龙江省的倒退最为明显，为 20 位次。相对而言，东北地区的第三产业不够发达，社会消费的零售总额仅为 4 586 亿元。因此，东北地区的高职培养目标可以侧重于加强技能型人才及第一、第二产业中技术型人才的培养。

当然，必须指出，以上提出的培养目标并不适用于所有时期，而只针对现在及未来的一段时间。随着经济发展和产业结构的进一步变化，这些目标还将出现新的调整。

第二节 关于高等职业教育教学体系健全问题

一个国家如何成功地发展高等职业教育，很重要的一点取决于国家对高职的期望和为其搭建的发展框架，即体系。本节试图从国际比较的角度，探讨各国和地区的高职体系的过程，分析其必然规律，并对照我国的实际，提出相应的建议。

一、我国高等职业教育体系之争

我国高职发展的历史不长，它在整个教育体系中得以明确定位是在 20 世纪 80 年代。1985 年《中共中央关于教育体制改革的决定》中指出：逐步建立起一个从初级到高级、行业配套、结构合理，又能与普通教育相互沟通的职业技术教育体系。当前我国主要把专科层次作为高职的主体，这在高职开办初期并没有引起争议，而当高职形成规模后，人们逐渐对仅仅发展专科层次的高职产生怀疑。2002 年起，理论界和实践界有越来越多的人支持开办本科层次的高职。

有学者提出："在继续加强大专层次高职教育的同时，应当逐步提高应用型人才的培养规格，发展本科以上层次的高职教育。"根据新时代的特征，"为适应我国进入 WTO 后对于培养技术精英人才的要求，发展较长学制的高等职业教育——技术本科，已势在必行"。进而，技术的发展及应用，对本科层次技术人员的需求量大大增加；技术本科为高职生提供了发展道路，这是人性化教育的需要。目前高职生正成为国外教育市场争夺的对象。由此得出结论：技术本科发展的必要性不是任何人的主观建构，而是多种客观因素综合作用的必然结果，在这些因素中，经济、社会因素是首先需要考虑的。在实施步骤上，提出"目前少量试点，今后根据社会实际需要逐步发展的建议"。

显然，在要不要发展本科层次高职的问题上，大家的意见比较一致，认为有其必要性和可行性。但关于如何发展，则意见不一。《中共中央、国务院关于深化教育改革全面推进素质教育的决定》明确指出，职业技术学院（或职业学院）毕业生经过一定选拔程序可以进入本科高等学校继续学习。有学者认为："当前发展本科层次的高等职业教育存在三个认识上的误区：把高职混同于专科，把本科高职当成扩大了的专科高职或普通本科教育，把升格专科高职作为发展本科高职的唯一模式。"也有学者认为："发展技术本科并非意味着大量现有的高职院校升格为本科，要把技术本科与高职升本科严格区分开来。目前，我国技术本科发展的主要途径是对部分传统学术性大学进行改造，让极少数办学条件优越的高职升格为本科。"另有学者认为："发展技术本科，可先从职业教育体系内部的'专升本'起步，即在部分经济发达地区先选择一些较为成熟的高职专业，依托普通本科高校二级学院招收现有高职高专毕业生举办二年制技术本科。"但也必须看到，现行专升本考试制度有碍于部分学生综合素质的培养，在一定程度上影响了学校正常的教学秩序，影响了用人单位的选才和用才。

还有诸多观点，就不一一罗列了。归纳起来，主要有三种意见：第一种意见认为，本科层次的高等职业教育可以由本科院校承担；第二种意见认为，应由高职学院升格而成；第三种意见认为，可先在高职学院完成两年的专科学习，然后升入本科院校，即"专升本"。

然而，随着2004年2月《2003—2007年教育振兴行动计划》的出台，又出现另一种声音，就是认为高职没有必要举办本科层次，两年制的专科高职足矣。

综上所述，高职体系如何建构，着实关系到其未来的发展方向，且目前已经影响到高职的进一步发展，成为迫在眉睫的问题。

二、世界各主要国家和地区高等职业教育体系比较

世界各国和地区高职的办学模式、特点各不相同，其原因之一就是体系的差别，关注这些国家的职业教育体系特别是高职体系可以发现，高职体系有多个层次，包括专科、本科、硕士和博士（或称研究生）。本科及以上层次高职的办学机构各不相同，大致分为三类。

一是由普通高等院校承担，如美国和澳大利亚，它们的普通高等院校中本来包括学术类、工程类、工程技术类专业，且授予专业学位，这是区别于学术学位的。

二是由专门的高职机构承担，如德国、日本、韩国。德国有高等专科学校、职业学院，日本有高等专门学校，韩国有工学院等，这些都是专门针对高职的机构。德国和韩国的一些综合大学也招收本科层次的高职学生。这些国家的共同特点是实施双轨制。

三是以课程为主线，任何机构只要获得资格都可以承担。典型的如英国，它把高职纳入继续教育和高等教育，任何申请获得教学资格的继续教育和高等教育院校，如第三级学院、科技大学等，都可以培养高等技术人才。只要通过认证，获得办学资格，就可以开设相关专业的高职课程，也就成为高职机构。另外值得一提的是，英国的整个职业教育体系有一个重要依托，那就是国家职业资格证书体系。无论哪个机构组织办学，其最终的考核标准都是一致的，人才培养目标也

是相同的。其中，职业资格证书体系的开发过程主要是围绕职业岗位描述，然后按照所需达成的功能逐步分解，形成课程模块，课程模块的关联性非常好，互相之间有一定的衔接和顺序。

我国目前高等职业教育的实施更接近第二类，有专门的高职机构，现统称为高职高专。在整个体系中，双轨制的特点非常明显，但到了本科层次就变成了单轨，也就是说，专科高职的毕业生要升学，只能选择普通大学，正如有学者指出的，这样的升学实际上是以放弃自己本身的教育经历为代价的。

从学制上讲，目前我国的高职绝大多数都是三年制专科层次的，而完整的职业教育体系还应当包括本科和研究生层次的高职。我国试点了几个技术本科，研究生层次的高职并没有，但从内涵上分析，本人认为，工商管理硕士（MBA）教育也属于高职，有关研究也有类似说法，如"MBA的本质是硕士研究生层次的职业教育"。德国有学者认为，整个德国的教育体系呈"工"字形，即在初等教育阶段，普通教育和职业教育是合起来的，旨在打好必要的基础；到中等教育至本科教育阶段，呈分轨状态，有不同需要的学生在不同的教育体系学习；而到了硕士和博士阶段，又开始合轨，因为这一阶段，各专业方向都开始细化，虽然仍有理论性和应用性之分，但都带有研究的成分，因此不分开列轨。

我国在硕士层面的高职大致相当于高职的专业教育，但不全面，在专科层次有较为完整的高职，唯独在这两者中间的本科层次出现了断层，这似乎不尽合理。

实际上，各国的高职体系是在发展中逐步完善的。如美国在20世纪60年代开始有本科层次的高职，70年代发展了硕士和博士层次的高职（都在综合性大学中实施）。此外，我国台湾自20世纪70年代以来，也开始逐步提升高职的层次，将许多专科学校改制成技术学院，至1998年，已有改制的技术学院18所；80年代初期开始，又将技术学院升格为科技大学，从而形成从中专、大专、本科直至研究生层次的完整的应用型人才培养体系。

由此可以总结出一个规律：本科及以上层次高职是在高等教育大众化的过程中，科学发展到一定程度，技术应用大大促进经济时期发展的。我国正处于这样一个时期。

三、启示与建议

（一）启示

1.本科层次的高等职业教育是必要的

众多学者从各个方面论证了本科层次高职存在的必要性，本人在此仅从国际比较的角度进一步说明。虽然美国和澳大利亚没有专门的本科高职机构，但它们和其他国家及地区一样，拥有本科及以上层次的高职（尽管没有冠以这样的名称），否则就不可能出现专业学位与学术学位的差异。虽然地域不同、背景不同，但职业教育体系的基本结构基本相同，这并不是一种巧合，而是代表了一种规律，无论是何种背景的现代社会，人才结构都是基本相同的。本科层次的高职生确实是社会需要的，是我们的教育必须培养的。

2.高等职业教育的课程框架不应当是普通高等教育课程的简单加减

英国职业资格证书课程开发过程提示我们，高职课程无论是职业性的还是文化性的，都要围绕特定的职业岗位及任务展开。关于我国高职的课程框架，目前也有很多改革的呼声，大多都提到加强专业课和实践活动的比例，减少普通文化课的含量，似乎做这种加加减减就能够解决高职的课程问题。本人认为不尽然，高职的课程需要围绕一个核心展开，这个核心就是职业岗位描述，在展开的过程中，有些距离核心较近，有些则较远，较近的类似于专业课程，较远的类似于文化课程，但文化课仍然要围绕专业和职业岗位，诸如英语应当是专业英语，数学应当是专业领域常用的数学知识。而且这些课程可以呈现综合化的倾向，不必按照学科体系展开。

3.以课程为核心，以标准来衡量，办学机构不定

承担本科层次高职的机构可以有很多，办学机构并不能代表什么，真正具有代表性的是课程，只要具有本科高职课程的内容与结构，那么所培养的就是本科高职人才。这一观点借鉴英国，它在中国也有可行之道。网络时代和知识经济把整个教育资源整合起来，校与校的竞争将不复存在，国与国的竞争才是主要矛盾，由此，校与校之间便可结成联盟。哪里有优势资源，哪里就可以成为办学点；哪里有适合某专业培养本科高职的资源，哪里就可以成为办学机构。标准就是办学质量，而非办学机构。

（二）建议

关于举办本科层次的高等职业教育，本人拟有如下方案，不同的方案有一定的适用范围。

1.本科院校改制或部分改为本科层次的高职

将具有成功的应用性本科教育办学经验的院校改制成本科层次的高等职业教育院校。如上海的立信会计学院、华东政法学院等。这些学院原为高等专科学校，由于办学出色，升为本科，但它们的主要培养目标仍然是第一线的技术人才。这些院校适合成为本科层次的高等职业教育院校，且不需要做大的调整。另外，也可以将

本科院校进行部分改造，这里并不是指在综合性大学里开设二级学院，这种方式并不是最理想的，更好的做法是对原来一些应用性特色非常明显的、培养一线技术性和管理性人才的专业做适当的调整（有些甚至不用调整），如计算机应用、电子商务、旅游管理等，加强、培养学生具备用人单位所需的实践操作能力。但需要强调的是，所谓应用性特色明显，并不是只看专业名称，重点是课程内容与结构，若课程本身应用性内容较多，且有一定量的实习与见习，即符合本科层次高等职业教育的培养要求。

这一方案的适用范围是：本身已经具有应用性本科办学经验的院校和专业，若进一步根据市场和用人单位的需要，加强实践性和应用性，就可以实行本科层次的高等职业教育。但不是所有的本科院校、所有的专业都可以改制或改造。

2. 高职院校升格为本科层次

将原来办学出色、师资力量雄厚的极少数高等职业教育院校升格为本科，允许其招收四年制本科学生。但由于我国高等职业教育起步较晚，拥有丰富经验、办学出色的院校还不是很多，所以能升格的高职院校目前为数不多。例如，上海第二工业大学建于1960年，原名上海业余工业大学，在培养第二产业的技术人才方面尤为突出，积累了丰富的经验，毕业生受到用人单位的一致好评，就业率高，所以成为试点的本科高职之一。

这里要指出的是，并不是所有专业都可以办成本科层次，成为本科层次的专业必须具备这样几个条件：一是拳头专业，专科已经颇具特色；二是市场确实对该专业有更高的要求，需要本科层次的技术人员；三是专科的学时无法完成教学任务，需要延长学制。

很显然，目前这一方案的适用范围较小，主要局限于有一定办学历史和经验，且专业所需的技术含量较高，用人单位在技术应用方面确有很大发展，对此类人才有较大需求的院校。但是，随着办学年限和经验的增长，会有越来越多的高等职业教育院校升格。

3. 实行"专升本"，专科在高职院校，本科在本科院校

这一方案指学生在目前的高等职业教育院校学习2～3年后，参加相应的入学考试，进入本科院校，再学习2年，获得本科学历。这一方案在目前还没有大量本科层次高职的情况下是一种权宜之计，可以让专科高职的学生有学可升，但这种升学是从职业教育体系转入普通教育体系，学生是要付出一定代价的。但当本科层次的高职出现后，"专升本"就不会有太多牺牲了。

这一方案在本科高职还未充分建立时，为了顺应终身教育的思想，这一方案

是过渡时期的产物，也是目前所采用的。而当本科高职建立起来，高等职业教育体系完整后，它将成为学生的一种教育选择，学生可以一毕业就进入本科学习，也可以就业后再升本科。但必须指出，"专升本"很容易出现衔接不畅的问题，如果"专升本"在同一院校，则容易避免这个问题，若在不同的院校，那么如何保证衔接顺畅就成为这一方案成功实施的关键。

4. 以课程质量为标准，整合优势资源

该方案是实施前三个方案的前提，所以是核心方案。这一方案是指，各办学机构共同构成网络，互相分享资源，具体实施哪一种教育或培训，则以课程为衡量标准，哪个机构更有实力举办某类课程，即承担这类课程，由国家统一发放证书。这样做能整合高职资源，发挥最大优势。

这一方案的实施条件是：① 有大量、充分的本科高职教学机构可供选择。② 有确切、明晰的职业岗位描述。③ 有较为完善的全国承认的职业资格证书制度。④ 有专门的审核、监督及评估团体。⑤ 学制长短依需要而定。显然，②③⑤是我国目前努力开发和完善的，① 需要在前三个方案实施后才能实现，关于④，目前还没有专门的机构。因此，这一方案是未来本科高职发展的蓝图。

从理论上，建立一个从专科到研究生层次的高等职业教育体系并不困难，但要实现这一蓝图，还要分区域、分专业，逐步进行。在现阶段，有些地区的有些专业并不需要本科层次，专科就够了，而且不需要 2～3 年的学制，半年至一年就够了，那么就没必要举办本科。

体系犹如人的骨架，只有骨骼强壮，肌体才可能健康。高职体系也是如此，不可有"骨折"——断层，不可有"关节疼痛"——衔接不良。本科层次的高职是符合教育发展规律的，可以试点。

第三节 关于高等职业教育理念创新发展投入问题

教育投入是支撑国家长远发展的基础性、战略性投资，是发展教育事业的重要物质基础，是公共财政保障的重点，是保障教育实施的重中之重。多年来，党和国家始终重视职业教育经费投入，先后出台了一系列加大教育财政投入的政策措施。然而，目前职业教育的经费投入与职业教育的发展要求还存在着很大差距，为此，2014 年发布的《国务院关于加快发展现代职业教育的决定》又一次明确要求，要"完善经费稳定投入机制""建立与办学规模和培养要求相适应的财政投入制度""依法制定并落实职业院校生均经费标准或公用经费标准",确保加大职业教育经费投入,加快发展现代职业教育。

一、职业教育经费投入的政策回顾发展

(一)职业教育经费投入政策脉络

从1996年《职业教育法》颁布至今,国家出台了一系列政策大力发展职业教育,尤其是2005年全国职教工作会议以后,职业教育经费投入不断增加。职业教育经费投入政策脉络主要反映在以下四个方面。

一是明确制定生均教育经费标准。1996年,以法律形式确定国务院有关部门会同国务院财政部门制定职业学校学生人数平均经费标准,省级人民政府应当制定职业学校学生人数平均经费标准,职业学校举办者按照学生人数平均经费标准足额拨付;国务院先后在2002年、2005年和2014年三次发布的发展职业教育决定中,都明确各级地方政府要制定生均经费标准;2004年2月,教育部《2003—2007年教育振兴行动计划》、2004年9月教育部等七部门《关于进一步加强职业教育工作的若干意见》等多个文件中均要求各地建立生均拨款制度,明确生均教育经费标准。2014年6月,教育部等六部门印发的《现代职业教育体系建设规划(2014—2020年)》明确要求:"2015年年底前,各地依法出台职业院校生均经费标准或公用经费标准。"同年10月30日,财政部、教育部印发的《关于建立完善以改革和绩效为导向的生均拨款制度加快发展现代高等职业教育的意见》(财教〔2014〕352号)明确提出,2017年各地高职院校年生均财政拨款水平应当不低于12 000元,从2014年起,中央财政建立"以奖代补"机制,综合奖补包括拨款标准奖补和改革绩效奖补两部分。

二是明确教育经费的"三个增长"。2007年5月,教育部《国家教育事业发展"十一五"规划纲要》明确提出,要依法落实教育经费的"三个增长",即"财政年度预算和执行结果都要达到教育经费支出的法定增长水平,并确保财政性教育经费增长幅度明显高于财政经常性收入增长幅度,逐步使财政性教育经费占国内生产总值的比例达到4%";2010年7月,教育部《国家中长期教育改革和发展规划纲(2010—2020年)》要求,在2012年达到4%;2010年11月《关于统一地方教育附加政策有关问题的通知》和2011年6月国务院《关于进一步加大财政教育投入的意见》促进相关要求的落实。

三是逐步增加职业教育专项经费。这些项目主要有基础能力建设计划(职业教育实训基地建设、职教师资基地建设、高等职业学校教师素质提高计划)、技

能型紧缺人才培养培训计划、高等职业教育改革创新行动计划和示范院校建设计划（国家示范性高等职业院校建设计划、高等职业教育改革发展示范学校建设计划）等。

四是逐步建立职业教育贫困家庭学生助学制度。从 2005 年《国务院关于大力发展职业教育的决定》提出"建立职业教育学生资助制度"开始，出台了一系列制度措施，《关于完善高等职业教育贫困家庭学生资助体系的若干意见》（2006 年）确定了贫困家庭学生资助条件和办法；《关于建立健全普通本科高校、高等职业学校和中等职业学校家庭经济困难学生资助政策体系的意见》（2007 年）明确把高等职业学校学生资助政策纳入国家家庭经济困难学生资助政策体系，并在经费安排上实行重点倾斜；《关于扩大中等职业学校免学费政策覆盖范围的通知》（2010年）决定从 2010 年秋季学期起，将免学费政策覆盖范围扩大到城市家庭经济困难学生；《关于扩大中等职业教育免学费范围进一步完善国家助学金制度的意见》（2012 年）明确对国家助学金和免学费政策进行调整。

（二）职业教育经费投入机制基本形成

职业教育"在国务院领导下，分级管理，地方为主，政府统筹，社会参与"的管理体制和"政府主导，依靠企业，充分发挥行业作用，社会力量积极参与，公办与民办共同发展"的多元办学格局，明确了中央和各级地方政府在发展职业教育中的重要主体责任，"以政府投入为主、受教育者合理分担、其他多种渠道筹措经费"的职业教育经费投入机制正在形成。近年来，在中央财政的引领下，地方各级财政持续强力投入，促进职业教育培养了大批适应经济社会需要的技术技能人才，为加快发展现代职业教育提供了有力支撑，为经济发展、促进就业和改善民生做出了重要贡献。在职业教育经费筹措机制中，以政府投入为主的职业教育财政投入机制主要反映在：一是政府的主渠道作用日趋明显。国家职业教育财政投入持续增加，年均增长 25%。以 2013 年为例，财政性经费占职业教育经费总投入的比例达到 74%，比 2005 年提高 29 个百分点。二是国家财政性教育经费中职业教育所占份额逐步增加。2013 年职业教育占国家财政性教育经费的 10.36%，比 2005 年提高 2.11 个百分点。

二、职业教育经费投入概况与成效

（一）职业教育财政投入总量持续增长

我国职业教育经费投入总量自 2005 年《国务院关于大力发展职业教育的决定》发布以来，呈现出稳步增长的态势。

1. 2005—2013 年职业教育经费总量年均增长 18%

2013 年全国教育经费总投入 30 365 亿元，比 2005 年的 8 419 亿元增长了 2.61 倍；国家财政性教育经费占国内生产总值比例达到了 4.3%。其中，职业教育经费总投入约为 3 450 亿元，比 2005 年的 939 亿元增长了 2.67 倍，年均增长率达 18%。

2. 职业教育财政性教育经费年均增长 25%

从投入总量上看，国家财政教育投入职业教育经费持续大幅增长，2005—2013 年，职业教育国家财政性经费累计达 12 300 亿元。从增长情况上看，职业教育经费增长幅度高于全国财政性教育经费增长，2013 年全国财政性教育经费为 24 488 亿元，比 2005 年的 5 161 亿元增加 19 327 亿元，增长了 3.75 倍。其中，职业教育财政性教育经费约为 2 543 亿元，比 2005 年的 426 亿元增加 2 117 亿元，增长了 4.97 倍，年均增长率达 25%。职业教育财政性教育经费投入的大幅度增加，有力地支撑职业教育改革发展。

（二）职业教育生均公共财政预算经费大幅增长

2013 年，高等职业学校生均公共财政预算经费为 9 959 元，比 2005 年的 2 959 元增加了 7 000 元，增长了 2 倍多。其中，中部和西部地区增长均在 3 倍以上。

（三）中央财政专项经费投入不断加大

近年来，中央财政在增加财政性教育经费增长的同时，为解决职业教育发展中的一些难题，教育部和财政部等通过实施一系列重大项目，对职业教育发展过程中的关键领域和薄弱环节加大投入，推进职业教育基础能力的提升和职业院校办学条件的改善，提高职业教育吸引力。

2004—2013 年，中央财政投入 1 113 亿元重点支持了 4 大类职业教育重大项目建设。

1. 职业院校基础能力建设项目

该项目主要有 4 个分项目：一是高等职业教育专业教学资源库建设项目。2010—2013 年，中央财政总计投入 2.2 亿元专项资金，建设数控技术、汽车检测与维修等 42 个专业教学资源库。二是高等职业学校提升专业服务产业能力建设项目。2011—2012 年，中央财政总计投入 40 亿元专项资金，重点建设全国 976 所独立设置的公办高等职业学校 1 810 个专业，提升高职院校产业服务能力。三是职业院校教师素质提高计划。2007—2013 年，中央财政投入 21 亿元专项资金，培训各地职业院校优秀骨干教师。四是职业教育实训基地建设计划。2004—2013 年，中央财政总计投入 78 亿的专项资金，重点支持建设了 4 556 个职业教育实训基地。

中央财政支持的职业教育实训基地建设计划，从 2004 年实施以来，切实改善了职业院校的实训条件，提升了职业院校的基础能力，也带动了地方加大实训基地建设力度。如江苏省选 5 个省级区域开放共享型实训基地和 55 个省级综合性实训基地，财政对前者每个投入 1 000 万元，对后者每个投入 600 万元。高等职业学校提升专业服务能力建设项目从 2011 年实施以来，全面提升了高等职业学校专业建设水平、装备条件水准和产业服务能力，整体提高了人才培养质量和办学水平。

2011—2015 年，教育部、财政部实施职业院校教师素质提高计划，计划到 2015 年，组织 45 万名职业院校专业骨干教师参加培训。其中，中央财政重点支持培训 10 万名，省级培训 35 万名，以提高教师的教育教学水平特别是实践教学和课程设计开发能力。

2011—2013 年，中央财政已安排 16.6 亿元，推动国家、省级和学校三级教师培训体系的建立。计划实施以来，在教育系统和社会上产生了良好影响。大家普遍认为，这个计划抓住了职业教育发展中最基础、最关键、最薄弱的环节，对加强教师队伍建设，提高职业教育办学水和质量发挥了重要的推动作用。

2. 示范性学校建设项目

示范性学校建设项目主要有两个分项目：一是国家示范性高等职业院校建设计划。2006—2013 年，中央财政总计投入 46 亿元专项资金，重点支持建设了 100 所国家示范高等职业院校和 100 所骨干高等职业院校。二是中等职业教育改革发展示范学校建设计划。2010—2013 年，中央财政总计投入 100 亿元专项资金，重点支持了 1 000 所中等职业学校进行改革创新。示范性学校建设项目引领作用显著，中央财政支持的示范性高等职业院校建设计划，带动地方政府支持省级示范高职院校建设数达 282 所，使国家级和省级示范高职院校建设数达到 482 所。

示范性高职院校牵头推进集团化办学，全国已组建约 700 个职业教育集团，覆盖了 90% 的高职院校。各地以国家示范院校为主体，积极推进中高职协调发展，加快现代职业教育体系建设，引领职业教育走特色化、内涵式发展道路。例如，山东省 2012 年投入 7.8 亿元支持 13 所高职院校建设技能型特色名校（省级示范高职高专院校）。

3. 职业学校学生资助项目

2006—2013 年，中央财政安排 761 亿元职业学校学生资助资金，其中，2006—2013 年，中职学校国家助学金 472 亿元；2009—2013 年，中职学校免学费补助资金 289 亿元。截至目前，约占中职在校生数 91.5% 的所有农村（含县镇）学生、城市涉农专业学生和家庭经济困难学生均免除学费，同时全日制正式学籍一、二年级在校涉农专业学生和非涉农专业家庭经济困难学生还可享受国家助学金。此外，高职院校也被纳入到高等教育学生资助体系中，保障了学生就读职业教育。

4.综合奖补项目

为提高各省政府对职业教育经费的统筹能力，提高资金使用效益，2013年中央财政改变以往项目管理方式，实施"以奖代补"的专项资金安排，下拨资金不确定具体项目，采用因素法分省确定资金额度；各省根据中央下达的预算，结合本地职业教育实际，自主确定支持项目，然后将资金使用管理情况和项目安排建设情况报两部备案。

2013年，中央安排64亿元职业教育"以奖代补"专项金。"以奖代补"的措施旨在通过中央专项资金带动地方政府对职业教育的投入，推动地方政府建立和完善以改革和绩效为导向的职业教育生均拨款制度。

三、职业教育经费投入的困难与问题

（一）职业教育经费投入仍不能满足事业发展

尽管近年来国家持续加大对职业教育的经费投入，但无论从投入的总量和投入的区域分布，还是职业教育经费来源和支出的结构上看，与职业教育事业的发展还存在较大差距。一是在投入的总量上，职业教育国家财政性经费投入与同阶段普通教育相比，还明显偏低；职业教育生均总经费和生均公共财政预算教育经费与职业学校发展不相匹配，中职与普通高中大体相当，高职仅为普通本科的一半。二是在投入的区域分布上，东中西部区域性差距很大，中部和西部地区的生均公共财政预算经费偏低，生师比、生均校舍面积、生均建筑面积等重要指标不达标。三是在经费的来源上，仍以财政投入（财政性经费所占比例达到74%）和学费收入为主，来源渠道较单一，多渠道筹措职业教育经费的能力不强。四是在经费支出结构上，职业院校的财政性教育经费主要用于维持教师工资和校舍建设，而用于增加设备、推进教育教学改革、提高教学质量的经费总体不足。据相关研究显示，全国31个省、自治区、直辖市的中等职业教育经费投入差异十分明显。在办学规模、师资和设备设施3个方面的6个具体指标中，中等职业教育办学条件达标情况总体较差，全国没有一个省区市6项监测指标全部达标，甚至没有一个省区市5项指标全部达标；只有3个省市4项监测指标达标，分别是上海、广东和浙江，都集中在东部地区；有7个省区市3项指标总体达标，分别是北京、天津、江苏、辽宁、山东、西藏、宁夏等，主要集中在东部地区（5个）。另外，两项指标达标的省区市有15个，一项指标达标的省区有5个，还有1个省全部指标均未达标，主要在中、西部地区。

（二）职业教育生均经费标准制度仍未建立

不少地方职业教育发展的实践表明，制定实施职业学校生均经费标准是职业教育制度建设的重要内容，是建立健全职业教育投入保障机制的关键。尽管如此，因受到经济发展水平、教育投入总量、支出分配结构、教育政策导向等因素的综合影响，职业学校生均经费标准的制定实施情况总体来看不容乐观。从 1996 年《职业教育法》第二十七条做出"省、自治区、直辖市人民政府应当制定本地区职业学校学生人数平均经费标准"的规定，到 2014 年的 18 年里，只有 20 个省区市、计划单列市制定了职业学校生均经费标准，且 2010 年前只有 6 个省区市、计划单列市制定，其余 14 个省区市、计划单列市都是近 3 年制定的标准，还有三分之二的省份有法不依，这一局面明显制约着职业教育投入的增加和经费保障机制的建立。特别值得注意的是，部分省份在制定和实施生均经费标准过程中出现了诸多亟待解决的突出问题和实际困难。

四、职业教育经费投入的政策建议

（一）坚持依法治教，落实职业教育经费投入

必须坚持以法律制度为基础，采取法律管制、行政推进、社会监督等多方面结合的综合治理方式，切实把政策、制度落到实处，从根本上解决有法不依、执法不严和违法不究的被动局面，让职业教育经费投入从根本上得到保障。

（二）制定生均标准，切实保障职业教育经费稳定投入

落实经费投入，发挥其支撑保障作用，就必须牵住生均标准这个"牛鼻子"，准确把握影响职业教育经费投入的核心和关键问题——生均拨款制，制定科学合理的职业教育成本计量政策，通过政府"花钱买机制"的做法，改变职业教育经费投入的"碎片化"现状，激励和带动各地建立并完善职业教育生均拨款制度；建议开展"职业学校生均经费标准制定实施"专项督导检查，对工作不力的省份，有关部门进行个别约谈，指出问题，限期整改；同时，进行分片调度，按区组织专题会议，促进职业学校生均经费标准工作不力的地区集中交流经验，分析困难，解决问题。

（三）建立督查制度，切实推进职业教育经费政策着地

按照 2012 年国务院颁布的《教育督导条例》，经费投入是政府行为、政府职责和公益责任，要加大经费投入、经费使用督导检查力度，明确督导内容，加强过程督导。因此，本人建议将职业教育经费投入、生均经费标准制定实施纳入"教育现代化评估指标体系"，作为"职业教育质量监测"的重要指标，将其作为

考核各地职业教育发展水平的核心内容；教育部、财政部等部门应联合开展职业教育经费投入年度检查，委托研究机构、高等学校或者其他组织编制《全国职业教育经费投入与实施年度报告》并向社会发布；各省级教育、财政等部门要组织编制并发布本区域内《职业学校生均经费标准实施情况年度报告》。

（四）实行审计公告

首先，要提高经费使用效益。相关部门要实施审计公告，建立职业教育经费投入绩效评价体系，对职业教育经费在预算分配、使用过程和投入效果上进行评价和监督，保证职业教育经费的效益性和效率性。其次，要制定职业教育经费绩效评价制度，明确职业教育经费绩效评价的标准、工作流程、方法等；依据职业教育经费运行的各个环节，制定绩效评价制度，对经费使用效益的组织管理、实施程序、方法步骤监管，对经费使用情况进行跟踪和监控，从而提高职业教育经费的使用效率；建立审计公告制度与责任追究机制，将绩效评价结果与各级教育部门尤其是管理者的福利待遇、职位升迁挂钩，对存在的问题依法追究责任。

第八章 高等职业教育理念创新与发展的对策研究

第一节 创新办学理念，促进高职教育健康协调发展

20 世纪 80 年代地方职业大学的建立，为我国高等职业教育的兴起开了先河。90 年代以来，我国经济社会发展对人才类型、知识结构、素质与能力等各方面提出了新的要求。然而，高职教育的现状是：教育观念相对落后，无法调动学生学习、创造的积极性；市场观念不强，专业设置针对性较弱；人才类型的社会需求不明确，培养的学生知识能力结构单一；对毕业生就业关注不够，就业率不容乐观。面对高职教育发展进程中的机遇与挑战，坚持变革创新，建立具有高职特色的全新办学理念，对实现高职教育健康、协调发展具有重要的现实意义。本节主要对高职教育创新教育培养理念进行探讨。

一、创新办学理念，要以人为本，树立"教育管理是服务"的观念

以人为本的教育管理思想虽早已提出，然而能够真正付诸实践，落到实处，贯穿于整个教育管理过程仍是当前教育需要继续努力的方向。我国高职教育从传统的高校办学思想中脱胎而来。就拿最普遍的师生关系来说，教师处在主导、中心地位，学生则是完全的受教育者、被管理者，这种传统的观点根深蒂固。与此同时，学生应有的权利得不到保障，甚至一些与法律相悖的学生管理条例仍在执行。这不仅影响了人才培养，更无法体现以人为本的教育思想。办学理念作为基本的办学指导思想，深层次地反映了学校办学的价值取向，从根本上规范着学校的各种行为，学校办学必须一切为了学生的利益，一切着眼于学生的发展，一切

落实于学生的成才。以人为本的教育管理理念就是要改变过去以教育管理者为核心，一切由教育管理者说了算的管理方式。确立"学生家长是学校的衣食父母""给你的是矿石就要炼出金属，给你的是泥土也要烧出砖瓦，没有不成材的学生，只有不成功的教育"的全新观念，把办学理念由"学校中心"转变为"学生中心"。

围绕学生为中心的教育管理，要实现对学生的全方位、全过程服务。在招生环节，采集信息主动传送到考生的家里，尊重和帮助考生填写志愿；在培养的各个环节，允许学生有专业的选择权和转换权，尊重学生的兴趣和志愿；在毕业环节，为方便学生就业和实习，学校应修改教学计划，采取弹性学制，依托实习单位实行灵活的毕业设计（论文）管理方式；在学生的管理上，更多地考虑学生的思想、需求和情感。即使是学生的各种非常规行为，学校管理者都要动之以情、晓之以理，做好思想教育工作。对学生的惩处，依法慎重施行，不能以罚代管或以罚代教。树立"三个一切"，即"一切为了学生，为了一切学生，为了学生的一切"的办学宗旨，树立"教育管理首先是服务"的观念。

二、创新办学理念，要以市场为依托，专业建设适应社会经济发展的需求

高职教育沿袭计划经济条件下普通本科办学模式的另一个方面是"封闭式"办学，体现在专业设置和建设上，并不是按市场急需，而是学校能办什么专业就设什么专业。这种与社会需求不相适应的办学模式培养的学生学不到社会急需的技术，这也是高职学生就业难的主要原因之一。高职院校专业不是普通高等教育意义上的"学科专业"，而主要是"技术专业"，培养的人才应该具有岗位技术工作的针对性、适用性和应用性的特点。按照市场需求设置专业，是一种新的办学理念。这个导向是指社会需求的导向，区域和地方经济发展的导向，即专业设置由传统教育资源导向型转变为市场需求导向型。因此，各高职院校应遵循当地产业结构和社会人才需求的变化趋势，坚持"有所为而有所不为"的专业设置方针。

首先，学校在设置专业过程中，不仅要深入行业、企业调研，而且要及时了解和掌握企业高新技术的应用状况，及其对人才规格要求的变化，及时了解人才市场的文化动态，及时调整专业培养计划。鼓励学生关注和把握人才市场走向。当然，在专业结构调整中要处理好长线专业与短线专业、新兴专业与传统专业、宽口径专业与多方向专业、变动性专业与稳定性专业的辩证关系。

其次，专业设置要面向区域和地方社会经济发展。高职教育的办学宗旨是为地方社会经济发展培养生产、管理、建设、服务第一线的应用型人才，基于服务

本地区的办学目标，培养"下得去，用得上，留得住"的技术人才。因此，坚持市场导向设置专业，就必须注重本地区、本行业社会和经济发展的需求，按照技术领域的职业岗位的实际要求设置和调整，并准确把握对未来的预测，体现专业设置的应用性和前瞻性。

再次，专业设置要有特色。"高职院校的生命在于特色"，而特色主要体现在专业建设上。特色专业的建设一样要遵循市场经济的规律，结合区域内产业结构调整优化，特别是主导产业发展的实际，实行重点突破战略，积极建设一批与当地主导产业密切结合的特色优势专业，形成"亮点"，再通过这些特色专业的示范作用，带动专业结构的整体优化和专业水平的整体提高。在市场经济导向专业设置的前提下，想把众多高职院校大而全、小而全的专业全部建设成为高水平的专业既不可能，也不必要，建设过程中一定要抓关键、抓重点，有所为而有所不为，避免重复建设。

三、创新办学理念，要以社会评价作为衡量毕业生质量的标准，培养"一专多能"的复合型人才

传统大学毕业生合格与否都是以能否取得毕业证书来衡量的，即人才培养是由学校自身的评价标准决定的。毕业证书成了学生学习的终极目标和追求对象。高校扩招以后，大学生就业形势严峻，尤其是高职院校的毕业生就业在全国范围内面临着前所未有的压力。显而易见，依照传统学校评价方式来把握当今瞬息万变的社会人才需求情况是完全不够的。学校不能准确掌握社会对毕业生能力与素质要求的信息，必然导致人才培养与市场需求脱节，毕业生缺乏市场竞争力，不适应社会的要求。

高职院校转变人才评价观念，改学校评价为社会评价，及时掌握社会对人才类型、规格及质量的需求，结合现代职业对劳动者文化素质和技术水平要求的总体情况，在学生中推行职业资格制度，努力按照职业岗位群的要求，培养"一专多能"的复合型人才，保证学生在校期间能够真正掌握安身立命的实用技术，并在严峻的就业竞争中顺利就业。

所谓"一专多能"复合型人才，是指该类型人才能够在掌握比较扎实的基础理论知识的同时，具有某一专业领域内多方面的技能，并且能够运用知识和专业技能灵活地解决实际工作中较重大的问题。学校培养"一专多能"复合型人才要立足于"专"，熟练掌握某一职业岗位技术，同时在岗位群内做到"专"与"多"的有机统一。围绕社会评价的反馈信息，在教学计划内的实践能力培养过程中，

实行双证（多证）模式，毕业生除了要获得大学毕业证书，还要努力取得高级职业资格证书；有条件的院校可开设跨类技能训练课程，积极培养多技能型应用人才；尝试让一部分理论基础扎实、动手能力强的学生参与到教师的科研项目中去，使学生真正接触到当今的高新技术，提高学生跨专业、跨学科的综合知识运用能力和设计能力，增强学生新技术、新技能的实践能力，激发其创新精神，最终达到面向社会的复合型人才培养要求。在推行辅修专业过程中，对学有余力或有特殊兴趣的一部分学生允许选择第二专业学习，以加强学生多种能力的培养；鼓励学生在相关或相近专业之间选择辅修专业，打通专业之间联系，使一些专业知识和能力实现融合，形成复合能力。

四、创新办学理念，要以就业为导向，使学生"进校成材，毕业有岗"

就业是民生之本，事关人民群众的切身利益，事关高等职业教育的可持续发展。把学生就业看作学校办学的导向，这是一种前所未有的观念创新，也是以人为本教育理念的深刻体现与有机扩展。我国高等教育已逐步由精英教育向大众化教育转变。毕业生就业尤其是高职院校学生的就业逐渐成为社会关注的焦点问题和舆论关注的热点问题。毕业生能否顺利就业及就业后的进一步发展，成为各高职院校办学成功与否的重要标志，也成为办学思想、办学过程的最终导向。学生进校后教育成材，毕业时找到合适的用人单位，且就业层次达到一定的高度，是学校提高知名度与美誉度，形成"进口顺、出口畅"良性发展的主要因素。高职院校坚持就业为导向的办学理念，围绕就业开展各项工作，是实现这一目标的基本保证。所培养的学生能够成材，适应市场需求，毕业有岗。基于这一点，学校要做好两个方面的工作：一是实行就业导向型人才培养模式，二是开展系统化就业指导教育。

由于传统的教学计划和课程设置无法适应以就业为导向的高等职业教育，因此，在人才培养过程中，学校要关注就业市场变化，及时调整专业培养计划。根据学生有效择业、灵活就业和自主创业的需要，探索以学生和企业为"客户"，有助于学生自主选择发展方向的"套餐"式课程管理机制；开辟学生"辅修专业""第二专业"绿色通道，开设更多实际、实用的选修课程，鼓励学生在相关专业领域自主选择学习；与企事业单位合作，根据用人单位"订单"进行教育和培训，按照企业对技能型人才的实际需求安排文化基础课，防止盲目加大文化基础课程的比例，而削弱职业技能训练。要突破传统观念，针对生源情况和实际工作需要，实行分层教学，分专业方向和分阶段教育；建立学分转换等相应机制，把学历教育中的专业能力要求与国家职业标准，以及相关行业和合作企业的用人需求结合起来。针对职业技术教育学生动手能力这一突出环节，加大实训基地、实训设备的建设投入，满足广大学生培养动手能力的需要，使高级技能型人才培养成为现实。采取实习与就业相结合的方式，提高学生的岗位适应能力。学生具备就业能力与素质后，学校还要做好就业教育工作。学生入校后，就要对其进行职业角色教育和专业思想的培育，使广大学生对自己的专业和未来有一定的认识和了解。今后，要建立相应的学校就业工作机制、工作方法和工作措施，使每一位干部和教师都来关心学生就业，促进学生就业。

学生管理部门要转变职能，在整个教育教学过程中，紧紧围绕市场，开展就业指导工作，为广大毕业生牵线搭桥，帮助学生顺利走上工作岗位，增加学生创业意识和创业能力等方面的训练，对学生和毕业生自主创业给予扶持和指导；把就业教育工作重点放在就业培训和就业指导上，将就业培训与专业建设相结合，及时提供适应岗位要求的技能培训课程；建立各种渠道加强学生的社会实践和专业实践，让学生接触社会、了解行业、认知职业、择机创业。

五、正确处理办学理念创新中的几对关系

高职教育健康、协调、可持续发展的办学理念是指导高职院校教育工作的灵魂，是学校改革与发展的理论指导，是学校办学成功与否的关键。坚持办学理念创新，要正确把握以下几对关系。

（一）一般与特殊的关系

创新办学理念时，各高职院校应从实际出发，既要考虑到一般高职院校的共性，又要兼顾到具体学校的个性，还要考虑到办学层次、办学条件以及所处的区域经济产业结构和经济发展程度等各方面问题。

（二）继承与创新的关系

科学、正确的办学理念，从理论上反映了一个时期内社会进步程度、经济发展状况和学校办学水平的情况，对已存在的优秀的办学理念，我们需要继承。而随着社会进步、经济发展、思想解放，高职院校将面临新的发展机遇与挑战，这就要求学校在继承的同时，对办学理念、办学模式不断改革创新。

（三）核心理念与非核心理念的关系

办学理念是一个集合概念，它汇聚了学校工作中教育管理、人才培养、专业建设以及教学管理等多方面的思想。鉴于各个学校的不同情况，要把在指导学校办学工作中起决定作用、占主导地位的理念放在首位，起到统领全局的作用。

第二节　高等职业教育文化技艺的传承创新

党的十八大报告强调指出，要"建设优秀传统文化传承体系，弘扬中华优秀传统文化"。毫无疑问，学校应当是普及传统文化教育的主渠道，学校教育应当是传承和弘扬传统文化的重要途径。高等职业教育通过多年发展，目前已占据了高等教育"半壁河山"，因此，在建设优秀传统文化传承体系、弘扬中华优秀传统文化方面具有重要的地位和作用。然而由于受多种因素影响，传统文化在高职院校中几乎失去了立足之地，高等职业教育在建设优秀传统文化传承体系方面并没有发挥出应有的作用。

高职院校具有高等教育和职业教育的双重属性。作为高等教育属性，要注重文化传承创新功能的发挥，但其文化传承创新应与自身的办学目标和人才培养特点有机地结合起来，彰显职业性，形成高职教育独特的文化传承内涵和特色，以技艺文化、企业文化为主要内容，为中华民族的传统技艺传承和我国工业化的进程重现历史、展示风采，反映珍藏在人们历史记忆中和现实生产中的技艺文化同样精彩夺目。在实际工作中，应着力推进"产业文化进教育、工业文化进校园、企业文化进课堂"。

一、传统技艺文化的传承

在我国工业化的发展进程中，每个地区都积淀了具有区域特点、产业特色的工业文化，如何弘扬传统技艺文化，保护和传承非物质文化遗产，是高职教育文化建设的重要内容和特色所在，可以结合专业建设在高职院校设立地方传统技艺展示馆、大师工作室等途径把技艺文化引入校园，增强学生的职业荣誉感和发展自信心。

（一）牢固树立"立德树人"是高等职业教育根本任务的观念

高等职业教育是面向大众的"完全教育"，品德教育比技能传授更重要。尽管高等职业教育的培养目标被定位于"培养一大批具有必要理论知识和较强实践能力，生产、建设、管理、服务第一线和农村需要的专门人才"，强调以就业为导向，强化职业技能训练，但不能因此就认为高等职业教育是"重技能轻品德"的教育。高等职业教育绝不是简单的"识文断字""谋生求职"，高等职业教育的根本任务是"立德树人"。因此，高职院校应将优秀传统文化教育纳入学校的教育计划中，要让学生在求真、求善、求美的同时，做到知羞、知耻、知丑，树立正确的人生观和价值观，让学生既要学会"做事"，更要学会"做人"。

（二）改变现有专业课程体系设置，加强人文教育环节，将优秀传统文化教育纳入教学计划

关于优秀传统文化进大学课堂，国家对此早有规定。《国家"十一五"时期文化发展规划纲要》就曾明确要求，高等学校要"加强传统文化教学与研究基地建设，推动相关学科发展"。高职院校应结合自身实际情况，把传统文化纳入教学计划，并规定学时学分，对学生践行传统文化提出具体任务要求，制定切实可行的考核办法和激励机制，及时召开总结会，评选先进集体和个人。

（三）加强师资队伍建设，建立一支胜任传统文化教育的优秀师资队伍

韩愈说过："师者，所以传道授业解惑也。"教师是人类知识的创造者和传播者，是立教之本。教师除了"授业解惑"外，更要"传道"，教师不仅要把中华民族优秀的传统知识传授给学生，更要以身作则，努力笃行，潜移默化地教导与影响学生。习近平对教师工作曾做过这样崇高的评价，他说："教师重要就在于教师的工作是塑造灵魂、塑造生命、塑造人的工作。一个人遇到好教师是一生的幸运；一个学校拥有好教师是一个学校的光荣；一个民族源源不断涌现出一批又一批好教师，是民族的希望。"关于如何做一名好教师，他又说："学为人师，行为世范。做好教师，要有理想信念；做好教师，要有道德情操；做好教师，要有扎实学识；做好教师，要有仁爱之心。"好教师是"言教"和"身教"合一的，可见，好教师是能传承优秀传统文化的。

（四）营造校园文化氛围，唤醒高职学生的自觉意识，培养高职学生笃行精神

学习优秀传统文化，贵在把它落实到日常生活和工作中，这样才能从中受益，才能提升生命的内涵。让高职学生接受传统文化知识教育，这只是传承优秀传统文化的初级阶段，只有把圣贤的教诲贯彻到生活中，落实到一言一行中，才是弘扬优秀传统文化的最终目的。因此，学习优秀传统文化，贵在唤醒学生"自觉性"意识，让学生习惯成自然。要唤醒学生"自觉性"意识，校园文化氛围的熏陶必不可少。在校园中营造一种浓厚的传统文化氛围，采用耳濡目染的方式提高学生传统文化素养。如校园里可以张贴古代先贤的语录画像，播放古诗词、古乐古曲，也可将各种历史典故制成漫画；文化社团可开展古诗词朗诵、古诗词写作等比赛活动，也可邀请有关专家教授开设讲座和论坛，传授传统技艺等。总之，通过多渠道提升高职学生传统文化知识素养，让其内化于心，外化于行。

"文化是民族的血脉，是人民的精神家园。"继承和弘扬中华民族优秀传统文化是每个公民应尽的责任和义务。以"职业性"见长的高职院校，更应该肩负

起时代赋予的使命，传承和弘扬祖国优秀传统文化，为国家、为社会培养更多的
"德才兼备"型人才。

二、现代优秀企业文化的融入

高职教育的人才培养目标是培养适应生产、建设、管理、服务第一线的高素
质技术应用型专门人才。这一人才培养目标充分体现出高职教育的职业特性，反
映出高职教育与现代社会和企业的人才要求之间的必然联系，从而决定了加强高
职院校学生企业文化教育的重要性和必要性。高职院校如何充分挖掘和发挥现代
企业优秀文化的对高职人才培养的育人作用，探索和实践现代企业优秀文化融入
高职院校人才培养工作的途径和举措，对于培养满足现代企业和社会所需求的高
素质高职人才意义十分重大。

（一）现代企业优秀文化融入高职人才培养的重要性

现代企业文化是指企业在生产、经营、管理过程中逐步形成与发展的，为员
工所认同和遵循的物质文化、制度文化和精神文化的总和，其核心是企业的精神
文化。企业精神文化是一个企业的精神、理念、价值观、思维方式、道德准则、
行为规范等的集中体现。高职院校必须要针对现代企业文化赋予员工的核心要求
来开展人才培养工作，这样才能真正实现学校与企业对人才培养目标要求的"无
缝对接"，培育出受企业欢迎的高素质高职人才。

1.高素质高职人才培养的需要

通过对高职院校毕业生的跟踪调查和对企业用人单位的调研反馈中发现，部
分高职院校存在只注重强化学生职业技能培养，而轻视职业道德、职业素质教育
和职业行为的养成教育，所培养的高职人才与企业的要求脱节，得不到企业和用
人单位的欢迎。优秀企业文化融入高职教育人才培养，能够正确地引导大学生处
理好个人与集体、自律与他律、竞争与协作等关系，深刻领悟企业员工的团队合
作、爱岗敬业、学习进取、精益求精、实践创新等优秀的文化价值理念，从而更
好地陶冶学生的思想道德情操和职业素养，树立正确的世界观、人生观和价值观。
总之，将体现现代企业对人才核心需求的企业优秀文化融入高职教育人才培养全
过程，不仅是满足企业对高职人才的需要，更是高职院校强化素质教育和社会主
义核心价值观教育，培养高素质人才的需要。

2.增强学生就业竞争力的需要

目前，由于部分高职院校缺乏现代企业优秀文化教育，导致毕业生在职业
观、人生观、价值观等方面与企业对人才的需求产生偏离。当学生踏上岗位融入

企业文化时，往往在工作能力、专业知识、实践技能等方面能够适应胜任岗位要求，而对于企业价值观念、管理理念、企业制度和团队合作等方面不能适应。因此，高职院校加强现代企业优秀文化教育，能够使学生正确地认识开拓进取、敬业奉献、求实创新的现代企业精神和价值观念，激励学生切合自身实际确立职业生涯发展规划和人生发展目标，努力提高学生综合素质、职业能力和岗位适应能力，从而提升高职毕业生的就业竞争力。

3.高职院校园文化内涵建设的需要

高职教育人才培养目标和人才培养模式的性质决定了其带有鲜明的职业特征。因此，高职院校就必须根据人才培养的目标要求，着力研究现代企业对高素质人才培养的要求，研究企业优秀文化与高职院校校园文化建设之间的有机联系，努力营造与企业人才需求相适应的校园文化育人氛围，以满足现代企业对人才素质的要求。"工学结合、校企合作"是高职教育人才培养的必由之路，将校园文化与企业文化相互渗透、相互交融是高职院校校园文化建设的重要主题。高职院校在校园文化建设中融入企业文化的成分，吸收企业优秀文化理念中有价值的元素，丰富、拓展校园文化建设的内容，营造与现代企业对人才要求相适应的高职教育校园文化育人氛围，是高职院校彰显职业教育特色、深化校园文化内涵建设的需要，更是高素质高职人才培养的需要。

4.高职院校人才培养可持续发展的需要

积极推进以就业为导向，改革校企合作、工学结合的人才培养模式，是切实提高教育教学质量，形成高职教育人才培养特色的重要举措。高职院校毕业生的理念和行为方式能否适应未来企业的要求，能否适应企业文化核心价值理念，对他们的职业发展和立业成才有着重要影响。因此，高职教育工作者必须集中精力研究现代企业对高素质人才培养的要求，研究企业文化与高职院校实施学生素质教育的有机联系，以全新的视野探析企业文化赋予高职教育人才培养的要求，培养受企业和社会欢迎的高素质高职人才，从而实现高职教育的可持续发展。

（二）现代企业优秀文化赋予高职院校人才培养的核心内涵

企业之间的竞争，关键的因素是人才的竞争，而更深层次的则是企业文化实力的竞争。现代企业优秀文化的塑造将赋予企业员工更高的责任，高职院校学生作为企业潜在的员工，能够在学校提前感受企业文化所赋予自身的责任和要求，必将有的放矢，更好地促进个人成长与发展。通过对企业和高职院校毕业生的跟踪调查得出，现代企业优秀文化对高职人才的核心要求包含以下几个方面。

1. 强化敬业精神和责任意识的培育

敬业精神和责任意识是现代企业对人才职业素质的核心要求。企业员工的敬业精神和责任意识是现代企业在市场经济激烈竞争中立于不败之地以及取得事业成功的根本保障。现代企业优秀文化无不将敬业精神和责任意识作为核心要求去选用人才。因此，高职院校人才培养中必须强化敬业精神和责任意识的培育。

2. 强化团队合作精神的培育

现代企业十分重视团队精神和合作意识的培育与塑造，企业的成功绝不是个别人的单打独斗，而是依靠企业全体员工团结协作，共同奋斗的结果。"没有完美的个人，只有完美的团队"已成为众多企业达成共识的企业文化，在这种企业文化的影响下，是否具有良好的团队合作精神已成为企业选用人才的一项重要的考察指标。

3. 强化制度和规则意识的培育

现代企业的发展离不开高效科学的管理，而制度建设与执行是关键。现代企业严格的制度管理（如目标管理、过程监控、7S 管理等）和生产规程是提高企业形象、产品质量和市场竞争力的重要保障。具有良好的制度规则意识和制度执行力是企业对人才职业素质的核心要求。

4. 强化职业道德和职业素质的培育

良好的职业道德和职业素质是现代企业选用人才时的首要条件，也是优秀企业文化所蕴含的对人才的核心要求。从企业对高职人才素质需求的调查中发现，越来越多的企业不是首先看重学生的专业知识和专业技能，而是更注重其道德品质、职业素质和吃苦耐劳的敬业精神。高职院校中的学生党员和优秀学生干部因具有良好的思想品德和优秀的综合素质，毕业后很快得到企业的重用就是最好的证明。

5. 强化学习进取意识的培育

现代企业不仅看重毕业生的学习成绩，更注重毕业生的"学习能力和发展潜能"。企业深知，人才具备这些潜在的学习发展能力和进取意识从长远看会给企业创造出更大的价值。

6. 强化实践创新能力的培育

现代企业不仅关注专业知识和技术的应用，更关注毕业生的实践创新能力和善于思考、敢于实践、解决实际问题的能力。企业普遍认为，人才的实践创新能力才是企业可持续发展最强大的原动力。

（三）现代企业优秀文化融入高职院校人才培养的实施举措

1. 深化"工学结合、校企合作"高职教育人才培养模式改革

不断深化"工学结合、校企合作"高职教育人才培养模式改革，通过"工学结合、顶岗实习"、校企合作"订单式培养"、产教融合"人才培养创新班"等教学模式的实施，将为现代优秀企业文化融入高职教育人才培养创造有利条件。它能够使学生经常性地深入企业一线，学习企业优秀员工爱岗敬业、吃苦耐劳的职业精神，切身感受到企业优秀文化的价值和内涵，并逐渐内化成自身的内在要求，从而提高综合素质和职业素养，为今后职业生涯的发展奠定良好的基础。

2. 加强校企融合、专兼结合的师资队伍建设

高职教育人才培养内涵建设特别要求加强"双师型"师资队伍建设，这也为企业优秀文化融入高职教育人才培养架起了桥梁。一方面，通过聘请企业专家和能工巧匠到校担任兼职教师，在传授知识和技能的同时，将企业的优秀文化、职业道德和职业素质教育渗透到高职教育课堂，促进满足现代企业需要的高素质高职人才培养。另一方面，建立高职院校专任教师、辅导员深入企业和用人单位，推行工程实践、培训学习和岗位锻炼制度，在提高他们专业技能和实践能力的同时，让他们学习和感受企业文化和职业精神，切身了解企业和用人单位对高职人才素质和能力的要求，并将这些要求贯彻渗透到高职院校人才培养各个教育教学环节之中。

3. 营造校园企业文化育人氛围

（1）企业文化环境育人。高职院校应将现代企业优秀文化融入校园文化建设之中，全方位营造富有高职教育特色的校园文化环境氛围。如在校训、校风、教风、学风凝练时，有机地融合现代企业优秀文化内涵，彰显时代特征和职业精神，潜移默化地培育高职学生的职业道德和职业素质；以现代优秀企业和校企合作单位命名校园内"楼、堂、馆、所、道路和班级"；制作以企业优秀文化和理念为内容的宣传标牌和励志警句标语，设立优秀企业家、杰出校友事迹宣传橱窗等，营造鲜明的校园职业文化环境，使学生耳濡目染接受优秀企业文化教育。

（2）企业管理文化育人。在日常教育教学管理中有意识地汲取优秀企业的管理经验，以职业道德教育和职业素质培养为核心，加强诚信守纪、敬业奉献、团队合作等精神教育，培养学生良好的职业道德和行为规范。同时，将现代企业管理制度引入学生教育教学管理之中，按照企业的生产管理模式组织校内实习实训（如实行企业 7S 管理），以企业任务引领、过程监控和目标管理的模式，管理班级、学生社团和社会实践志愿者队伍，通过借鉴企业的管理制度和管理经验，来提高

高职学生教育教学和管理实效。

（3）企业制度文化育人。将企业严格规范的制度管理融入学生行为规范养成教育之中。如仿照企业管理模式实行"班长负责制"，制定《学生考试诚信承诺书》《顶岗实习安全承诺书》等，将企业所崇尚的竞争意识、责任意识、团队精神渗透到班级管理之中，营造浓厚的企业管理氛围；实施与企业接轨的实习管理制度，实施精细化管理，提升制度执行力；在学生管理中借鉴现代优秀的企业理念，既严格要求、规范管理，又以学生为本、个性化培养，激发学生潜能，培养学生良好的职业意识和职业行为习惯。

（4）企业特色文化活动育人。组织开展由企业冠名的大学生实践创新大赛、专业技能竞赛并设立企业奖学金，由企业能工巧匠担任指导教师和评委，营造学技术、练技能的职场氛围，培养高职学生良好的质量效率意识、实践创新意识。同时，与企业联合举办内容丰富、形式多样的系列职业文化活动，如组织开展大学生职业形象设计大赛、职业生涯规划大赛、模拟招聘综合素质展示大赛等，聘请企业领导担任大赛评委，以企业的视角，对高职学生的思想素质、职业道德、职业能力、合作精神进行全方位的考量，使学生真实感受到现代企业对高职人才的素质和能力需求，促进学生综合素质的提高。

高等职业教育具有鲜明的职业特征，与现代企业之间的联系密不可分。高职院校人才培养工作应紧贴现代企业和社会对高职人才的培养要求，不断深化"工学结合、校企合作"人才培养模式改革，探索实践现代企业优秀文化融入高职教育人才培养的新途径和新举措，将体现现代企业核心价值理念的企业优秀文化融入人才培养全过程，培养既具备较强专业技能，又具备良好职业道德和职业素养的高素质人才，以满足现代企业和社会对高职人才的要求。

三、培育具有高职院校特点的校园文化

要努力营造展示学生学习成就的才艺、技能文化，组织开展技能比赛、操作比赛、职业生涯设计大赛、创业设计大赛等赛事，让学生的技能和才艺得到施展；要大力营造职场环境文化，在校内实训基地、教学做一体化场所营造与企业真实生产一致的工作和生产环境，让学生体会职场氛围；要丰富学生社团文化，提高学生的人文素养、科技素养、团队合作意识，增强学生的综合素质和社会交往活动能力；要着力培育校企合作文化，让全体教师增强校企合作的意识，提高校企合作的能力，把高职院校校企合作的文化融入每位教师的血液中，体现在人才培养工作的全过程。

（一）高职校园文化现状

我国职业教育发展的时间短、速度快、势头强劲，导致在校园文化建设方面缺少文化底蕴，没有形成真正的文化积淀。一些高等职业院校的管理者和教育工作者对校园文化建设的重要性和必要性认识还不高，往往认为职业院校最重要也是最关键的就是教会学生的专业技能和必要的理论知识，而忽视了对学生的文化熏陶。部分高职院校把校园文化建设简单地理解为立几块牌子，写几条标语，编几句口号，组织几次讲座，开展几次文体活动，有的高职院校干脆采取拿来主义的方法，直接到一些老牌大学学习取经，照搬照抄其他类型高校的校园文化建设模式，有的高职院校则是删繁就简，直接把以前中专时的校园文化延续过来，改头换面后就成了高职文化。

这些现象的存在，一方面是学校领导层对高职校园文化的重视程度不一，对校园文化的作用认识不够，对校园文化的理解停留在较低层次；另一方面，说明对校园文化缺乏系统的规划和理论指导，存在急于求成的心态，对学校定位不够清晰，特色不明显。校园文化的深度、厚度与广度是一所院校的灵魂，缺少了灵魂，也就必然会缺少发展的推动力和后劲。针对目前高职院校存在的特色模糊、封闭办学、校园文化趋同等问题，我们高职人需要重新审视校园文化，充分认识高职校园文化传承与创新的现实意义。

（二）高职校园文化定位

高职院校作为高等教育的有机组成部分，首先是高等教育，其次才是职业教育。所以，高职校园文化建设应紧紧围绕高职教育的办学理念、理想追求、办学目标和办学条件，而各显其能，各展其"特"，应体现出职业特征、职业理想、职业道德、职业技能、职业态度、职业人文素质等特点。另外，要吸收企业文化、区域文化、品牌文化的特点，始终把学生能学得的一技之长、服务社会的价值理念作为核心价值，突出利于技能人才成长的实践教学环境设计和良好职业环境氛围的营造。因此，高职校园文化建设应定位为：以"以人为本"为核心价值，以全体师生为主体，以创造浓厚的学术氛围、人文氛围为基础，以提高学生思想道德素质、人文素质、身心素质、专业技能素质为目标，通过环境育人、管理育人、服务育人、网络育人，形成催人奋进的学校精神，促进学校的全面、协调、可持续发展的和谐校园文化的建设。

（三）高职校园文化传承

高职院校大多由中专或成人高校升格或改制而成，这些中专或成人高校基本上都拥有光荣而悠久的办学历史以及经过历史筛选沉积下来的文化底蕴。多数高职高专院校传承其中优秀的校园文化，结合自身特点，并融入时代精神，建设一种新的校园文化，较快形成新的校园精神，形成师生员工共同的价值取向、共同的奋斗目标。但校园文化在传承中也凸显一些问题，如精神文化的多元性使文化的重塑出现难题，物质文化缺乏内涵，制度文化出现良莠不齐现象，等等。高职院校校园文化的发展战略一定要建立在对成功大学校园文化建设经验的深刻理解基础之上，借鉴并汲取大学的校园文化价值追求和特质，结合自身的办学定位和教学模式来发展和创新，只有这样才能有的放矢，找准自己的方向，办出高职院校的特色校园文化。

1. 突出特色，塑造校园精神

特色是校园文化的生命，校园文化是特色学校的重要方面。首先，高职院校应继承以前院校优良办学传统，重塑校园精神。校园精神是全校师生员工在共同努力奋斗中形成的独特气质，它看不见，摸不着，却像血液一样渗透在学校组织之中，成为学校生命的活力、源泉。高职高专院校应从本校实际出发，立足时代要求，融入新的时代精神，确立学校发展方向、目标和定位，努力形成全体师生员工共同的理想、信念、追求和价值取向。其次，继承优良传统，建设校园物质文化。新建高职高专院校应在原校园建设历史发展的基础上，展望未来，根据时代发展的需要规划校园文化发展的前景。各校地域不同，校情各异，要根据当地条件，扬长避短，注重体现当地建筑的民俗风情和办学理念，把优秀的民族文化融于现代文明之中。

2. 突出人文，注重品位

以人为本、凸显人文精神是时代的潮流。人文精神蕴含着这样一种含义，即每个正常人都有着求真、趋善、向美的欲望和能力，学校教育正是培养人真善美的品德。在社会竞争激烈的今天，人文素质在竞争中居于越来越重要的地位。因此，加强素质教育，呼唤人文精神，是高职高专校园文化创新的重要内容。首先，高职院校应在教学计划中安排一定比例的中国传统文化教育课、思政课（即文史哲课），使高职高专生的情感世界得到丰富和发展，能用全面和发展的眼光去看待社会进步和自身的未来，促进创新精神的形成和创造能力的提高。其次，学院应逐步完善文化设施建设，通过精巧、和谐的设计，让校园的一草一木、一砖一石都可成为知识的载体，配以校训、校风的展示，使校园真正成为师生陶冶性情与修身养德的花园、乐园和学园，增强校园的人文含量。最后，校园制度的建设要体现以人为本的思想，重视教育管理的人文意蕴，把教育人、塑造人，同尊重人、理解人有机地结合起来，使制度真正转化为各成员不可抗拒的、内在的自觉行为，促使学院的运转得到最有效的发挥。

3.注重统一，构建和谐

和谐校园是当前校园构建的方向，和谐校园建设是一种文化建设，和谐校园文化的建设，是对学校良好的办学资源的整合，包括优秀的办学传统、先进的教育理念、严谨的治学方法、良好的社会声誉等，由此培养出学校的自尊、自信、自觉的品格和诚信求实的价值观，形成个性鲜明的和谐的校园文化。高职高专校园文化的创新，必须注意形式、内容与学校精神相一致。在一个规范有序、关系融洽、环境优美、富有人文气息的校园里，其成员自然就会形成高尚的人文精神和浓厚的学习、学术氛围。

4.以就业为导向，融进职业文化元素

高职院校的校园文化应体现职业教育特色，是教育文化与职业文化的融合。因此，高职高专院校校园文化创新应该以就业为导向，加强与企业文化相融合和对接。首先，根据社会对人才的需求，有针对性地设置和调整专业；结合企业的生产、经营和管理模式，选择教材和改进教学方法；按照企业的实际运行模式加大实训室的建设，使学生在模拟的企业环境中感受到企业管理和企业文化。其次，通过"产教结合""校企合作""订单培养"等形式，提倡教师、学生到企业顶岗实习，参与企业的生产经营实践；将企业一线人员充实到学校教师队伍中，参与实训教学；广泛开展与企业用人单位的交流，使师生真正感受到企业文化的氛围，从而产生对企业文化的认同感，让学生开阔眼界，认识社会，接受良好的就业引导和职业意识的熏陶，保证学生毕业后能够较快适应企业的文化氛围，顺利完成从学生角色到企业员工角色的转换。

（四）高职校园文化的创新

高职院校作为高等教育不可或缺的一个组成部分，其校园文化建设对于高职教育的发展，起着举足轻重的作用。所以，高职校园文化建设，必须在"高"和"职"上做好做足文章，应该结合自己的办学目标和办学条件，紧紧围绕高职教育的办学理论和理想追求，进行创新，从而形成自己鲜明的特色。

高职校园文化创新，要注重在继承"高"的基础上创新，要注重在发扬"职"的个性上创新，更要注重在精神文化、物质文化、制度文化方面进行创新。高职校园的精神文化、物质文化、制度文化，三者相互联系，相互渗透，形成了高职校园文化不可分割的有机整体。

1.高职校园精神文化的创新

精神文化是校园文化的核心内涵，它既是校园文化建设的最高目标，也是校园文化建设的基本出发点。高职教育形式随历史变迁而发展演变，校园精神文化，这种最具影响力的无形的质，被很好地继承并不断创新。高职院校要在办学实践中逐步总结形成能够指引学院发展，彰显学院特色，体现学院精神，反映学院风貌的院风和院训。

一是办学理念创新。办学理念是校园精神文化的核心，因而，高职校园精神文化创新，首先要从办学理论创新着手。办学理念，是对"为什么办学，办什么学，如何办学"的最为高度的提炼。高职教育的发展不同于本科院校，高职院校所培养的是高等技术应用型人才，关键在于"技术"和"应用"，因此，突出技术教育的特点，强调以应用为主的办学思想，是高职院校办学理念的根本所在。例如，黑龙江农业工程职业学院通过对学院的文化底蕴与内涵的深刻挖掘、提炼和梳理，对学院精神、校训、校风等进行凝练升华，对学院定位、办学特色、办学理念等治校方略进行研讨总结，诠释和固化，提出了"立足黑龙江，围绕内涵发展建示范"的建设思路，确定了"没有爱就没有教育，没有责任就办不好教育"的育人理念，明确了"围绕地方经济和产业发展，以服务求支持，以质量求生存，以特色求发展"的专业建设思路，十分清楚地点明了办学宗旨和目标，突出了"技术"与"应用"特色。培养出"专业有特长，就业有优势，创业有能力，提高有基础，发展有空间"的高等技术应用型人才，为哈尔滨，为黑龙江省，乃至为全国，提供强大的应用技术人才支持和科技服务。

二是校园文化氛围创新。高职校园精神文化的创新，更多地表现在校园文化氛围的创新中。高职大学生在校期间有三个重要任务：学会知识和技能，完善人格，养成习惯。学会知识和技能，属于教学范畴，教师教，学生学。完善人格与养成习惯，却不是简单地靠教师"教书"完成的，更重要的是要在学校"育人"环境下形成和养成。这个"育人"环境，就是学校的校园文化氛围。高职院校应该将校园文化建设体现在教书育人建设发展的方方面面，从校园的建筑风格总体布局到校园景观设计设施配套，从教师的言谈举止仪容仪表到学生管理服务行为规范，从课堂教学、实习实训到第二课堂报告讲座等，时时处处都要体现文化气息。

2.高职校园物质文化创新

校园物质文化，是校园显性文化。它既是构建校园文化的物质基础，也是校园的精神文化活动的物质载体，主要包括校园建筑、花草树木、壁画雕塑、教研设备、资料图书等。高职校园物质文化创新，要把"处处体现职教特色"放在首位。在校园环境文化创建上，可以用学校历史名人命名教学楼、广场等，赋予学校广场、道路、园林以文化灵魂，传递着学校历史文化的信息。高职校园物质文化创新，要体现高职院校特色的文化印迹。可以开展校史展馆文化，把学校历史积淀、办学传统、历史事件、仁人志士、优秀人物，通过文字、影像、实物等形式展现出来。例如，黑龙江农业工程职业学院在校园物质文化建设上，立农机模范人物梁军的雕塑，用体现北大荒精神的词语为楼宇命名，宣传有农工特色的实训文化等，营造出有农工特色的校园文化，实现外化于行。高职校园物质文化创新要充分发挥全院师生员工在校园文化建设中的积极性、主动性和创造性，切忌统一模式，千人一面千篇一律的现象，校园文化建设恰恰是一项不能过分统一、完全一致的工作，统一则没有活力，一致则没有特色。

3.高职校园制度文化创新

不以规矩，不能成方圆。校园制度是师生的行为准则，是校园内在运行机制的基础，是维系学校正常秩序必不可少的保障机制，是校园文化的重要内容和形式。校园文化的传承引领，制度是根本。制度建设实质上是建设、强化、内化和形成行为准则的动态过程，这个过程本身就是一种文化传承。如黑龙江农业工程职业学院在国家示范院校建设中，将管理内涵建设作为项目纳入示范建设方案中，在充分调研的基础上结合学院建设发展的实际，不断丰富和完善学院管理制度，编撰了《部门职责和岗位说明书汇编》《全员绩效考核实施方案汇编》《教学管理制度汇编》《人事管理制度汇编》《行政后勤管理制度汇编》《学生管理制度汇编》等一系列管理制度，初步形成了适应现代高等职业教育管理需要的管理制度体系，培养高素质技能型人才需要的教学管理制度体系，通过制度建设将学校的办学理念具体化，实现农工精神固化于制。

总之，高职校园文化创新，要立足高等教育体现"高"，立足职业教育突出"职"，在继承优良传统和普通高校优秀校园文化的基础上，构建独特的、充满意蕴和活力的校园文化氛围和体系，以特色鲜明的校园文化，有力推动高职院校的发展，进而实现高职教育的长足进步。高等职业教育的发展为社会经济的发展起到了至关重要的推动作用，而高职院校校园文化建设与发展必将对社会文明、人类进步起到强有力的促进作用。

第三节　改善大学办学理念与杰出人才培养模式

现阶段，随着社会经济转型的不断加快，我国开始进入高速发展的快车道。随着高等教育大众化的日益扩大，高校也开始面临"调结构""提质量""促发展"的严峻挑战。作为高等教育的重要组成部分，高职院校作为一种培养高技能人才的实施场所，承担起了"为我国的经济发展和社会进步开发人力资源、实现劳动力转移和人力资源向人才资本的转变、直接向社会输送应用型高技能人才"的任务。因此，对当前高职院校中现有的办学理念进行研究与反思，准确定位办学理念的价值，探寻学校办学的理性和人才培养模式，具有重要的理论及现实意义。

一、学校办学理念的概念辨析及历史沿革

古希腊哲学家柏拉图首先对"理念"一词给出了较为精确的解释，他认为："理念是为感官知觉所不及的存在，是无色、无形、无味和不可触摸的存在，是永恒和绝对的。"从哲学层面上看，办学理念是学校办学过程中决定性的指导思想，是一所学校最确定、最稳固的因素，引导并决定学校的发展方向。学校的办学理念是一种意识及精神层面上的具体表现，是对学校的理性审视、教育理想的追求以及办学目标的方向指引。

从教育管理的层面上看，办学理念是学校内一切管理行动的价值基础。它指导着具体实践，维系着学校内外部之间的复杂关系，构成了学校教育管理的思想基础和部门间运行的基本准则。我们以往所提到的学校办学特色、校风、校训、校歌等均来源于此。"它们只不过是办学理念内涵的具体化或延伸。正确的办学理念是一所院校前进的动力，能为办学特色、校风、校训的创建和发展指引方向，并提供源源不断的精神动力。"

因此，正确的办学理念是高职院校办学的基础，它不仅引导高职院校朝着正确的方向发展，还为构建学校内行政部门、教学部门以及学生之间的行为准则提供合理的价值取向。我国学校办学理念的形成与发展是随着时代变化逐渐演变的。从学校演变的历程发现，我国学校办学理念的演变是一个泛政治化的过程，而这也成为我国学校行政化的根本来源。

近现代以来，随着西方教育方式被引入国内，使得当下的办学理念呈现出多元性特征。但是我们还应该看到，现在时兴的主流办学理念在价值定位上存在错位与缺失。

二、高职院校办学理念中错误的价值定位分析

毋庸置疑，高职教育是我国高等教育的重要组成部分。从当前的办学规模上看，在校生总数已经占高校在校生总数的一半以上，办学条件和水平也有了很大的提高，为地方经济建设培养了大批实用型人才。但我们还应该注意到，高职教育仍存在较多问题。其核心是在高职学校中，我们的教育工作者对高职教育的定位仍比较模糊，没有一个清晰合乎理性的办学理念。

（一）学校办学中的政府本位论

所谓政府本位论，它实质上是公共权力的运行过程中以"政府"的意志和利益为出发点和价值终点的表现，做"官"成为学校办学的中心，成为教育工作者追求的目标和价值的首选。学校办学中的这种理念有其形成的客观环境，计划经济时期形成的行政领导型模式使学校缺乏应有的自主权，使得高校的各项实际工作以及教职工的思想意识，完全套用政府机关的行为模式。很多时候学校在制订规划时，不是考虑自身的条件，而是要看具有隶属关系的上级行政组织是否同意，学校中的教代会、职代会等民主决策机构成为"摆设"。学校办学中的政府本位表现是：以行政命令代替民主决策，以管理代替了服务，甚至把刻板和不符合实际需要的上级意图与安排生搬硬套到指导教学、科研等具体工作中，形式主义猖獗，"管""卡""压"现象严重，背离了教育发展的客观规律。当前学校行政人员普遍多于教学科研人员，行政占用的资源多于教育分享的资源，行政权成为学校的权力中心。

（二）学校办学中的市场核心论

在市场机制下，我们较多地强调了竞争与效率，因此，造成了学校办学时往往考虑学校能否更好地适应市场的变化，从而形成了以市场为核心的办学"市场核心论"。所谓"市场核心论"，就是"一切从市场出发，以市场需求为导向举办教育。它不仅要求学校以市场检验为主要标准来衡量人才培养质量，更要求高校时刻关注市场人才需求变化"。

在某种程度上，这种市场本位的提法是正确的，因为它打破了过去一成不变的刚性教学计划体系，建立教学的动态应变机制。但是我们也应该清楚地看到，办学中的市场本位存在在事前没有做大量调查研究、科学评估的情况下，盲目上项目，胡乱上专业，造成学生"毕业即失业"的现象。

（三）学校办学中的学校主体论

学校主体论与当前的"校本管理"并不是一个概念。校本管理下注重自我管理、自我开发，强调教育主管部门应将其权力下放，让学校自行决策，优化学校教育资源，提高学校的办学质量。而学校本位观则恰恰相反，只是关注自身的发展，毫不理会外部环境的变化，大有"皇帝的女儿不愁嫁"的观念与想法。学校本位观的出现，使学校办学更多地考虑了学校自身的情况，而没有结合学生、社会、市场等各个方面的因素。

学校主体论很容易造成学校"自我感觉"良好。当前我国正处在大变革的历史阶段，社会各行各业都强调竞争的必要性。学校作为培养人才的主要场所，更应该认清自身所处的境地。高职院校作为培养生产、管理、服务等具备综合高职能力和全面素质的技术应用型人才的具体场所，不仅要提高自身的学术、科研水平，还应该与社会、学生以及市场紧密联系起来，努力培养实用型、复合型技术人才。因此，学校的管理者在办学过程中一定要放得下身段，正确地定位，才能办成一所好的学校。

（四）学校办学中的学生中心论

办学理念中的学生中心论看似正确，其实不然。诚然，学校教育以学生为中心是我们必须要坚持的，也是高职院校存在的必然，但由于许多学校在办学的实际操作过程中，过于侧重对少数有潜质的学生进行培养，而忽视甚至放弃了对其他学生的培养，违背了教育是培养人的全面发展的长期目标以及教育是必须面向全体学生的教育方针，是一种典型的只顾眼前的短期效应而不顾学生长远发展的短期行为。

除此之外，学生本位论过分地强调了学生的主体地位，倾向于把学生当作潜在的病人，而不是思想的听众。为了使学生避免感受到威胁、沮丧和消沉，学生中心论者旨在给学生成就感，而不是教育他们。看似民主的学生本位观念实质上否定了师生之间的等级关系，扭曲了教与学之间的传统教学方式。这两种极端的办学理念，在高职院校中办学时都是普遍存在的。

三、高职院校办学观念的理性回归及体现

现阶段，学校的任务主要有三个方面，即教学、科研、社会服务，最近有些学者提出了第四种责任——政策批判。高职院校作为高等教育的重要组成部分，应体现出其作为大学所具有的办学理念。鉴于此，我们认为高职院校应树立以学生教育为根本、以服务社会为己任、以满足市场需求为导向、以为政府决策提供智力支持的多元化的办学理念，真正实现办学观念的理性回归。

（一）以学生教育为根本

教育的本质是培养人格健全、能够独立思考的人。这是学校教育区别于其他社会组织的主要特征，高职院校也不例外。高职院校的职责不仅在于传授高职技能，更在于对高职学生的高职道德教育以及其他素质的培养。之所以要明确以育人为根本的理念，是因为在当前很大一部分高职院校的办学实践中，存在着实用主义、功利主义的倾向，并伴随着社会、经济的发展愈演愈烈。高职院校的办学者不是把学校当作大学来发展，而只片面地追求"升本率"，把高职教育看成作为向普通本科教育过渡的专科阶段，使高职教育变成了"专升本"的补习学校，正

是这种理念的出现造成了办学中的偏差。因此，在办学时，明确教育的根本对于高职院校今后的发展具有长远意义。

（二）以服务社会为己任

一所成熟的学校应该承担起社会所赋予的责任，将自己的办学理念与社会发展的需要有效结合起来，服务于社会，将学校的成果奉献给社会。高职院校与社会之间形成良好的互动，可以有效地构建学校内部组织体系，也有利于明确办学的目标。一所高职院校的内部资源总是有限的，与外界合作则可调动无限的社会资源为学校所用。反过来，学校内经过知识整合的资源通过转化又可以贡献给社会，与社会共享成果，实现双赢乃至多赢的目的。

（三）以满足市场需求为导向

学校是科技创新的重要场所之一，很多先进的科技成果及引领性思想也是诞生于学校，所以说，科研是办学时定位的重要指标。然而，科学研究并不是盲目、不切实际的埋头苦干，其研究成果、结论必须能够适应市场的发展或是满足当前社会的需要。对于高职院校来说，正确的办学理念是要为当地经济发展服务，以市场需求为导向，坚持与市场需求密切结合，努力做到"产学结合"，培养"适销对路"的高技能、实用型人才。只有这样，才能得到企业、社会以及地方政府的重视，从而获得更大的发展空间。

（四）为政府决策提供智力支持

随着公众参与社会事务的热情不断增强，高校也开始将自身定位在为国家有关政策提供智力支持。教育领域相对于其他部门具有一定的中立性，而校园内拥有大量的智力人才，其相对的独立性能够准确地把握政府制定某些政策时的瑕疵，其思考的全面性又为瑕疵的弥补提供很好的决策建议。高职院校一方面为社会培养高素质、技术型人才，进行地方政府课题的研究，另一方面还利用其人才资源和科学技术方面的优势为社会、企业亟须的岗位提供多种多样的技术咨询与人才输送。此外，高职院校灵敏的市场研判有时会为地方政府制定下一阶段的政策提供很好的决策参考。

四、高职院校深化人才培养改革思路

（一）坚持以科学发展观为指导

高职院校人才培养工作改革应主动适应经济发展方式转变和产业优化升级的要求，坚持以服务为宗旨，以就业为导向，走产教融合的发展道路；同时以提高质量为核心，以示范建设为引领，创新体制机制，大力推进合作办学、合作育人、合作就业、合作发展，突出人才培养的针对性、灵活性和开放性，增强办学活力，丰富办学特色，全面提升高职院校办学水平，不断提高服务经济社会发展能力。

（二）坚持立德树人的基本导向

高职院校人才培养工作改革须全面贯彻党的教育方针，加强社会主义核心价值体系教育，树立育人为本、德育为先、能力为重、全面发展的理念，根据时代要求和学生身心发展规律探索切实可行的立德树人模式。坚持立德树人的基本导向，还须积极为多样化、个性化、创新型人才成长提供良好的环境和机制，促进高职院校办出特色，争创一流，促进高职学生全面健康发展。

（三）坚持政府主导和社会参与相结合

在高职院校人才培养工作改革中要正确处理好政府主导、学校主体和社会参与的关系，进一步强化政府责任，统筹规划，健全多渠道筹集办学经费的体制和必要的行政支持；同时，充分运用法规、政策、项目、标准、评估、资源配置等手段，引导和调动行业企业及社会力量共同支持高职教育发展，并深化产教融合、校企合作等，共同培养高素质劳动者和技能型人才。

（四）坚持机制创新与人才培养质量提高并重

高职院校人才培养工作改革要以体制机制创新作为发展的强大动力，以优化政策环境作为发展的重要保障，以基础能力建设和特色发展为重点，全面提高人才培养质量，建设与社会主义市场经济体制相适应的充满活力的高等职业教育；还要更新教育观念，理顺结构体系，创新培养模式，加强能力建设，推动内涵发展，创新高职院校人才培养机制。

五、高职院校深化人才培养改革举措

（一）加强特色专业建设，增强专业竞争能力

高职院校在深化人才培养工作改革中要围绕区域经济产业转型升级和社会发展的需要，以"专家认可、企业认可、学生认可"为目标，通过"找准标杆、明确重点、落实举措"三个步骤，整合各方优势，进一步深化专业改革，创新人才培养模式；同时，探索产教深度融合，加强学生实践能力和创新创业精神的培养，提升人才培养水平和质量，打造具有高职院校特色的精品优势专业。要以精品优势专业建设为重点，根据专业的实际与特点，明确建设目标，将"基本建设"与"重点建设"相结合，编制建设方案。根据建设方案，整合各方力量和优势，协同推进各项建设任务的有序开展，以精品优势专业建设为引领，带动整个专业群的发展，使专业结构更加合理，优势和特色更加明显。发挥精品优势专业的示范辐

射作用，每个精品优势专业分别重点扶持 1 ～ 2 个弱势专业，制订扶持实施方案，进行专业调研与分析，制订人才培养方案，开发课程，完善实践教学条件，开展教研活动，等等，整体提高专业建设水平，实现规模、质量、结构、效益的协调发展。

（二）深化教学团队建设，提升教师综合能力

高职院校在深化人才培养工作改革中要以培养教师教学能力、教研能力和合作能力为重点，以课程建设为切入点，加快优秀教学人才培养，提升学院师资队伍整体素质，从根本上提高专业建设和人才培养水平。要以课程或课程群为主线，深化教学团队建设，以核心课程教学团队建设为重点，强化教学团队对教学资源的配置；深化课程内容改革，加强教学资源建设，加强教学论学习和教学法研讨，切实提高团队教师教学能力、教研能力；建立教师发展中心，通过个性化服务和交流，引导教师全面发展；健全教师教学、实践能力的培养与考核体系，组织企业技术能手、兄弟院校同行和学校实践能力较强的教师共同组建实践能力考核专家组，健全考核规则；提升专业导师的专业核心岗位开发能力，推动建立差异化、开放性的专业岗位体系和以就业岗位为导向的专业课程体系。

（三）整合各方资源，促进杰出人才培养

高职院校在深化人才培养工作改革中，要以专业导师制为主要培养方式，以提升职业素质和技术应用能力为核心，以构建优秀杰出人才培养体系为重点，在全面优化人才培养的基础上，进一步探索杰出人才的培养模式和育人机制；要通过优化学习内容、强化实践技能、培育创新能力、鼓励个性发展等，着力培养一批思想品德优良、知识基础扎实、专业技能冒尖，科学精神与人文精神兼备，具有强烈的事业心和社会责任感，具备创业能力和创新精神的高职院校优秀杰出人才。同时，进一步加强宣传，营造培养杰出人才的良好校园文化氛围；加强大学生创新创业培育，开展学生申报专利的引导，加强兴趣小组和特长生工作室在培养杰出人才中的作用。以精品、优势和培育建设专业为重点，建立名师工作室，遴选杰出人才的苗子，进行重点培养；组织遴选或特聘一批具有强烈的事业心和责任感，丰富的教育教学经验，极强的科研开发能力和实践动手能力的教学名师、专业带头人、知名专家学者、能工巧匠等，担任各工作室的专业导师，担负起培养优秀杰出人才的重任。通过参与各类大赛和项目研发等途径，选出一批专业知识扎实、动手能力强、有创新潜力的学生作为培养对象，锻炼和培养人才。

（四）加强校企合作，促进产教融合协同创新

高职院校在深化人才培养工作改革中，要立足区域产业结构转型与社会发展，以人才需求为导向，以体制、机制建设为抓手，以推进大企业、重点企业合作为重点，充分发挥二级学院校企合作的主观能动性，着力拓展合作新领域、打造合作新平台，实现专业建设、产业发展、人才培养、社会服务的良性互动；要着力完善校企合作体制机制，围绕区域产业链建设，与龙头企业建立多元化合作关系，通过共建双主体学院、技术研（开）发中心、实训基地等，实现专业设置对接重点产业、课程内容对接职业岗位、教学过程对接生产过程；进一步强化二级学院的主体作用，健全二级校企合作体制机制，积极组建"双栖"团队。同时，充分利用高新区、科教城等社区优质资源，联合开展科研攻关和技术服务；积极引进高水平科技创新团队和领军人物，打造科技创新与服务实力；健全科技协同创新机制，建立成果转化平台，促进教师科技创新能力提升与成果转化。

（五）加强人才队伍建设，改善教师队伍结构

高职院校在深化人才培养工作改革中，要以科学发展观为指导，树立教师是学校事业发展第一资源的理念，围绕学校专业建设、教学、科研和社会服务发展的需要，坚持需求导向、德才兼备、公平择优、统筹配置，坚持外引与内培相结合，着力打造一支结构优化、规模合理、素质精良的师资队伍；要切实将教师作为学院发展的第一资源，进一步推进人事分配制度改革，充分发挥人事分配制度对人才资源配置的引导与激励作用；加大博士人才和专业、科研领军人才的培养和引进力度，加强专任教师队伍规模和能力建设；探索多元化人才引进方式，通过设立专家工作室、授予荣誉称号、聘请客座教授等柔性引进方式，吸引更多高端人才。

（六）优化质量保障体系，提升人才培养质量

高职院校在深化人才培养工作改革中，要以适应教育部新一轮评估为重点，以制度建设为抓手，通过调整、建立和完善相关机制、标准，提升人才培养评估的科学化、规范化水平；面对新一轮评估要求，进一步完善和优化高职院校质量保障体系建设，优化专业评估办法，建立专业预警与动态调整机制，完善治理、执行、监督评价结构和质量标准体系。同时，要研究制订学校、二级学院（部）、教研室三级教学质量监控体系的具体实施办法，进一步明确教学质量监控的内容、三级教学质量监控组织具体职能、教学质量监控体系运行方式、教学质量监控体系的保障制度等，切实发挥质量保障体系的作用；要优化评估方式，整合招生、就业等相关核心指标，研究建立一套客观、量化的专业评估综合指标体系，以此为基础，建立对各专业运行情况的预警与动态调整机制，健全督导工作体系，实现督导工作常态化、专业化。

（七）深化招生改革，提升就业质量与竞争力

高职院校在深化人才培养工作改革中，要以机制创新为动力，以渠道和载体建设为抓手，着力扩大学校影响力，深化招生制度改革，不断提高生源质量，推动实现多元化办学，提高学生创业能力和就业竞争力；要认真总结工作经验，充分借鉴国际国内有益做法，不断完善考试科目、内容、方式和录取办法，提高高等职业教育人才选拔的科学性。同时，进一步完善现有自主单招机制和免试推荐生机制；积极拓展生源渠道，扩大招生种类，探索开展面向企业、退伍转业军人和新生代农民工招生，实现多元化办学；建立专业招生、就业协同评价机制与动态调整机制，并不断创新学生创业就业指导与服务机制，提升高职学生就业质量与就业竞争力。

第四节　扩大高校办学自主权，推进高等教育体制改革

给予高职类院校更多的办学自主权有利于推进我国高等教育体制改革。高职院校在落实办学自主权的过程中存在政府职能尚未完全转变、高职院校内部管理机制不健全、高等教育立法不健全、针对高职院校的监督评估机制不健全等问题，应切实转变政府职能，改变政府管理高校的方式，完善法律体系，明确高校和政府的权利责任范围，培养并提高高职院校的自主办学能力，建立健全教育监督与评估中介组织，进一步落实高职院校办学自主权。

高职院校承担着为国家培养高素质技能型人才的重任，在我国经济社会发展中扮演着重要角色，而且高职教育在高教领域较早地引入了外部资本并进行市场化运作，发挥了高等教育体制改革排头兵的作用。扩大高职院校的办学自主权有利于培养更多社会最需要的实用人才，吸引更多的外部资源进入高教领域，更好地促进高教体制改革。

一、高职院校办学自主权的内涵

高职院校办学自主权是指高职学校为保障办学活动，能够依据自身的特点和教育客观规律的要求，充分实现高职院校培养高素质、技能型人才的办学功能所需要的自主决策权、自主执行权、自主监督权、自主管理权等。从《高等教育法》《民办教育促进法》等法律的规定看，高职院校的办学自主权主要包括 11 个方面的内容，即招生自主权、专业设置自主权、教学活动自主权、科学研究技术开发和社会服务自主权、文化交流与合作自主权、内部组织机构设置自主权、教师评聘自主权、工资分配权、财产自主管理和使用权、人事考核权、学生教育和管理自主权。

随着高等教育体制改革的不断深入和推进，高校办学自主权已经成为我国高等教育体制改革的核心和关键。扩大高职院校办学自主权，就是为了让学校本身发挥主体作用，利用内部和外部条件，充分调动教师和学生的积极性、主动性、创造性，研究并遵循高职教育发展规律和社会经济发展规律，形成一个自由、宽松、严谨的学术研究和内部管理环境，以便更好地提高高职院校的教育质量、管理水平和学术水平，为社会培养更多的高素质、技能型人才，这也正体现了办学自主权价值追求的核心——"学术自由"和"大学自治"。

二、高职院校在落实办学自主权中存在的问题

近些年，虽然高等学校特别是高职院校在落实办学自主权上取得了重要进展，但由于我国属于高度集权化国家，高校被赋予的办学自主权本身就存在集权化的烙印，同时因为在立法方式等方面存在的缺陷，使得高校自主行使权也受到诸多因素的制约，扩大和落实高校办学自主权任重而道远。

（一）政府职能尚未完全转变，高职院校办学自主权难以有效落实

随着高等教育体制改革的不断深入，高职院校在招生比例、专业设置、教学计划编制、经费分配与使用等方面拥有了越来越多的自主权。然而，完全的办学自主权从根本上说还远未得到。从管理的视角看，政府对高校虽然采用了经济与法律等间接管理、评价、指导的手段，但其前提、依据和内容等方面却无不体现着直接行政管理的实质，政府和高职院校之间仍是上下级关系。在一些法律规定的由高等学校行使自主权的领域内，政府的教育行政管理机构仍然可通过行政命令等方式直接干预高职院校的办学活动，不少公办的高职院校依然是政府的附属机构，而那些有民间资本参与的民办或公办私助的高职院校虽然在学校内部管理上有更多的话语权，但是在招生、学费、课程设置、专业设置等方面却不得不听命于政府，失去了依据市场机制调整人才培养方案的权力。

（二）高职院校内部管理机制不健全，难以充分行使办学自主权

建立主动适应经济和社会发展需要的内部自我发展、自我约束的运行机制，是高职院校实现办学自主权的内在条件。但目前大部分高职院校普遍存在管理机构繁杂、管理层级太多、管理水平不高、行政命令领导学术权力、管理者的观念和素质不适应改革和发展需求等问题，这是因为我国高校实行统一的党委领导下的校长负责制，在具体的实施过程中存在领导规则不明晰及职责未界定等情况，致使高校行政管理过强，学术管理过弱，缺乏民主办学和科学的管理、决策及监督机制，进而导致高校难以充分行使办学自主权。

（三）高等教育立法不健全，高职院校办学自主权缺乏有效的法律保障

从我国现实情况看，《高等教育法》等法律法规虽然明确了各类高校的法人地位及应该享有的办学自主权的内容，而且初步保障了办学自主权的实施，但是由于相关立法还很不完善，高职院校办学自主权仍然缺乏有效的法律保障。

一是现行法律法规虽然明确了高校办学自主权，但是将大学、学院、高职院校放在一起做出规定，忽视了不同类型、不同层次高校之间的差异，未能根据各类学校的特点做出规定。

二是对高校办学自主权的规定过于笼统，缺乏相关法律条文的解释，各高校对法律条文的理解不同，行使权利的方式、范围、结果也就不尽相同。以专业设置权为例，《高等教育法》第 33 条规定："高等学校依法自主设置和调整学科、专业。"但是，《高等教育法》所规定的学科、专业设置权的真正含义，高职类院校设置和调整专业的度怎么把握，设置、调整专业的程序等问题在现行法律中均没有做出明确规定。因而在实践中，这些问题也都没有得到很好的解决。

三是现行法律只规定了高校办学自主权的范围，却没有限定政府的权限，即没有规定政府应该对高校办学自主权的哪些权限进行监督，而哪些权限是学校可以自由行使的。同时，在政府对高校的监督、指导、管理问题上，也没有明确政府行使权力的方式，这就使得政府与办学自主权的主体——高校之间缺乏清晰的权利界限。

四是对高职院校行使自主权的法定形式、滥用自主权的制裁方式、保障办学自主权不受侵害的途径等方面都没有明确的法律规定。

（四）针对高职院校的监督评估机制不健全，社会中介机构参与度不高

国外保障高校办学自主权的经验表明，办学自主权的落实和行使都离不开独立于高校和教育主管部门之外的监督评估机构。这些独立的监督评估机构通过对高校的教学水平、管理水平、社会评价等内容进行独立的评估，以确保高校的良性发展和办学自主权的落实。在我国，由于社会监督评估中介机构出现的时间较短，缺乏经验且机制很不健全，对高校的监督评估多由教育行政主管部门完成。由政府主导的对高职院校的评估，一是政治权力影响浓厚且多流于形式，难以体现评估的客观性、公正性和科学性；二是没有遵循高等教育的特点和发展规律，评估的理论、方法滞后；三是行政命令导致的评估使得各高校疲于应付，甚至出现造假现象。

以上问题的存在，使得由政府主导的监督评估不仅难以发挥对高校发展的促进作用，而且也难以保证高职院校办学自主权的落实。

三、进一步落实高职院校办学自主权的对策

（一）切实转变政府职能，改变政府管理高校的方式

高职院校办学自主权的落实和保证，亟待政府明确自己的角色定位，转变原有职能，改变管理高校的方式。

首先，政府要从微观管理者的角色中脱离出来，依据法律规定的权利范围对高校进行宏观调控，即根据整个社会发展的利益与需求以及社会可能提供的条件，制定高职教育发展的方针政策，指导高职院校的办学方向，调整高职教育与其他教育类型的协调平衡等。

其次，改变政府管理高校的方式，逐步淡化直接行政管理和依靠政策引导的方式，充分运用法律、资助、评估等手段来实施对高职教育的宏观调控指导。

（二）完善法律体系，明确高校和政府的权利责任范围

与其他国家高等学校办学自主权的法律规定相比，我国现有高校办学自主权的法律条文基本上涵盖了高校办学的各个主要领域，关键的问题在于如何保障法律规定的权利得到有效落实。

首先，要以法律的形式明确高校与政府的关系。要根据高校主体的特殊性，确定其法人的性质。只有将高校与政府的关系置于法律之中，才能真正做到依法治校，高校才能真正独立。

其次，要明确政府和高校的权利责任范围。要建立政府问责制度、监督纠错制度以及高校权利保障制度，以防政府行政权力的滥用。可借鉴德国的《高等教育总法》，针对不同类型的高校确定与之相适应的权利与责任。

最后，要保证高等教育法律的实施还需加强执法，维护高等教育法律的权威。加强宣传教育，提高人们的法治意识，营造一个有利于推动高等教育法律法规实施的社会环境。

（三）培养并提高高职院校的自主办学能力

办学自主权的落实有赖于高校自身自主办学能力的培养和提高。首先，要推进高校管理科学化。不同的学校可以根据自己的特色采取不同的方式，如可以采取以董事会为核心，学校行政部门执行管理职能，教代会参与决策与监督的决策机制。

其次，要厘清学术权力与行政权力的关系。就我国的现状来看，有必要淡化行政权力，提升学术权力。特别是要加快高职院校的去行政化进程，取消学校的行政级别。

最后，要引入社会资源，在招生、课程设置、学生管理、就业等方面开展校

企合作，培养社会和企业真正需要的人才。

（四）建立健全教育监督与评估中介组织

科学的监督与评估机制，是高校正确行使办学自主权，促进高等教育健康发展的必要条件，而只有建立健全教育中介组织，才能使之对高职院校进行独立、公正的监督与评估。教育中介组织是介于大学和政府之间的机构，由教育学专家、管理学专家等组成，依法建立并具有独立法人资格，不受社会、政府和高校的干扰而独立行使其职能。它参与学校事务决策并为学校提供管理咨询服务。

建立健全教育监督与评估中介组织，首先，政府应赋予教育监督与评估中介组织独立且有保障的法人地位，保障其结论的权威性；其次，要建立不同类型、不同性质，发挥不同功能和作用的中介组织，使其对学校的监督和评估更专业、科学；再次，加大非官方中介组织的建立，以确保其结论的公正和公平，并保证高教评估的服务功能得到应有发挥；最后，加快对高职监督与评估理论和方法的研究与探索，使之对高职院校的发展具有真正的指导意义。

第五节　加快推进高等职业教育协调发展

中等职业教育和高等职业教育同属职业教育，在职业教育这个范畴内有共同的价值观和历史使命，共同实现培养技能型人才目标。国家人才发展战略要求，为了系统提升职业教育服务经济社会发展的能力和支撑国家产业竞争力的能力，到 2020 年要形成适应经济发展方式转变、产业结构调整和社会发展要求，体现终身教育理念，中等和高等职业教育协调发展的现代职业教育体系。现代职业教育体系的构建，就是要求体系内各种要素作为一个整体协调运作，局部之间相互协调，相互促进，相互补充，相互强化，形成强大的组织力。

从国家和政府层面实施中等、高等职业教育一体化管理，我们目前要做的工作是：① 营造"一体化"管理政策环境。重新修订《中华人民共和国职业教育法》，明确职业教育体系，构建职业教育管理体制。② 理顺"纵向一体化"管理机制。中等职业学校和高等职业院校的上级管理部门，教育部及省（自治区、直辖市）、市（地）教育部门在管理归属上要保持一致性，以便师资建设一体化管理制度的实施。③ 高等职业院校和中等职业学校在管理系统上实施横向衔接，如中等职业教育与高等职业教育在相同相近专业的建设、课程建设、实训基地建设、科研和社会服务的协同发展等方面共同提高，在升学、招生上实施对接，同职能管理部门在管理上协同交流，互通有无，资源共享。④ 共建职业教育集团。中等职业学校和高等职业院校以专业和产业为纽带，与行业、企业共建职业教育集团，创新集团化职业教育发展模式。

一、积极转变高等职业教育办学理念

有效地利用社会的资金和资源，还要把各种社会所具有的资源拿来充实高等职业院校办学的能力。传统的单一投资化高等职业院校的发展模式需要打破，应该积极吸取社会的闲散资金来发展教育事业，力争把高校建设成为一所高水平的专业大学。高校的社会有关部门，应该把引进民间闲散资金来发展高等职业教育当作现在的重要工作，积极鼓励他们对社会职业教育投资，这样就可以拓展高校办学的主体多元化。有关部门应给投资者土地和财政政策上的支持，还要制定较为平等的高等教育收益和责任的机制，使支撑学校高等教育机制变得完美和完善。高等职业院校往往具有网络化信息优势，一边需要加大力度开发网络信息资源，另外一方面还要开发出领先世界的网络信息技术，这样才可以确保我国高校的网络信息技术比世界先进，才可以和世界接轨。与此同时，高等职业院校需要发挥资源优势，构建数字网络图书室和网络课堂系统，从而实现高等职业院校的网络资源共享和服务。

二、不断创新高等职业教育形式

快速树立一个适应专业教学特色的新形式。如校园教学和到社会实习磨炼相连接，长期的和聘用的教师相连接，专业的和兼职的教师相连接；对社会公众聘请具有专业的职业人才和高技术水平的人员可采用实施岗位的固定和流动的相连接，制定专业技术人员和兼职人员的任用办法；重视用好现有人才，积极引进外部人才，大力培养后续人才的方法。

另外，要加大部门的相关交流，支持高职院校相关教师加入专业技术资格的基本标准拟定工作。标准和教育相连接，可以使教育计划快速发展。

三、重点突出高等职业教育办学特色

高等职业教育的院校要想走特色的发展道路，需要培养独特的专业，发掘自身独特的优点使办学特征独特。通常来说，对于那些办学时间比较短，开设的专业不算先进的职业院校，要想培养自己独特的模式，需要找准定位，开发新的教学资源，从而提高办学的水平。相反，一些有着长久的办学历史和浓厚的历史奠基的院校要想突出办学特色，就要从现如今的办学资源里面挖掘优势，对优势力量进行深加工，努力培养与提炼，作为办学的基础；那些有多所高等院校重组的职业高校，需要对各个高校的特色专业进行"再造"。

学校要把教育和科研的工作做好，这样才利于突出学校的教学水平与办学的优势，从而到达特色发展这一目的。第一，院校的科研在选题方面要突出特色，和各专业在现如今的发展趋势相吻合，为现如今的教学服务，为经济建设和社会发展做出贡献。课题的研究要具有针对性、示范性和普遍性，课题研究的成果在价值方面要具有突出的特色，可以满足实际情况。第二，教育工作者的队伍建设要有科学性。两个工作都不能放，抓好教师队伍和科研专业建设，把这个方向定位好，保持发展的顺序具有梯度性。对于教学型的教师队伍建设要做好课改工作，教学的模式要创新，教学的质量要提高，使"职业教学"的方位变得明显；科研型的教师队伍建设要满足产学研相结合的理念，把实际效用放在第一位。

第九章 面向未来的高等职业教育理念创新与发展的思考

第一节 关于未来高等职业教育理念发展体系建设问题思考

自 20 世纪 80 年代以来，高等职业教育作为我国推进高等教育大众化的重要方面得到了前所未有的发展。在构建现代职业教育体系的背景下，如何遵循以人为本的理念，正确把握高职教育规律，构建完备的现代职业教育课程体系，是我们需要认真解决的问题，也是高职教育理念创新的重中之重。

一、高等职业教育人才的培养目标的再审视

（一）构建现代职业教育体系对高等职业教育课程体系建设提出了新要求

教育的社会关系规律要求教育必然要与社会发展相适应，人才培养结构必须主动与现代经济、社会的人才需求结构相适应。当前，我国正处在推动产业转型升级的关键时期，"刘易斯拐点"的到来使我国人口红利逐渐消失，区域经济发展需要大量技术型、技能型人才。解决高等教育的规模、结构、质量、效益不够协调的问题，改善我国高校"同质化"严重现象，构建现代职业教育体系是我国职业教育发展面临的重要课题。

2014 年 2 月 26 日，国务院常务会议提出，要打通从中职、专科、本科到研究生的上升通道，引导一批普通本科高校向应用技术型高校转型。随后，在 6 月份发布的《国务院关于加快发展现代职业教育的决定》和《现代职业教育体系建设规划（2014—2020 年)》为高职院校转型提供了政策依据和实施路线图。随着现代职业教育体系建设路径和发展目标的不断清晰，重新思考高等职业教育在整

个职业教育体系中的地位，科学定位其人才培养目标，是实现不同层次职业教育协调健康发展的基础。现代职业教育体系建设要求不同层次职业教育人才培养目标既要以就业为导向，又必须相互衔接，因此，促进人才的可持续发展对高职院校课程体系建设提出了新的要求。

（二）职业教育的复杂性对高等职业教育人才培养目标提出了更高的要求

整体而言，社会对"职业教育"在人才培养目标方面的价值期待包括两个方面，即培养合格的从业者和合格的公民。在现实中，与区域经济社会发展的紧密联系、不同专业的特殊性以及生源的多样性等因素，决定了职业教育的复杂性。当前，对高等职业教育人才培养目标不管是技术型人才还是技能型人才的定位，都充斥着"工具主义"的价值倾向而缺少对职业教育人本价值的关怀。鉴于职业教育的复杂性特征，不管是专科、本科层次高等职业教育，还是中等职业教育，培养合格的劳动者是职业教育的特殊性所决定的，而培养合格公民则是教育本质使然。因此，从功能与价值看，职业教育既要满足和促进经济社会发展，同时还要兼顾学生综合素质的提升；在满足学生一次就业能力的同时，又要满足学生再就业能力的提升。

由此，满足学生可持续发展的需求，对职业教育本体价值的关注，内在地要求为学生搭建起满足其终身发展的人文素质教育体系，但对经济社会发展的价值期待又客观地要求职业教育为区域经济发展提供多种规格、不同层次的技术与技能型人才。职业教育人才培养目标的这种"双重性"，一方面，要求建立起中等职业教育、专科及本科高等职业教育的有效衔接体系，另一方面，对中高职衔接提出了更高的要求，即建立中高职既能内部有效衔接，又各自相对独立，能为区域经济社会发展提供"留得下、用得着"的各级各类人才的职业教育体系。

二、遵循高等职业教育课程体系建设的基本原则

为推进高等职业教育内涵建设，提高高等职业教育质量，体现高等职业教育的特色和水平，在课程体系建设中要遵循以下基本原则。

（一）基础课程体现高等教育属性

基础课程是指体现高等教育基本知识、理论、文化水准的课程，它是对接受高等教育的学生必须达到的要求，如政治、法律、文学、数学、计算机、外语，以及一些重要的基础课程，如经济学、管理学、会计学等。无论是作为职业教育的一个"层次"，还是作为高等教育的一种"类型"，作为高中后教育，应该在高中起点的基础上，结合人的发展、专业的学习开设相应的课程，以满足相关的培养要求，使学生达到相应的学识水平，掌握相应的文化和专业基础理论。

（二）专业课程面向产业和职业岗位

高等职业教育在基础课程满足高等性要求的同时，必须充分体现职业性要求，把对接产业、接轨行业、服务企业、面向岗位作为基本依据。第一，面向社会办学，坚持开放办学、开门办学，自觉研究和适应社会需求，提高社会适应能力。第二，面向行业办专业，根据行业和产业发展的要求，开设、调整、更新、优化专业设置，调整人才的专业方向，彰显专业的高职特点、区域特征和学校特色。第三，面向岗位设课程，课程的设置尤其是主干核心课程的设置，要基于本行业和产业发展中岗位的需要，以岗位群、岗位工作流程、岗位工艺等作为要求，使课程学习体现教学做统一、知行统一、学用一致。

（三）技能课程直接对接实际需求

高等职业教育有其很强的职业性要求，强调学生具有面向一线岗位，从事一线业务的实际动手能力，因此，从业资格证书和技能操作证书是其极为重要的要求。我们通常所说的"双证书"就是指学生除了传统的毕业证书以外，还必须有一定的从业资格证书或技能证书，如会计专业的上岗资格证书、金融专业的外汇从业资格证书等。这就要求高等职业教育在统筹研究教学内容和教学项目设计时，必须研究把握行业企业和职业岗位所需要的基本职业资格证书和技能操作证书，并安排相应的教学、训练和考核，尤其是要引进企业人力部门的考核，使学生不仅会做，而且要有管用的上岗证书，应当说，这也是一个具有生命力的特色性的要求。

三、完善高等职业教育课程体系建设的配套措施

（一）构建完备的教材体系

高等职业教育的课程应该有基础型、专业型、操作型三种模式，相应地，对于教材建设也应该有三种不同的体系。一是基础型课程体系。这一体系相对成熟，也相对稳定，应该采用比较有质量和水平的统编和规划教材，并保持相对固定，必要时也可以用其进行教考分离和水平统测。二是专业型课程体系。这一体系可鼓励由学校或行业教育指导委员会会同有关部门联合编写，或者由较高水平的学校牵头编写，由行业教育指导委员会推荐使用。三是操作型课程体系。这一体系直接对接证书考核部门，采用教、练、考、证相统一的方式直接解决，应具有应对性。

（二）实施灵活的课堂教学方法

课程要有效，关键在课堂。高等职业教育的课程应该有基础型、专业型、操作型三种模式，依据三类课程的不同性质，研究运用不同的教学方法十分必要。

一是对基础型课程而言，要提倡由严谨、系统的知识传授的方法来加以落实，注重科学性、准确性。二是对专业型课程而言，既强调理论与实践紧密联系，课堂与社会紧密对接，又强调学做结合，理论教学与案例教学、情境教学协同，以提高教育教学的有效性和针对性。三是对技能操作型课程而言，则采用教、学、练相统一，课内方法与课外自练相结合。

（三）建设专兼结合的教学团队

实现和提高高等职业教育的效率和水平有赖于教师的素养、水平和责任。从总体而言，需要建设一支专兼结合、双师组合、机制融合的教学团队。具体到不同的课程，可以用不同的方式。基础型课程要求教师和团队以教学研究型为主，强调知识的系统性，强调理论严谨、基础科研。专业型课程要求教师必须做到专兼结合，以专为主，实现理论与实践统一，专业和需求对接。操作型课程要求教师可以专兼结合，以兼为主，以资格证书和从业证书的训练和达标水平作为考核要求，教师则以有效指导实际效果为参照评价标准。

（四）构建教与学的协同机制

学生是提高高等职业教育质量的主体，其他一切都是客体和条件，只有学生形成行为自觉，推动学习自觉、实践自觉和发展自觉，我们的改革探索才有意义。因此，学校在学生管理体系和政策建设上负有重要责任，只有真正构建起教与学的协同机制，形成教与学的一体化，才真正具有实效。浙江金融职业学院近年来正在探索以"学生千日成长工程"为抓手的立体化育人体系建设，立足于"全程育人、全员育人、全面育人、全心育人、全体育人、全景育人"，努力把"教"与"育"结合、"教"与"学"结合，探索出一条提高专业课程学习成效和人才培养质量的成功之路。

第二节　关于加强未来高等职业教育师资队伍的建设问题思考

师资队伍建设是教学改革的关键，也是关乎实践教学顺利进行的重要因素。经过多年的建设，高职师资建设无论在规模、结构和整体水平上已有很大的提升，但与高职教育人才培养规格和质量的要求仍有一定的差距。从世界范围来看，如何提高职教教师质量进而提高职业教学的整体质量的问题是许多国家面临的重要问题。高职教育教学自身的特殊性，决定了对高职教师的素质也有独特的要求，与其他教育类型相比，对高职师资的要求可能会更高。高职教师素质将直接决定高职实践教学的质量，从高职师资发展的现状来看，高职教师还不能完全适应高职实践教学的需要，还有许多问题有待解决。

一、师资实践能力的缺乏，影响实践教学发展

目前我国高职师资队伍建设仍有待于进一步提高，特别是教师专业实践能力难以满足实践教学的发展，调研显示，提升教师的实践能力成为加强学生技能训练的重要影响因素。同时，在调查中，教师也认为在教学活动中最缺乏的是专业实践能力。综上所述，一方面教师已把对实践能力的提升作为加强学生技能训练的诉求，另一方面，教师意识到实践能力恰好是教学活动中所缺乏的，可见学生实践能力的发展与师资实践能力的提升之间存在着矛盾。为此，我们或许可以把提升教师实践能力作为解决实践教学问题的突破口。

（一）教师来源渠道单一

从目前职校专职教师（主要指公共基础课教师、专业基础课教师、实践教学指导教师）的来源仍以高校毕业生为主，其中包括普通高校、普通师范院校、职业技术学院和设有职业技术教育师范专业的普通高校的毕业生。对于实践教学指导教师也是以高校毕业生为主，企业调入的比例较小，这也是目前高职院校存在的一个较为普遍的现象。正是如此，一些院校抱怨直接从高校毕业走上讲台的这部分教师，基本是从学校到学校，专业理论虽然扎实，但他们既没经过系统的师范教育训练，又缺乏教学实践，更没有相关工作、生产实践的经历，明显缺乏实践教学能力，由于自身受传统精英教育的影响，理论知识至上的教学观常常会影响并制约他们今后的教学行为，表现为教师课堂讲得多，让学生参与得少，对书本知识传授得多，对学生启发得少，多数教师实践能力、动手能力、现场教学能力都处于弱势，难以满足实践教学的需要。对于从企业或科研单位调用或选聘的教师，他们具有较强的专业实践经验，能够带来最新的生产工艺、技术及流程，对学生今后就业的无缝对接起到一定的作用。但这部分教师往往缺乏相关教育理论背景的支撑，难以将专业技能明晰、有效地传达给学生，常因疏于教学方法的运用，对学生学习指导方面仍不尽如人意。而且，调查发现，理论课教师和实践课教师存在明显的"各司其职"倾向，彼此沟通交流较少，似乎理论课只管教好理论知识，实践课只顾操作技能的练习，教师的理论知识与实践能力难以调和的矛盾在某种程度上制约着理论与实践的整合。因此，如何弥补理论课和实践课教师各自的不足，实现理论课与实践课两者的整合将是需要进一步思考的问题。

（二）教师教育培训不够

首先，对教师进行职业教育理念培训的学校少。叶澜教授曾经指出，今日教学改革所要改变的不只是传统的教学理论，还要改变千百万教师的教学观念，改变他们每天都在进行着的、习以为常的教学行为。

从目前高职院校对教师的培训形式来看，学校出于对上级评估的考虑，通常较注重师资学历水平的提高，如对新教师的聘任通常要求硕士以上学历，在职教师教育的基本形式也多鼓励进修研究生课程，或是对多媒体教学课件等项目的学习，而忽视实践技能等方面的培训。

从师资培训内容来看，过于重视专业知识培训，多停留在基础教育学、心理学方面的学习，较少进行教师教育理念的培训与更新。长此以往，教师陈旧的教学观将会严重阻碍教学活动的质量，教学只能遵循共性的规范，难以体现教师教学的个性价值，教师不便根据具体的教学情境做灵活处理，因为实际的教学过程要比我们想象的复杂得多，如果不关注教学理念的变化及时调整教师培训内容，依然沿着常规的培训发展，那么教师培训充其量只能在固有的框框里打转，只有把师资培训同先进的教学理念结合起来，才有可能取得长足进展，否则无论在理论和实践上都不可能取得实质性进展。

其次，教师培训缺乏整体性考虑。从高职师资培训的现状来看，对师资培训缺乏整体性考虑表现为培训内容比较单一，只强调教师专业知识培训，忽视师资的教育理念、实践技能、职业道德等方面的培训，对师资培训缺乏长远考虑，较少从专业发展、学科建设、师资队伍建设等方面做综合考虑，在教师培养过程中很少为教师做与学校发展相协调的战略性能力开发，师资培训方案缺乏系统性。一般来讲，师资培训应包括培训目标、培训计划、培训方案、培训结果等一系列环节，而在实际操作中有些环节被忽略掉了，往往只注重培训的过程，忽视培训的结果，尤其是缺乏培训结束后的跟踪和考核，致使培训质量大打折扣。

再者，师资培训仍以外部激励为主。由于受职业学校评估机制的影响，接受培训的教师多为晋级、评职称，或出于外部激励的考虑，附之教学任务繁重，教学时间多被挤占，教师很难集中时间自行"充电"。在这种情形下，如果激励机制不健全、评估机制不完善，教师的积极性就会受挫，把培训作为"升迁跳板"或是抱着走马观花的心理应付了事，使培训质量很难得到保证。

最后，师资培训途径单一。长期以来，教师培训主要依靠在全国建立的各级各类的职教师资培训基地完成，就培训基地本身而言，大部分基地还没有形成一套完整的具有高职教育特色的培养培训模式和相应的管理办法，各类资源整合还欠完善，特别是企业参与职教师资培训的力度还太薄弱，虽然学校与企业有一定程度的联系，但只停留于表面的参与合作，距离深度的校企合作仍有一段路要走。

二、解决高职师资问题应该从多个途径着手

（一）从学历补偿教育向非学历提高教育转变

教育部在《关于加强高等职业院校师资队伍建设的意见》中提出，高职高专院校要采取进修、引进、外聘等多种措施，大力提高教师的专业理论水平和学历层次。所有专任教师都应达到《教师法》规定的任职要求，获得研究生学历或硕士以上学位的教师应基本上达到规定比例要求。在这一政策导向决定了在确定师资队伍建设的目标时，常把学历达标作为评价的重要标准，也因为学历达标都有比较清晰的描述，易操作，而对教师教学方法、教学质量和效果的评价，往往由于缺少相关明晰的评价指标，难以进行考核。因此，这种评价指标也注定了教师培训倾向于追求高学历，而忽视教学技能和水平的提高，较少顾及教学方法的改善、教学理念的更新。而且，从教师内部心理状况考察，许多实习指导教师或实践课教师常常羞于自己地位的低下，这似乎在印证一种假说，即实习教师地位低于理论教学教师，教师多抱怨动手的不如动口的。此外，就技术职称评定标准来看，学历优势也明显高于技能优势，可见，在这种唯学历教育的评价氛围中，必然影响教师培训的形式和内容。

在高职教育发展初期，适当地对教师进行学历补偿教育能够在一定程度上提高教师整体的学历水平，提升教师专业素养。然而，高职教育从规模扩张向内涵建设发展的转变，表明对教师教育有新的诉求，不仅意味着教师学历水平、执教能力和责任意识的大幅度提高，而且是教学独立性、自主性和创造性日渐高涨的必然要求，它客观上要求破除高度集中与统一的模式，较多地进行提高型的非学历教育。因为唯学历的培训制度已日益暴露出局限性，特别是教师教育目标偏向于学术型教师的培养，过分追求学科知识的系统性、精深性，缺乏与专业理论知识结合的技术知识的关照。从培训内容来看，多作为统一型的、基础性的考核条件或评价标准存在，缺少个性化的培训内容，与教师的实际教学活动相关性较小，对每位教师出于各自专业化发展的要求也较少考虑。由于培训内容与教师实际教学工作脱节，特别是不能解决教师在实际教学过程中面临的困难，导致教师参与培训的积极性不高，培训效果也很不理想。

针对教师培训的这一困境，未来教师培训的着眼点应关注教师专业实践能力和教学水平的提升，强化教师培训课程的"实践性"倾向，鼓励教师定期到企业

接触生产实际，组织教师进行技术开发，促进产学结合教学模式的不断完善，不断创新，为理论教学尽可能提供丰富的"教学实材"，或通过企业寻求合适的"项目"开展案例教学、模拟教学。教师培训将由学历补偿教育向非学历教育方向发展，着重在教育理念、教学思想、教学手段等能力提高型的教育培训，注重理论与实践结合的培训理念，突显高职教育的专业性、职业性、实践性等特点。不断健全教师培训制度，从分配制度到晋级制度，都应向实践教学方向倾斜，制订出有利于鼓励和鞭策学习实践操作、提高技术技能水平的制度，同时激起学历层次较低的实践指导教师学习理论知识的愿望。

（二）再论"双师型"教师

"双师型"是高职教师队伍建设的着力点，是保证高等职业教育质量、实现高等职业教育可持续发展的关键。近年来，为了避免教学过程中理论与实践割裂的现象，加强理论教学与实践教学的整合，学者们纷纷对双师型教师进行了相关的探讨，试图找到解决的途径。但从现有研究看，对双师型研究多停留于概念内涵的比对，较少关注双师型教师应具备的素质或条件，研究视角的差异使得双师型教师研究并非如预想得那样取得实效，理论深度和具体操作上的欠缺也使职业院校师资现状并未发生根本性的改变。从目前高职院校"双师型"教师数量来看，主要存在两种倾向：一种情况认为双师型教师过少，如按照"多条件说"进行评定，即达到个人基本条件，包括学历、教学能力、具有相关工作经历及专业实践能力，那么符合这些条件的教师确实不多，因为要求所有教师都具有双师型似乎既无可能，更无必要；另一种情况是如果按照"双证说"进行评定，即但凡具有教师资格证书和技能证书的就为双师型，那么符合这一条件的教师并不少。其实，无论上述哪种倾向，都存在一刀切的问题，即把所有的教师都同一化对待，如果对专业课或实践课的教师实行简单的双证制度，则降低了要求标准，如果普通文化课教师以"多条件说"为标准，则又增加了难度。

因此，为了解决双师型要求过高或过低的问题，有学者提出了"双师度"的概念，旨在根据不同课程类型理论与技能水平要求的不同进行分类管理。如普通文化课教师主要从事文化基础课程的教学任务，这类教师只要具有"双师型"意识即可；职业基础课教师主要从事和职业活动有关的基础课程的教学任务，这类教师需要具有一定的"双师型"素质；专业理论课教师从事本专业的理论课教学工作，需要较高深的专业理论知识，同时要具有"双师型"素质；实习实训教师主要从事和本专业职业技能相关的技能课程的教学任务，这类教师应是"双师型"教师。

这里需要明确的是，虽然双师度突破了原有研究的局限，为双师型教师研究开拓了新视野，但细究起来，双师型的具体意义仍比较模糊，特别是在实际操作中，理论知识与职业技能水平等级的核定仍不好把握，而这种分类本身也割裂了理论与实践的关系，两者仍是作为独立体而存在，没有实现真正的融合。而且双师型意识、双师型素质及双师型教师这三者间区别何在，学者似乎在有意表达一种逐渐深化的趋势。本人认为，或许具有"双师型"意识更为重要，因为从双师型角度进行教师研究是教师专业化发展的必然阶段，而教师专业化发展的精髓并非在于寻求共性原则，而是留给教师更多地发挥教学智慧的教学空间，它不是追求同一性，而是寻求多样化发展。我们对双师型的理解也应从教学理念予以把握，可见，只有通过多向度地解析，我们对双师型这一概念的意义才能有更准确的把握。因此，本文更倾向于把双师型视为一种能够促进理论与实践相结合的教学观念，这意味着教师能够结合所教内容，通过最大限度地让学生进行参与、体验式学习，从而在认知结构中真正形成理论知识与实践知识的整合。

（三）从强迫型向内生型模式转变

从师资培训的现状考察，外部激励仍是师资接受培训的主要目的，由于师资培训体系是一项系统工程，它涉及各种配套机制，如果某些机制跟不上，就会影响整个师资培训体系。如激励机制不健全，教师参加培训的积极性就不高；竞争机制不完善，就不能有针对性地选拔出合适的师资参加培训；评估机制不合理，也会制约培训目标的实现。因此，外部激励型培训有其自身的局限性，在这种模式中，教师的积极性无法真正调动起来，一旦这种激励诱因不能得到强化，则会影响培训的质量。

根据教师的转变类型，可使用管理技巧，不同的技巧将引起不同的转变，从最表面的举止变化到深层次的认知和情感转变。例如，利用"教育和沟通"或"参与和投入"，将引起深层次的认知和情感转变，而"强制"和"操纵与委任"只能带来行为举止的表面改正。可见，外部激励处于第三层次提供诱因水平，属于较低水平的行为改变，从稳定性来看，此种程度极易受外界的干扰，因此，对教师的培训应尽量通过"教育和沟通"或"参与与投入"来促进深层次的认识和情感转变。这意味着必须突破传统的外界强迫型发展模式，向发展性的内生型培训评价模式转变，转变培训观念，借助教师的教学经验，促进教师自身对教育实践的反思、体悟，进而转变教育行为。本人认为，师资培养模式由强迫型向内生型的转变，有其深刻的本质原因。

首先，它反映了教师整体素质有了较大提高，高校教师的学历水平、执教能力和责任意识大面积提高的结果，必然是教学独立性、自主性和创造性的日渐高涨，必然要求破除高度计划体制下的集中与统一模式。

其次，以往教师的职前培养和职后培训只注重专业理论知识的传授，从而使他们渐渐依顺于对固有原理、模式的膜拜中，失去了批判地分析、思考复杂的教育情境的能力，因此，必须避免这种唯理论知识、僵化的培养倾向，转而重视那些动态的与教学实践直接相关的基本教学技能与技巧方面的学习。

最后，随着我国对教师研究的逐渐深入，人们越来越清晰地意识到现代学校制度的本质特征之一，是确立教师个体专业劳动的价值，确立教师对教学的直接影响力和指挥权，这意味着，一种教师将高度内化的学科知识与教育专业知识运用于具体的教学实践过程中，并从中体验和反思总结的教育形态得到推崇。

强迫型的培训模式不但消除了多样性，而且终结了教育内部的创造性和灵活性，不仅滋生了顺从的温床，而且降低了创新的可能性。内生型的培训模式客观上要求学校应当给教师机会，重视教师的研究，充分肯定和承认教师的研究，释放教师的创造精神，特别是允许有不同的方法，引导和鼓励教师上出"自己的课"。创设一个宽松的氛围，让教师敢于发表自己的意见，要有宽松自由的学术研究氛围，要尊重和保护教师教学研究的积极性和创造性，增强教师职业自信心。此外，学校还要营造良好的科研导向，特别是较多地倾向于结合教学实践、贴近日常教学生活的教学研究，对实际的教学活动有启示的研究也应得到重视，为教师提供研究的自由空间。

（四）发挥教师整体效能，构建学习共同体

长期以来，人们似乎形成一种思维定式，即认为教学活动是教师个体的教学行为，甚至认为只要每位教师的教学效能做到优化，整个教学系统便能处于最优状态。这种孤立化、简单化的思想反映在教师研究中便表现为，只关注教师个体层面的效能或个别教师的教学行为或特性，忽视了不同教师在个人、小组和组织层面的不同表现，对学生经验及学习成果的影响。这种观念的大行其道，使教师研究停留在个体效能层面，强调单个教师的教学效能，无视教师整体效能的发挥，这种零散的、片面的观念不利于教师教育改革的整体性推进。

随着对教育过程理解的不断深入，整体性、系统性逐渐纳入教师研究领域，从整体理念探讨教师效能成为人们关注的研究焦点。由于教学往往是不同课程类型的教师共同施教的结果，而非单个教师的个别行为，单个教师水平的提高并不能保证学校的整体效能，因为各个教师的努力和对学生的影响力不一定互相支持而不抵消。比如，实践教学中专业理论课教师尽量配合实践指导教师的教学，如果理论知识与实践知识出入很大，便会影响理论知识与实践知识整合的效果。对

于同种课程类型的教师也应加强横向沟通，不断扩充信息流，而现实却是教师通常是在孤立的环境中单独授课，教师之间缺少交流，甚至很少互相观摩或聆听别人的讲课，这种孤立性阻碍了同事之间的相互学习和成功经验的分享，导致教师的视界狭小，在解决特殊的教学问题时，常表现出不适性。

为此，必须积极寻求着眼于教师整体效能提升的途径，从高职现有情况看，构建教师学习共同体有一定的现实基础。调研数据表明，在问及"教师参与培训的情况"时，有的教师反映"教学任务重没时间参加"。值得欣慰的是，另一项调研情况反映教师提高教学能力的主要途径是自学教育理论，表明教师具备一定的自学能力。如此我们就会思考这样的问题，能否改变教师培训的模式呢？这似乎也印证了以小规模、分散型的教育模式，取代大规模的、集中式的教师培训的可行性，打破整齐划一的培训模式有利于促进教师教学智慧的发挥，既节省了时间，又可以解决由于专业性质的不同带来难以把握的共性问题。

对教师发展的研究应从当代社会发展的需要和教育本身存在的问题着手，为此，专业学习共同体的提出，一方面是基于当今组织行为学理论及有关教师研究领域的新视角，另一方面则立足于当前教师培训中存在的问题。近年来，在西方组织行为研究和人力资源管理领域出现了一个新兴的理论——"心理契约"论。该理论认为，个人和组织间的社会交换关系无法把双方相互责任的界定完全体现在书面的雇佣合同中，但在每一个组织成员的内心深处，对自己该为组织付出什么、付出多少，组织应该给自己回报什么、回报多少等都有明确的认识，即个人和组织之间达成的是一种"心灵的默契"。这种理论突破了以往个人与组织强制性的关系，建构了一种内在的、沟通的默契，它对建构教师培训机制同样有着重要的启示。

在一个对教学有着更深理解的理智社会，我们必须致力于追求培训学习观念与体制的变革、改变教师认识框架和思维定式，打破仅以单纯的学历补偿教育研究教师发展的需要，努力将教师个人的生涯发展与教师整体效能提升相结合，鼓励教师不断地对自身教学实践进行反思，促进教师实践知识的生成。此外，应加强理论课教师与实践指导教师、专任教师与兼职教师间的沟通，组织兼职教师参与教学研究活动。

第三节   关于未来高等职业教育教学方式方法革新的问题思考

随着我国社会主义现代化进程的快速发展，社会对应用型人才的偏好不断增强，应用型人才逐渐成为社会的宠儿。作为培养应用型人才的摇篮，高职教育任重而道远。教学方法的革新对于高职教育的提高具有重要作用。高职教育有必要在教学原则的指导下，在案例教学法、比较教学法等教学方法上取得突破。

一、高职教育之教学方式方法革新的意义

（一）加强应用型人才的培养，顺应社会发展的需要

随着我国社会主义现代化进程的快速发展，社会对应用型人才的偏好不断增强，应用型人才逐渐成为社会的宠儿，培养应用型人才也就成为国家教育的重要任务，而这一任务必然落到高职教育的肩上。高职教育结合社会的需要，通过定向培养、定点培训等特有的教学模式，为社会培养出大批优秀的应用型人才，顺应了社会发展的需要，也促进了社会的进步。

（二）优化教学方法，促进教学观念的更新

在高职教育过程中，往往存在教育观念的误区：在旧的观念影响下，授课教师通常没有弄清教学对象的特征，只注重自身对学生的传道、授业、解惑而忽视了学生的实际接受能力和专业技能的培养；"教"与"学"并没有紧密结合起来，没有做到教学相长，培养应用型人才的目标更难实现。

此外，有的教师偏激地认为高职学生的认知能力差，对于知识不用讲授的过细，甚至表现出对学生轻视的心理，而对一个知识点的讲授囫囵吞枣。

我们不能否认，高职学生有一部分对知识的探求并不热情，但是我们不能因为这一部分人的缺憾而否认其他学生对知识的渴望之心。鉴于此，我们应该提倡教师改进自己的教学方法，通过教学方法的革新、教学手段的多样化来提高学生的学习热情，使教师了解学生，拉近高职教师和学生的距离，使教师在教学方法的革新中逐渐转变教学观念，提高教学水平。

二、高职教育之教学方式方法革新的基础限定

高职教育在整个高等教育体系中处于重要而又特殊的地位。这种地位的特殊

性主要是由教学对象自身的特点所决定的。在高考录取中，高职学生是最后一批被录取的，他们与本科生相比基础差、自制能力薄弱。因此，对高职学生教育的方法必须在结合高职学生自身特点的基础上因材施教。社会在不断发展，高职学生本身的特点也在发生变化。

所以，高职教育的教学方法也必须有所突破，而这种突破需要在一定原则或理念的指导下进行，没有原则或理念作为基础，高职教育就很容易成为脱离轨道的火车，失去了存在的生命力，也失去了发展前途。高职教育之教学方法的革新应遵循以下两个基本原则：

一是以实践为本，增强学生的实践能力。相较于其他高等教育模式而言，高职教育的教学方法应以提高学生的实践能力为宗旨，这既是由高职教育教学对象的特点所决定的，也是培养专业技术人才的基本保证。

二是以先进性为目标，提高教学技术手段。由于高职教学对象的独特性，高职教育的教学必须和本科等其他教学技术手段相区别，如更强调与学生的课堂互动，重视多媒体教学的应用，合理地安排实践和理论教学的比例，等等。

三、高职教育之教学方式方法的革新策略

（一）加强案例教学法的运用

案例教学法最早起源于美国，它是对医生、律师和军队指挥官的培养提高，后来美国哈佛大学加以完善和发展成为一种新型的教学模式。案例教学是以具有代表性、典型性和前瞻性的案例为教材，在教师的指导下，运用多种方式启发学生独立思考，对案例提供的客观事实和问题进行分析、研究，做出判断和决策的一种理论联系实际的教学方法。案例研究就是理论探索和现实解释的媒介。

案例教学法要求教师在授课的过程中完成两个步骤：一是对基础知识的讲授，必须涵盖知识点中的所有内容，对基础知识的讲授是案例教学法的前提和基础，案例作为现实生活的反映，只有在具体理论的指导下才有可能得到有效的解决；二是结合与所教知识点相关的典型案例进行讲解，必要时可以介入学生之间的讨论，最后再由教师做出案例总结。教师在对案例的讲解过程中，一定要注意把握案例的实质，也就是其所体现的理论根源，只有这样才能真正地做到理论和实践的有效结合。

需要说明的是，关于案例教学法的以上两个步骤在具体运用的过程中并不一定要强调先后顺序。有的教师习惯在讲授理论之前先导入一段案例，引起学生的兴趣，再做理论的深入；有的教师则喜欢先讲理论，再做案例分析巩固知识。

（二）加强多媒体信息化教学法的运用

多媒体信息化教学是计算机和网络技术在教学的应用过程中产生的一种教学方式。现代教育媒体主要包括幻灯、投影、录音、录像、电影、计算机、激光视盘、网络等，具有形声性、再现性和先进性的特点。它主要以图像、视频和声音等的形式传递信息，可使学生真正做到眼耳并用、视听并用，使知识传递、接受、记忆变得比较容易，也易于激发学生的学习兴趣。

多媒体信息化教学相比粉笔、黑板的传统教育，无论在教学方式还是教学效果上都有了巨大的突破。多媒体信息化教学通过生动的文字演示、视频、动画和音效等的结合，不但增强了学生的学习兴趣，而且大大地减轻了教师手写板书的工作量，节约了教师的体力劳动，增强了教师的脑力劳动，使教师可以将更多时间用在知识的传授和教学方法的运用上，提高知识的讲授效率。举个例子，我们在讲解"仓储"这门课程的时候，如果单从课本上的内容讲解仓储，学生由于缺少实践经验，对抽象的仓储知识很难理解，对仓储的流程也不能有生动的体会。但如果用多媒体信息化的图像视频效果将企业实际的仓储流程展现出来，学生就会立即对其有了感官的了解，同时也巩固了对仓储基本知识的掌握。总之，多媒体信息化教学方法就是将抽象晦涩的理论知识，通过图像、视频、动画、声音等形式更加形象具体化，更易于学生接受。

（三）加强问题教学法的运用

问题教学法的特点是让学生在参与问题解决的过程中获得知识，成为有效的问题解决者，教师则作为学生的一种学习资源或学习的指导者和评价者。这种基于问题式的学习由于强调把学习设置到复杂的、有意义的问题情景中，通过学习者的合作解决真正的问题，从而让学生学习隐含于问题背后的知识，形成解决问题的技能，并形成自主学习的能力。

通过问题解决获得相应的问题答案以及相关的观念性理解，并让学生更主动、更广泛、更深入地激活自己的原有经验，理解分析当前的问题情境，通过积极的分析与推论生成新理解、新假设。

可见，问题教学方法对于学生而言可使其从被动学习到自主学习，主动地、积极地探索知识。与本科学生相比，高职学生的惰性较强，自主学习性差，通过问题教学法的运用可以促使学生在课堂上有一种学习的压迫感和趣味感，从而主动地思考问题、解决问题，增强学生自我解决问题的能力。

结 语

　　高等职业教育的发展，丰富了我国高等教育理念，促进了我国高等教育向大众教育理念的转变。高职教育兼具职业教育与高等教育的双重身份，我国亟须通过高职教育理念变革来优化职业人才培养模式，为经济增长方式转变提供丰富的人力资源。相对于高等教育和职业教育的悠久历史，高职教育在中国的发展历程是短暂而又迅速的。高等职业教育在工业化、劳动力转移与再就业等方面发挥着日益重要的作用。但是由于各种因素的制约，高职教育在发展中存在一些不可忽视的问题。

　　国外发达国家的高等职业教育发展迅速，对我国的高职教育发展有很大的借鉴作用。充分认识发达国家职业教育体系的特点及形成原因，有助于更好地认识发达国家高等职业教育理念，并能够指导我们从实际情况出发，结合我国自身的文化特征，更好地借鉴与学习，从而促进我们的高等职业教育与就业体制向更加多样化、实用化的方向健康快速地发展。

　　教育理念是时代变革和社会转型的产物。无论社会变迁的原因中是否会有教育的作用，社会变迁早晚都将导致教育理念的变迁。百年来，我国整个社会系统大体由激进式变革、倒退式"变革"走向渐进式变革，教育理念也从以"政治嫁接"为主走向"外生转换"与"自发内生"相结合，带有强烈的时代烙印。

　　改革开放后，先前存在及改革中新引发的许多不协调因素也随之爆发，政治、经济体制和社会结构的变动引发了原有利益格局的重组和整合，"外生转换性"理念为高等职业教育发展开辟了新境界，打破了长期以来"政治"主题包揽教育理念的格局。党的十七大以来，立足本土的"内生转换性"理念不断涌现，高等职业教育理念由模仿走向自觉，标志着我们对人类社会发展规律和教育规律的认识达到了一个新高度。

　　历史表明，社会的重大转型是教育理念变迁的根本动力。在常态社会下，不同群体的价值观冲突较缓时，理念认同度相对较高。反之，转型期原有社会结构的稳定性开始被打破，不同利益主体之间的冲突在教育领域中开始凸显，促使高等职业教育寻找新的理念与秩序。然而，教育的相对独立性、稳定性与保守性使其难以适应急剧的社会变迁，决定了高等职业教育理念只能对可变因素做局部性调整，但正是不可变因素的存在才使高等职业教育保持内在稳定性。只有当不同社会阶层之间、国家与大学层面之间的思想碰撞能在重大的根本性的问题上趋于一致时，高等职业教育才能有新的理念可循。

教育理念的变迁是对社会制度与时代环境的条件反应。从空间维度看，社会局势震荡，高等职业教育就会发展迟缓甚至倒退；社会制度开放、外生转换性理念占主流时，教育发展迅速但缺少植根于自身条件的自主抉择，不足以形成战略性的特色优势；社会环境宽松、自发内生性理念积极萌生时，高等职业教育方能体现自身规律且稳步健康发展，最终将自立于世界高等职业教育强国之林，独领风骚。从时间维度看，社会变迁所形成的时代境遇是教育理念变迁的先决条件。新中国成立 60 年来，正是我们抓住了改革开放的时代机遇，与时俱进，重视教育战略发展理念与战略规划建设，才使高等职业教育获得了跨越式发展。

中共中央总书记、国家主席、中央军委主席习近平在参加全国职业教育工作会议时，就加快职业教育发展做出重要指示。他强调，职业教育是国民教育体系和人力资源开发的重要组成部分，是广大青年打开通往成功成才大门的重要途径，肩负着培养多样化人才、传承技术技能、促进就业创业的重要职责，必须高度重视，加快发展。他还指出，要树立正确的人才观，培育和践行社会主义核心价值观，着力提高人才培养质量，弘扬劳动光荣、技能宝贵、创造伟大的时代风尚，营造人人皆可成才、人人尽展其才的良好环境，努力培养数以亿计的高素质劳动者和技术技能型人才；要牢牢把握服务发展，促进就业的办学方向，深化体制机制改革，创新各层次各类型职业教育模式，坚持产教融合、校企合作，坚持工学结合、知行合一，引导社会各界特别是行业企业积极支持职业教育，努力建设中国特色职业教育体系；要加大对农村地区、民族地区、贫困地区职业教育支持力度，努力让每个人都有人生出彩的机会。习近平同志要求各级党委和政府要把加快发展现代职业教育摆在更加突出的位置，更好地支持和帮助职业教育发展，为实现"两个一百年"奋斗目标和中华民族伟大复兴的中国梦提供坚实的人才保障。

党的十八大描绘了全面建成小康社会、加快推进社会主义现代化的宏伟蓝图，向全党全社会发出朝着"两个一百年"奋斗目标进军的新的动员令。以习近平同志为总书记的党中央坚定不移地把深入贯彻党的十八大精神作为首要政治任务，

　　明确提出实现中华民族伟大复兴的中国梦，极大地振奋了党心，鼓舞了民心。习近平同志在最近一系列重要论述中，深刻阐明了对教育工作的总体思路和殷切期望，并对党和政府更加重视职业教育、教育系统更加办好职业教育、社会各界更加支持职业教育，做出了新的重大部署，意义十分深远。

　　教师是立教之本、兴教之源，承担着让每个孩子健康成长的重任。教师在职业教育发展全局中肩负了重要而光荣的历史使命，广大教师应牢固树立中国特色社会主义理想信念，带头践行社会主义核心价值观，自觉增强立德树人、教书育人的荣誉感和责任感，学为人师，行为示范，做学生健康成长的指导者和引路人；牢固树立终身学习理念，加强学习，拓宽视野，更新知识，不断提高业务能力和教育教学质量，努力成为业务精湛、学生喜爱的高素质教师；牢固树立改革创新意识，踊跃投身教育创新实践，为发展具有中国特色、世界水平的现代职业教育做出贡献。

　　一个国家或地区的教育质量，无法超过这个国家或地区的教师质量。要贯彻好习近平同志提出的"三个牢固树立"，履行好教书育人的重任，确实需要全体教师的同心协力和不懈奋斗，但也需要营造更为有利的内外环境。对此，习近平同志强调指出："各级党委和政府要把加强教师队伍建设作为教育事业发展最重要的基础工作来抓，提升教师素质，改善教师待遇，关心教师健康，维护教师权益，充分信任、紧紧依靠广大教师，支持优秀人才长期从教、终身从教。全社会要大力弘扬尊师重教的良好风尚，使教师成为最受社会尊重的职业。"这些重要论述和要求，体现了党中央对教师队伍建设的高度重视和周到关怀。要让全体教师全身心从教，让杰出教师长期乃至终身从教，就要努力帮助解决教师的工作、生活、学习等方面的后顾之忧，在尊师重教的社会氛围下谱写教育现代化的新篇章。相信不久的将来，我国高等职业教育理念的创新将会有新的重大发展。

参考文献

[1] [美]舒尔曼.实践智慧——论教学、学习与学会教学[M].王艳玲,译.上海:华东师范大学出版社,2014.

[2] [英]梅森等.比较教育研究路径与方法[M].李梅,译.北京:北京大学出版社,2010.

[3] [德]沃尔德玛·鲍尔.德国的职业教育教师[A].菲利普·葛洛曼,菲利克斯·劳耐尔.国际视野下的职业教育师资培养[C].石伟平,译.北京:外语教学与研究出版社,2011:117—151.

[4] 付雪玲,石伟平.美、澳、欧盟职业教育教师专业能力标准比较研究[J].比较教育研究,2010(12):81—85.

[5] 陈新文.国外高职教育教师专业化及其启示[J].世界职业技术教育,2006(1):62—64.

[6] 曹晔.我国职业技术教育师资培养的历史和现实选择[J].教育与职业,2010(6):5—8.

[7] 姜大源.职业科学辨析[J].高等工程教育研究,2010(5):149—156.

[8] 管辉,谢登斌.德国职业学校教师专业化发展的历史演进[J].职教论坛,2015(1):92—96.

[9] 陈曦萌.从职前培养回顾百年德国职教师资专业化发展[J].职业技术教育,2015(13):62—67.

[10] 胡业华,卢建平.职教教师专业化视域下的"双师型"教师培养制度研究,职教论坛,2015(24):13—16.

[11] 李大寨.我国职业教育教师培养培训模式研究[D].咸阳:西北农林科技大学,2012.

[12] 刘晓,沈希.我国职教师资培养:历史、现状与体系构建[J].河北师范大学学报(教育科学版),2013(11):71—76.

[13] 谢莉花. 德国职业教育师资培养的三性融合课程及启示 [J]. 外国教育研究，2014 (5): 24—32.

[14] 谢莉花. 专业科学视角下的德国职业学校教师教育标准 [J]. 世界教育信息，2015 (8): 34—37.

[15] 徐国庆. 从项目化到制度化：我国职业教育教师培养体系的设计 [J]. 教育发展研究，2014 (5): 19—25.

[16] 蒋江林. 英国大学以学生为中心的教学理念与教学实践 [J]. 当代教育论坛，2010 (24) .

[17] 吴全全. 职业教育"双师型"教师基本问题研究——基于跨界视域的诠释 [M]. 北京：清华大学出版社，2011.

[18] 徐英俊. 发达国家职教师资职前培养与职后培训的主要特点 [J]. 职教论坛，2010 (9): 89—91.

[19] 荀渊，唐玉光. 教师专业发展制度 [M]. 北京：教育科学出版社，2011.